사랑으로 매긴
성적표

사랑으로 매긴 성적표

1판 1쇄 발행 2010년 11월 15일
1판 6쇄 발행 2018년 5월 4일

글 이상석 | 그림 박재동
펴낸이 조재은 | 펴낸곳 (주)양철북출판사
등록 제25100-2002-380호(2001년 11월 21일)
책임편집 이혜숙 | 편집 박선주 김명옥
디자인 육수정 | 마케팅 조희정 | 관리 정영주
주소 서울시 마포구 양화로8길 17-9
전화 02-335-6407 | 팩스 0505-335-6408
ISBN 978-89-6372-032-6 03810 | 값 13,500원

카페 cafe.daum.net/tindrum
블로그 blog.naver.com/tin_drum
페이스북 facebook.com/tindrum2001
잘못된 책은 바꾸어 드립니다.

사랑으로 매긴 성적표

이상석 글 · 박재동 그림

양철북

이 책을 읽는 분들께

선생 노릇 30년 만에 병가를 두 달 얻었습니다. 내게는 안식일 같은 병가였습니다. 이제 닷새 뒤면 병가가 끝나고 나는 우리 반 아이들이 기다리는 학교로 돌아갑니다. 여름 방학에 이어 낸 병가니까 석 달 반 만에 돌아가는 학교입니다. 설레는 마음으로 번호순으로 우리 반 아이들 이름을 떠올려 봅니다. 아, 그런데 군데군데 이름이 막힙니다. 하는 수 없이 사진을 꺼내 들고 이름을 새길밖에요. 한편으로는 좀 더 쉬었으면 싶은 마음도 없지 않습니다. 그만큼 나는 아이들에게 멀어져 있구나 싶어 참 미안하기도 합니다. 나도 이만큼 늙어 버렸나 봅니다. 내 몸이 망가지는 것도 모른 채 아이들과 함께 이런저런 일을 벌여 재미나게 놀고 공부하던 그 열정이 평생 이어질 줄 알았는데 어느 날인가 이렇게 시들해져 버렸다니. 하지만 이런 내 모습을 그대로 믿고 싶지는 않습니다. 아니야, 몸이 아파서 그럴 거야. 다시 돌아가면 즐겁게 살아갈 수 있을 거야.

아! 그러나 솔직히 말합시다. 돌아간들 무얼 가지고 즐겁게 삽니까? 무슨 일에 열정을 바칠 수 있습니까? 아이들과 내가 이야기 나눌 수 있는 시간은 하루에 20분도 안 됩니다. 쉼 없이 돌아치는 자습, 수업, 시험, 학원, 야자, 특강……. 다만 할 수 있는 것은 끝없이 반복되는 수업, 수업도 문제 풀이 수업뿐입니다. 언제 아이들과 삶을 나눌 수 있습니까. 고등학교는 사실 담임과 학생이 소통할 시간이 없습니다. 반 아이들이 서로 어울려 꽃피울 수 있는 문화가 없습니다. 우리 반에서 달마다 하는 생일잔치도 말이 잔치지 시간은 겨우 3분입니다. 아침 조례 시간 초코파이에 촛불 밝히고 서둘러 손뼉 치며 노래하는 것으로 끝입니다.

아이들이 사무치게 그리울 때가 있었습니다. 1990년 내 나이 30대 후반, 교단을 쫓겨나 있을 때입니다. 쫓겨나서 알았습니다. 아이들 속에 사는 것 말고는 내가 할 수 있는 일이 없다는 것을. 1980년에 처음 교단에 선 뒤 10년. 그때는 분노로 목이 막히던 독재 시절이었지만 그럴수록 아이들과 교사는 깊은 믿음과 분노를 나누며 살 수 있었습니다. 수업은 날마다 시간마다 감동스러웠습니다. 이야기가 살아 있었기 때문입니다. 서로의 삶을 나눌 수 있었기 때문입니다. 말 그대로 이야기꽃이 피었던 겁니다. 그리고 어울려 이루어 내는 문화가 있었습니다. 내가 여기 이렇게 막연하게만 말하고 있는데, 이 책 본문에 그 시절 교실 풍경을 그대로 자세하게 담아 두었습니다. 읽어 보시면 아실 겁니다만, 그렇게 사랑을 나누었는데 어찌 그립지 않겠습니까.

교실 환경이 아무리 좋아지고 첨단 기자재로 아무리 효율적인 강의를 해도, 이야기를 잃은 교실, 사랑을 잃은 교실은 진정한 교육 마당이 될 수 없다고 생각합니다. 학교는 사람이 모인 곳입니다. 모이면 관계를 맺게 되지요. 원만하고 아름다운 관계를 맺을 때 사람은 홑사람 인(人)이 아니라 사이를 이은 사람(관계 속에서 살아가는 사람)인 인간(人間)이 됩니다. 그 관계를 아름답게 할 수 있는 열쇠는 '사랑'입니다. 나는 그래서 죽는 날까지 사랑으로 어우러진 교실을 꿈꿀 수밖에 없습니다. 물론 학교도 아이들도 선생들도 다 변합니다. 세상에 변하지 않는 것은 없지요. 시류에 따라 가치관도 변하겠지요. 하지만 그 변화 속에서도 변해서는 안 되는 인간관계의 고갱이가 있으니 그것이 '사랑'입니다. 사람 사이에 사랑을 어떻게 이루어 낼 수 있을까? 이것을 우리 아이들에게 이야기해 주고 싶었습니다. 그 얘기들도 이 책에 담았습니다.

이제 내가 다시 교단으로 돌아가면 우리 반 아이들 야성을 키워 주고 싶습니다. 도대체 야성을 잃은 아이들은 착하기만 할 뿐 자기 주체를 잃어버리고 있습니다. 아니, 잃었다기보다는 대입 경쟁 조련사인 부모나 선생에게 빼앗겨 버린 꼴이지요. 길들여진 경주마가 되거나 기계의 부품이 되어 인생의 가장 아름다운 청춘을 무뇌아로 살아갑니다. 이것이 가장 억울하고 안타까운 현실입니다. 아! 그렇지만 지금처럼 촘촘하고 세련되게 짜인 경쟁 구조를 어떻게 뚫어 낼 수 있을지 사실은 난감합니다. 다만 내 삶의 한 부분이나마 진실하게 내보임으로써 아이들 스스로의 판단과 결단을 기다릴 뿐이겠지요.

    1989년 전교조가 결성되고, 벌써 20년이 한참 지났습니다. 이 세월을 지내 오면서 전교조의 진정성은 끝없이 왜곡, 무시, 모함을 당해 왔습니다. 물론 전교조의 운동 방향이 때로는 잘못되기도 했고 오해받을 일도 저질렀을 것입니다. 그러나 그 바탕에 흐르는 진정성과 사랑을 왜곡해서는 안 된다고 생각합니다. 그래서 이 책 4, 5부에서는 전교조 결성과 그 이후의 일들을 나 개인의 체험 위주로 자세히 내보였습니다. 나는 그때 바른 교육을 위해서는 주어진 편안한 삶을 버리고 스스로 힘들고 아픈 길로 나아가야 한다고 다짐했습니다. 내 이익을 얻기 위해 나의 안일이나 영달을 위해 나선 것 결코 아니었습니다. 그런데 조직이 커질수록 처음 뜻을 오롯이 이어 가기도 어려웠습니다. 하지만 그 진실성을 부정당하는 것은 억울했습니다. 해직을 당해 학교 바깥에서 교육 운동을 하던 시절, 이때가 또한 내 그리움이 가장 깊었던 시절이었습니다. 그만큼 진정을 다해 살았던 시절이기도 합니다. 가치 판단은 읽는 분들의 몫이겠지요.

    이 책의 글들은 20년 전에 쓴 것들입니다. 이걸 추리고 모아서 문장을 손보고 이야기 줄거리를 다시 세워 내는 것입니다. 새롭게 할 이야기도 없으면서 옛날 쓴 글을 다시 내는 것이 사실은 내키지 않았습니다. 그런데 양철북의 임중혁, 조재은 씨가 나를 부추기는 겁니다. 요즈음 젊은 교사들과 학생들에게도 이 이야기는 전해져야 한다, 절판된 채로 둘 책이 아니라면서. 더욱이 '글쓰기 공부길'의 동무인 이혜숙은 글을 고치고 다듬는 데 글 쓴 나보다 더 열심이었습니다. 이분들 격려와 노력이 이 책을 만들었습니다.

나는 간곡히 바랍니다.
감동이 잔잔히 흐르는 수업 시간.
사랑으로 어우러진 교실.
불의에 분노할 줄 아는 야성도 함께.
이런 것을 이루어 내는 데 이 책이 조금이나마 힘이 되기를.

2010년 10월 12일
해운대 장산 자락에서
이상석

 **차례**

이 책을 읽는 분들께 5

1부 **교실 이야기**
   학급 재판 15
   나의 폭력 29
   누가 도둑인가 47
   난 너희들 담임 안 해 64
   쓸쓸한 전학 72
   가정 방문과 촌지 87

2부 **나를 교사로 키우신 스승**
   고 윤덕만 선생님 105
   스승을 모시는 행복 122
   잊히지 않는 아이들 135
   나를 일깨워 준 아이들 158

3부 **교단, 그 아픔의 자리**
   동상이몽 173
   빛나는 봄, 무너지는 가슴 183
   특활 발표회 194
   게시판 사건 202
   눈물로 춘 어깨춤 220
   외톨이가 되어서 229

4부 교단을 떠나며
  생이별, 그 살점 뜯기는 아픔 241
  출근 투쟁 266
  선생님, 보고 싶어예 278
  아저씨, 누구세요? 296

5부 거듭나는 교사가 되기 위하여
  굴종의 삶을 떨치고 309
  해고자 단결 투쟁 327
  해직의 뒤안길 353
  위기의 남자 371

6부 선생님 이야기해 주세요
  외할매 생각 387
  사랑 이야기 414
  아버지를 묻으며 428

사랑과 믿음의 교실 _ 이오덕 443
석아! _ 박재동 451

1부

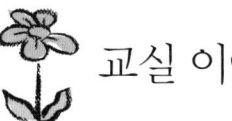
교실 이야기

학급 재판

길청이와 정록이가 또 가출을 했다. 세 번째 가출이다. 처음에는 울고불고 안달하던 학부모도 이젠 만성이 되었다. '학교 다닐 테면 다니고 말 테면 마라, 이놈들.' 나도 될 대로 되어라 싶었다. '어째 사람이 그럴 수가 있는가. 배은망덕도 유분수지.' 화가 머리끝까지 났다. 사나흘이 지나도록 소식도 없고 반 애들한테 나타나 돈을 빌릴 때도 되었는데 누구도 본 사람이 없다고 한다. 다시 걱정이 되기 시작한다.

"선생님, 어제 전자오락실에서 길청이 봤습니다. 일러 주면 직인다 하데예."

이런 얘기를 들으면 그놈들이 미워 죽겠으면서도 안심이 되곤 했는데…….

일요일, 늦은 아침을 먹는데 난데없이 부산역 철도 공안실에서 전화가 왔다. 학생 둘이 열차 매점에서 물건을 훔치다가 잡혔다고 한다.

"이 우라질 놈들."

급히 부모들에게도 연락하고 역으로 갔다. 공안실 유치장에서 목을 빼고 앉았다가 나를 보더니 쥐구멍에 박히듯 몸을 움츠려 돌아앉는다.

"야 이놈들아, 뒈져라. 뭐할라고 살아왔어?"

입에서 욕이 부글부글 끓었다. 뒤늦게 달려온 부모들도 나와 똑같은 욕이다. 공안 부장인가 하는 분에게 한바탕 훈계를 듣고 아이들을 데리고 나왔다.

"이야기는 내일 학교 가서 하자. 일단 오늘은 아버지 어머니 따라 집에 가거라. 나도 너희들 잡고 무슨 얘기하기도 싫다. 학교 다닐 테면 다니고 말 테면 마라. 나도 지쳤다."

난 무안해하는 학부형을 뒤로하고 집으로 와 버렸다. 저녁때쯤 정록이 어머니가 다급한 목소리로 전화를 했다. 나와 막 헤어져 차를 타러 가는데 두 놈이 그길로 또 달아나 버렸다는 것이다. 인파를 헤치고 달아났는데 지금까지 갈 만한 곳 다 가 봐도 없더라고 한다.

"선생님, 이래 되면 우리 애들은 퇴학이지요? 우짭니꺼! 이 일을 우짜면 좋습니꺼. 선생님, 한 번만 봐주이소. 아까 선생님이 낼 학교 가서 보자고 하니 겁이 나서 달아났지 싶습니다."

마지막 말은 분명 나에 대한 원망이다. 나도 아차 싶었다.

"정록이 어머니, 퇴학이 되고 안 되고는 문제가 아닙니다. 왜 제가 퇴학부터 생각하겠습니까. 퇴학을 시켜도 사람부터 만들어 놓고 봐야지……. 지금 그런 걱정은 하지 마이소. 한번 찾아보입시다."

참으로 난감했다. 이젠 화가 나기보다 걱정이 앞섰다. 도대체 이토록 뛰쳐나가려는 이유가 뭔가.

길청이는 1학년 때도 내 반이었는데 3학년 때 다시 맡게 된 아이다. 갓 입학했을 때 길청이가 무뚝뚝한 게 마음 쓰였지만, 초등학생 티를 벗지 않은 앳된 모습이 너무 귀여웠다. 생활 기록부를 정리하다 어머니 나이가 나와 같아 좀 놀랐다.

'이 나이에 중학생 자녀를 두자면 열여덟에 애를 낳았어야 하는데…….'

알고 보니 아버지가 재혼을 했다. 그러나 새어머니를 만났을 때 '계모'란 선입관이 잘못된 것이란 걸 알았다. 재취 자리에 결혼을 할 만큼 애 아버지도 사랑했지만 내 배에서 낳은 자식 아니라고 구박한다는 소리 안 들으려고 열 배 백배 더 신경을 쓰고 있다고 했다. 사람이 그렇게 보였다. 3학년 때는 사흘돌이로 찾아와서 울고 갔다.

길청이도 어머니를 원망하는 기색은 없었다. 집안도 넉넉한 편이었다. 성적은 나빴지만 그것 때문에 스스로 고민하거나 집에서 닦달을 받는 것도 없었다. 그럼 무엇인가. 무조건 집이 싫은가. 학교가 싫은가. 내가 알기로는 단순히 학교와 집에 얽매이기 싫고 친구들과 어울려 이리저리 놀러 다니는 것이 좋은가 보다. 그러다가 주위의 불량배들 틈에서 담배도 피우게 되고, 본드 환각에 취해도 보고, 전자오락실, 만화방, 영화관을 쏘다니는 재미에 빠진 모양이었다. 앞날에 대한 아무 생각 없이 이렇게 속수무책으로 빠져드는 아이를 구하긴 참으로 어려운 일이다.

정록이도 가난하긴 했으나 집안에 별문제가 없었고 성격이 거칠거나 못된 것도 아니었다. 자기 어머니 말대로 동네가 애를 버린 것 같았다. 보고 듣는 게 모두 동네 불량배들의 나쁜 행동이라고 했다. 정말 '이 아이들을 어찌할 것인가'였다. 교사 한 사람 힘으로는 너무나 감당하기 어려운 환경이다. 이사를 가라고 당치도 않는 무책임한 말을 할 수도 없었고, 내가 학교에 재미를 붙이게 할 힘도 이미 역부족이었다. 걱정만 하고 있을 수밖에 없었다.

사흘쯤 지났나. 늦은 밤 놀랍게도 두 녀석한테 전화가 왔다.

"선생님예, 배가 고파 죽겠습니더. 빵 좀 사 주이소예."

이 무슨 뚱딴지 같은 소리냐.

"야 이놈들아, 배가 고프면 집엘 가야지……. 그래 거기 어디냐, 내가 갈게."

"우리 집에 연락하면 우리는 또 도망갈 겁니더. 전에 기차에서 잡혔을 때도 선생님한테만 연락했는데 아버지 엄마 다 오셨데예. 그래서 또 도망갔습니더……."

"연락 안 할 테니 그럼 우리끼리 만나자."

"사실은예…… 여기 바로 선생님 집 옆입니다. 아파트 앞 공중전화입니다……."

쫓아 내려가 데리고 들어오니 몰골이 말이 아니었다. 온 식구가 귀한 손님을 맞은 듯(사실 귀한 손님이기도 하지만) 밥상을 차리고 반찬 시중을 들었다. 허겁지겁 밥을 먹고 난 아이들을 아버지께서 불러 앉히고 타이르셨다가 내 동생들도 나와서 등을 토닥거리고 하니 놈들은 좌불안석인 모양이다.

"오늘은 우리 셋이서 자자."

자리를 깔고 눕고 보니 없던 정이 소록소록 생겨난다. 누운 자리 장난도 나온다.

"선생님 아들은 참 좋겠네예. 식구가 많아서예."

"선생님 아부지 참 좋네예. 우리 할아버지도 촌에 계세예."

"그래서?"

"그냥 좋다꼬예."

녀석들은 별 부끄럼도 없이 가출 고생담도 늘어놓았다. 나도 옛날 내 가출한 일을 얘기해 주었다.

"선생님도 가출했습니꺼예?"

"너희만 할 때 가출 못 해 보는 놈이 바보지. 그래도 나는 너희들처럼 이유 없이는 안 했다. 나쁜 친구들과 어울리지도 않았고……."

무슨 까닭으로 가출했을까? 이런저런 얘기를 듣다가 '이제 말하려나 보다.' 싶어서 귀를 곤두세워 보지만 별것은 아니었다.

정록이는 아버지가 너무 세게 때렸다는 것이고, 길청이는 아버지가 술을 잡숫고 오셔서 냉장고를 '꺼뜩' 들어서 던져 버렸다는 것이었다(넘어뜨렸겠지).

"선생님, 우리 퇴학입니꺼?"

"그래도 학교 걱정은 되는 모양이지……. 다시는 집 안 나가고 학교에 꼬박꼬박 다니겠다면 내가 교장 선생님께 잘 말씀드려 보지. 이렇게 한 이불 밑에 잔 놈들을 어째 퇴학시켜 달라고 하겠노. ……그래도 내가 너희를 믿을 수가 있나. 내일 아침밥 먹고 나면 또 도망갈지도 모르는데……."

"선생님, 인자는 믿어 주이소. 집 나가면 고생만 쎄(혀)가 빠지는데 인자 집에 있을랍니다."

"그래? 정말이가?"

"참말입니더."

"그럼 지금 너희 손으로 집에 전화해라. 우리 집에 있다고. 늦었으니 내일 학교로 바로 가겠다고. 가방도 좀 챙겨 달라 부탁드리고……."

이렇게 해서 두 녀석은 몇 주 동안 학교를 잘 다녔다. 이젠 안심해도 되나 싶었는데 또 사고가 터졌다. 어느 학부형한테 항의 전화가 온 것이다. 내가 아이들을 너무 오냐오냐하니까 나쁜 애들이 기가 살아서 날뛰는 통에 자기 집 애가 학교 가기 싫다고 한단다. 돈을 빼앗지 않나 심지어는 학교 변소에서 아이들이 보는 앞에서 자랑삼아 담배를 피워 대니 착한 애들이 물들까 걱정

이라고 그 애를 퇴학시키라는 것이었다. 저지른 잘못들도 다 알고 있다고 했다. 이젠 뒤통수를 맞는 기분이다.

좌충우돌이구나. 일단 백배 사죄를 했다. 따지고 보니 내가 너무 가볍게 생각했다. 정록이와 길청이가 우리 집에서 하룻밤 함께 잔 것을 무슨 벼슬처럼 떠들었을 것이다. 선생님도 옛날 가출했다고 하더라, 선생님은 가출 못 해 보는 놈이 바보라고 하더라, 우리를 제일 좋아한다고 하더라. 더구나 선생님 식구들과도 친하다고 떠벌렸다고 한다. 그러고는 결석만 안 했지 옛날 버릇은 그대로였다. 학교만 나온다고 다가 아닌데……. 하나하나 행동을 고쳐 줄 생각도 않고 오냐오냐한 꼴이 되고 말았으니 이런 실수가 있나. 다른 아이들에게 미치는 해로움을 왜 생각 못 했을까. 학교로 데리고 올 때 마땅한 벌도 내리고 자기들 잘못을 확실히 깨닫게 해야 했는데 너무나 게을렀구나. 엄하지를 못했구나. 우리 집에 전화해 준 것이 대견스러워 그만 홀딱 넘어갔구나.

하지만 일은 벌어졌다. 그 학부형은 퇴학을 시키지 않을 때는 교장 선생님이나 교육청에 전화를 걸 기세였다. 그렇게 되면 일이 시끄럽다. 더구나 뒤늦게 징계를 내릴 수는 없다. 징계를 한다면 나도 받아야 한다. 곰곰이 생각한 끝에 먼저 그 학부형에게 편지를 썼다.

내 잘못을 고백하고 용서를 바란다고 했다. 그리고 퇴학을 시킬 수 없는 까닭을 밝혔다.

중학생은 아직 보호를 받아야 할 미성년자다. 아무리 잘못한 일이 있더라도 아이나 부모가 원하지 않는 이상 퇴학을 시키는 것은 부당하다. 그 한 아이만 잘못했다고 할 수도 없거니와 학교를 떠나면 더욱 나쁘게 된다. 처벌은 죄를 묻는 뜻도 있지만 아이들에겐 선도가 먼저다. 아이들에게 주는 벌은 잘못에 대한 보복이 되어서는 안 된다. 벌은 선도의 효과가 있어야 한다. 징계하기 위한 벌은 자칫하면 한 아이의 가능성을 꺾어 버릴 수도 있다. 물론 착한 학생이 입는 피해를 생각하지 않을 수 없지만, 이런 일은 교사가 잘 타일러서 고치도록 할 일이지 교육을 하는 곳에서는 처벌 위주로 아이를 대해서는 안 된다. 더구나 퇴학은 아이들에게 사형 선고나 같은 것이니 이해해 주기 바란다. 대강 이런 내용이었다.

두 아이 버릇을 고치는 것도 중요하고 반 아이들에게 용서받는 것도 중요했다. 다음 날 반 대표 아이들과 의논했다. 대표 아이들도 이 두 놈에 대한 반감이 대단했다. 그냥 못 본 체 용서할 수 없다고 했다. 결국 학급 재판을 하기로 했다. 참 맹랑하다 싶었지만 그렇게 해 보라고 했다. 피해자는 반 아이들이니까.

"좋다. 너희들 재판 결과대로 벌을 줄 테니 신중히 판단해라."

아이들이 퇴학시켜 달란 요구는 절대 하지 않으리라 믿었다.

종례 시간에 재판이 벌어졌다. 반장이 사회자가 되어 두 아이를 불러 세웠다. 쭈뼛거리며 눈을 부라린 채 교단에 나가 섰던 두 아이는 너무나 엄숙한 반 아이들 태도에 주눅이 들었는지 영

거주춤 자세를 고치고 섰다. 한 아이가 일어나 학급에 끼쳤던 잘못들을 조목조목 늘어놓았다. 주먹에 눌려 왔던 키 작은 아이 입에서 칼날 같은 논고가 나오자 녀석들은 고개를 떨구었다. 딴 애들도 이에 힘을 얻었는지 자기가 당한 피해를 이야기했다. 늘 힘 앞에 꼼짝 못 하고 당했던 아이들이 당당히 그 잘못을 따지고 든다. 내가 들어도 시원하다.

'매질보다 아프리라. 너희는 좀 맞아야 된다.' 싶었다. 간혹 변호하는 얘기도 나왔다. 두 녀석은 찔끔찔끔 울기 시작했다.

'부디 너희가 힘없다고 깔본 아이들의 뭉쳐진 힘이 얼마나 겁나는 줄 알아다오. 그리고 진정으로 회개하는 눈물을 흘려다오.'

나는 끝내 말없이 지켜보기만 했다. 아이들 태도가 너무나 진지하고 신중해서 내가 입을 떼고 싶어도 못 뗄 정도였다.

재판은 다음 날도 계속되었다. 이젠 저희들끼리 어떤 벌을 내릴지 의논해야겠다고 해서 나는 정록이와 길청이를 데리고 상담실로 가서 얘기를 했다.

"너희가 어른이 되어서도 힘으로 누르려 하면 지금처럼 이렇게 당할 것이다. 아이들이 가만히 있으니까 영 바보로 보았지. 힘을 모아서 너희 둘을 패지 않은 것만도 고맙다고 생각해라. 그리고 나는 반 친구들이 결정하는 대로 너희들을 처벌할 참이다. 이미 그렇게 약속했다. 너희가 우리 집에서 자고 간 뒤에 내가 말 안 해도 잘할 줄 알았더니 내 앞에서만 잘하고 친구들에게는 잘못했으니 친구들이 너희를 벌주는 거다. 부디 애들이 너희 둘을 용서해 주어야 할 텐데……."

이틀 사이 두 녀석은 불쌍하리만치 기가 죽어 버렸다.

판결이 났다.

"우리는 정록이와 길청이에게 '고름짜기' 판결을 내립니다."

기상천외의 판결이다.

"고름짜기라니?"

그때 우리 반 게시판에는 문병란 선생의 '고름짜기'란 시가 걸려 있었다.

어릴 적 고름이 든 종기를
나는 아파서 끙끙대며
만지기만 하고 짜지를 못했다
고름은 피가 썩은 것이고
고름은 결코 살이 안 된다고
어머니께선 감히 선언하셨다
손만 살짝 닿아도 엄살을 떠는 내게
어머님께선 악창까지 나와야 낫는다고
발끈 눌러 버렸다
전신의 충격, 눈앞이 아리면서
마침내 종기는 터지고
피고름과 함께 뿌리가 뽑혔다

썩은 고름이 빠진 자리에
새 살이 차고 다시 피가 돌고
마침내 상처는 깨끗이 나았다
종기가 무서워 슬슬 만지며
고름이 아까워 버리지 못하는 겁쟁이
살이 썩고 피가 썩고
마침내 온몸이 썩을 때까지
우리는 아프다고 바라만 볼 것인가
슬슬 어루만지기나 하며
거죽에 아까징끼나 바르며
진정으로 걱정하는
어머니의 손길을 거부할 것인가
언제까지나 고름을 지니고
이 악취 이 아픔을 견딜 것인가
고름은 피가 되지 않는다
고름은 살이 되지 않는다
어머님은 자꾸만 외치고 있구나!

 아이들은 두 녀석에게 스스로, 자기 입으로 여태껏 저지른 모든 잘못을 털어놓고(고름을 짜내고) 다시는 그러지 않겠다고 맹세를 하라고 했다.
 두 녀석은 제 잘못을 고백하기 시작하면서부터 울먹이기 시작했다. 그러면서도 제법 오래 털어놓았다. 마지막에 가서는 감정이 격해져서 사뭇 연설조가 되었다.

"……지가 힘이 좀 쎄다꼬 때리고 돈 뺏고 해서 미안함미다. 이런 보잘것없는 지를 퇴학 안 시키고 용서해 주어서 대다니 감사함미다."

나는 웃음이 터지려 하면서도 눈물이 그렁그렁 흘러내렸다. 아이들은 손바닥이 아프도록 박수를 쳤다. 길청이와 정록이의 선창으로 반가를 불렀다. 나도 목멘 소리로 따라 불렀다.

두 녀석은 무사히 졸업했다.

그러나 교사의 무력함을 또 어쩌란 말인가. 고등학교에 진학하지 못한 녀석들은 끝내 불량배와 어울려 돌아다닌다고 했다. 우리가 나누었던 우정은 그들이 순수한 아이로 있을 때만 가능했던가. 동창생들을 하굣길에 불러 세워 돈을 빼앗는다는 소문이 들려왔다. 어떤 애는 심하게 맞았다고 한다. 맞은 애는 그 재판이 생각나서 더 울었다고 한다. 학교에서는 싹수가 틀려먹은 놈이라고 욕을 한다. 그럴수록 내 아픔은 더하다. 그러나 어찌해 볼 수가 없다. 나도 "썩어 빠질 녀석들, 죽든지 살든지 그냥 둬라."고 고함을 쳤다. 1년쯤 지났던가. 정록이 어머니가 졸업 증명서를 떼러 와서 펑펑 울었다. 끝내 녀석은 소년원에 수감되었다고 했다. 아무 말도 할 수가 없었다. 그때서야 그래도 좀 더 힘을 써 보는 건데 하는 후회도 되었다.

"정록이 어머니, 이게 잘된 일인지 모릅니다. 이번을 기회로 마음만 잡아 주면 얼마나 다행이겠습니까. 제가 면회라도 가 보도록 하겠습니다."

그러나 면회도 편지도 못 했다.

3년 뒤, 애들이 대학 시험을 치르고 난 겨울에 반창회를 한다고 모였다. 두 놈 안부부터 물었다.

정록이는 리어카에서 카세트테이프를 팔고 있으며, 길청이는 아버지가 경영하는 공장에서 일한다고 했다. 그래도 세월이 가니 제자리를 잡아 가는가 싶었다. 부디부디 잘되어야 할 텐데……. 그런데 반창회가 파할 무렵에 앗! 정록이가 나타났다. 완전히 어른 폼을 잡고서. 녀석 손엔 〈양희은 노래집〉과 〈김민기 해금곡집〉이 들려 있었다.

"선생님, 이런 노래 좋아하지예?"

"하모! 좋아하지. 야, 이놈의 자석아!"

눈물 어린 반가움으로 두 손을 잡았다.

나의 폭력

 초등학교 2학년인 조카딸이 다리를 구부리고 팔을 앞으로 뻗는다.
 "아재, 우리 이렇게 해 가지고 한 시간 벌섰대이."
 "와?"
 "떠든다고. 학교에 손님들 와 있는데 떠들었다고."
 1시간이야 세웠을까마는 단 5분 동안이었다 해도 어린아이들에겐 얼마나 참기 힘든 고통이었을까! 교편의 편(鞭) 자가 회초리라는 뜻이니 아이들이 맞아 가면서 공부하는 것은 당연한 것일까. 따끔한 충격이 정신을 돌아오게 했을까. 요즈음 아이들은 너무 오냐오냐해서 버릇도 엉망이고 참을성도 없어 큰일이란 소리를 자주 듣는다. 그럴지도 모른다. 엄격한 규율과 그것을 어겼을 때 따르는 엄청난 체벌, 이런 것이 정신을 똑바로 차리게 하는구나 하는 것은 군대에서 느낀 적이 있다. 훈련병 시절 처음으로 사격을 하게 되는 날은 하루 종일 기합이었다. 온갖 종류의 기합을 받으며 훈련병들은 교관의 손끝 하나의 움직임에도 일사불란이었다. 사격선에 들어선 훈련병들은 어떻게 총을 쏘았는지도 모르게 실탄 사격을 경험하게 된다. 이렇게 하면 오발 사고 따위는 안 난단다. 학교에서도 이러한 경우를(물론 강도는 약하지만) 흔히 본다. 운동회, 매스 게임, 교련 사열 그리고 자율이란 이름을 붙인 강제 학습. 이런 일이 교육에 어떤 효과나 가치가 있는지 난 아직 잘 모르겠다.

처음 교단에 섰을 때였다. 야간 공고 3학년을 맡고 있었는데 나는 교과서 제1과에 나오는 독립 선언문 강의에 신이 나 있었다. 무슨 숙제를 냈다. 셋째 시간을 지나서야 다들 해 왔는데 그중 한 녀석은 끝까지 해 오지 않았다.

"심태훈, 딴 애들은 다 해 오는데 넌 왜 그래? 다음 시간까지는 꼭 해 와!"

제일 뒷자리에 앉은 심태훈이란 학생은 나보다 덩치도 훨씬 컸고 구레나룻도 훨씬 검었다. 사실 그 학생에게는 교사를 위압하는 듯한 인상이 있었다. 묵묵부답이었다. 화가 났다. '내가 이래도 선생인데……'

"너, 다음 시간까지 안 해 오면 용서 안 해. 졸업할 때까지 따질 거야!"

아이들도 태훈이의 말에는 말참견이 없었다. 다음 시간이었다. 역시 숙제를 안 해 왔다.

"이리 나와! 뭣 때문에 숙제 안 했어? 반항이야?"

"숙제 할 형편이 못 됩니다."

"뭐? 시간이 이렇게 지났는데도 형편이 못 돼?"

여전히 태훈이는 위압적인 자세로 나를 내려다보고 있었다.

"너 사람 잘못 봤어! 이 자식이 눈에 뵈는 게 없어?"

이미 나는 교사란 권위를 빼앗길 수 없다는 생각과 초임 때부터 학생들을 잡아 두어야 한다는 생각에만 빠져 있었다. 대걸레가 눈에 띄었다. 발로 자루만 부러뜨려 거머쥐었다.

"엎드려뻗쳐! 너 혼 좀 나야겠어."

"숙제 안 한 걸로 때릴 수 있습니꺼? 점수를 깎으면 될 거 아입니꺼."

엎드릴 자세는 전혀 아니었다. 몽둥이로 허벅지를 사정없이 후려갈겼다.

태훈이는 "윽." 소리를 내며 험악한 인상이 되었다. 냅다 또 한 번 후려치고는 허리고 등이고 가리지 않고 계속 쳤다. 완전히 폭행이었다. 아이들이 나와서 말렸으나 나는 더욱 날뛰었다. 그러고는 교실 문을 걷어차고 나와 버렸다. 교무실에 있던 딴 선생들이 무슨 일이냐고 야단이었다.

"심태훈이 그놈이 맞았구나. 이 선생이 처음으로 그놈을 손댔네. 그놈은 못 말릴 놈이오."

"잘못했습니다. 수업하십시오. 태훈이는 허리를 꼼짝 못 해

양호실에서 약 바르고 있습니다."

　수업을 하는 둥 마는 둥 그날을 보냈다. 태훈이 허리는 결국 며칠 동안 침을 맞고서야 풀렸다(참, 무엇으로 용서를 빌어야 풀릴 죄인가. 지금 생각하면 어처구니없는 짓을, 그것도 교실에서 저질렀으니 나는 폭력 교사로서 벌을 받아야 마땅하단 생각이 든다).

　며칠 뒤 가정 방문 때 태훈이 집으로 가게 되었다. 좌천동 산꼭대기 판자촌이었다. 태훈이를 앞세우고 길을 가자니 구두 닦는 청년들이(그땐 청년으로 보였다. 따지고 보면 열일고여덟쯤 되었겠지) "형요, 어데 가요?" 하고 태훈이에게 말을 건넸다.

　"인마, 시끄럽다. 담임 선생하고 가정 방문 가는데 쪽팔리게……."

　집은 부엌 하나 방 한 칸이었지만 정결했다. 물론 아무도 없었다. 편모슬하에 어머니는 공장에 나가시고 누나들도 돈 벌러 집을 나가 있다고 했다.

　느닷없이 태훈이가 소주 한 병과 과일 몇 쪽을 가지고 들어왔다. 어머니가 소반에 준비해 두고 일을 나간 것 같았다.

　"선생님, 제가 고등학교에 와서 처음으로 선생님한테 맞아 봤습니더. 와, 아프데예. 그래도 속은 시원합니더. 우리 엄마한테는 애들하고 싸웠다고 했습니더. 이런 거는 예사라예."

　싱글싱글 웃으며 소주잔을 채우는 녀석을 보며 내 온몸이 오그라드는 것을 느꼈다. 결국 이 녀석한테 내가 졌구나 하는 소갈머리 없는 생각도 했다. 알량한 교사의 권위를 나는 거창한 그 무엇으로 생각하고 있었던 것이다. '나는 너희들을 사랑하겠다. 그러나 교사의 권위에 도전하는 놈은 그냥 두지 않겠다. 고개 팍 숙이고 말만 잘 들으면 딴것은 내가 용서해 주겠다.' 대강 이런 식의 생각이 아니었던가.

또 성보란 학생이 있었다. 교사 생활 첫날 첫 시간 출석을 부를 때 그 어눌한 대답과 쭉 찢어진 눈에 불룩한 두 볼을 보고 그놈 고집깨나 있겠구나 싶었다. 아무 일 없이 며칠을 보냈을 뿐인데도 그 첫인상은 점점 굳어졌다. 그냥 미운 것이었다. 어느 날 그 학생이 변소에서 담배를 피우다가 된통 걸려 잡혀 왔다.

"역시 이놈, 너였구나."

나는 미움의 근거에 대한 확증이나 잡은 듯이 회심의 미소까지 지었다.

"따라와!"

아무도 없는 상담실에 들어가 나는 턱 하니 의자에 걸터앉고 성보를 앞에 꿇어앉혔다. 속으로는 수업이 없어 심심하던 차에 잘됐다 하고는 느긋한 기분으로 담배를 척 꼬나물었다.

"교무실이 지척인 변소에서 간도 크게 담배를 피워?"

"……"

"대답해 봐!"

"……"

"흥, 대답을 안 해? 말도 하기 싫다 그 말이지. 좋아! 이놈아, 그렇게 담배를 좋아한다면 내가 그 원을 풀어 주지!"

나는 담배에 불을 붙여 성보에게 억지로 물렸다.

"피워! 빨리 피워! 담배 연기를 삼키지 않고 그냥 뱉으면 안 돼! 빡빡 피워, 빨리!"

성보는 연기에 눈을 찡그리며 타들어 가는 담배를 그냥 물고 있었다. 또 고함을 쳐서 피우라고 윽박질렀다. 성보는 따가운 연기에 눈물을 찔끔거리다가 갑자기 무슨 결심이나 한 듯 냅다 연기를 코로 입으로 뿜으며 순식간에 한 개비를 피우고는 캑캑거렸다. 또 한 개비를 주었다. 역시 그렇게 자욱하게 연기를 뿜으며 피웠다. 다시 하나 더. 세 개비째는 필터를 질끈 씹고서 불똥이 빨갛게 달아서 떨어지지도 않도록 거세게 연기를 뿜어내고는 담배를 뱉어 냈다. 좁은 상담실이 자욱하다. 소매로 눈물과 콧물을 닦는 성보의 얼굴은 분노와 모욕감으로 일그러져 있었다. 나는 그것을 지그시 즐기고 있었다. 그러고는 근엄하게 말했다.

"어때, 이젠 담배 생각 없지? 또 피울 거야?"

"안 피울 겁니다."

"한 번만 더 걸리면 담배를 코로 피우게 할 테니까 알아서 해!"

난 완전히 무방비 상태의 적을 구석에 몰아붙여 놓고 마음대로 을러 보는 악한의 포악성을 만끽하고는 학생을 꿇어앉혀 둔 채 상담실을 나왔다. 그 뒤로 그 녀석은 나에게 거의 말을 하지 않았다. 나도 말이 없었다. 무관심이었다. 성보는 졸업을 했고, 나도 조금씩 교사로서 지닐 바른 태도를 배워 갔다. 그때서야 고문에 가까운 그 짓거리가 가끔 마음에 걸려 교생들이 오면 내 실패담으로 그 얘기를 들려주곤 했다.

그러다가 6년 뒤 길거리에서 우연히 성보를 만났다. 길을 가는데 뒤에서 "선생님, 선생님." 하고 쫓아오기에 돌아보니 성보였다. 성보는 어른이 되어 있었다. 순간 피해 버리고 싶을 만치 부끄러웠다. 다방에 앉아 차를 다 마실 때까지 꼭 내가 상담실에 끌려와 있는 듯했다. 성보는 옛일은 다 잊은 듯 싱글벙글 웃으며 요즘 형편을 얘기하고 있었다. 조그만 공장에서 선반 일을 하고 있는데 무척 고되다고 하며 손을 펴 보이는데 참 많이 거칠어져 있었다.

"……그런데 선생님, 학교 때 생활 기록부 있지예. 그거를 내가 공장에 취직할라꼬 학교 가서 뗐거든예. 거 보니까 행동 발달 상황 칸에 선생님이 이렇게 적었데예. '학생의 고집이 너무 세어서 교사가 당혹스러울 때가 많다. 그리고 그 고집이 옳은 생각에서 나온 것이라면 좋

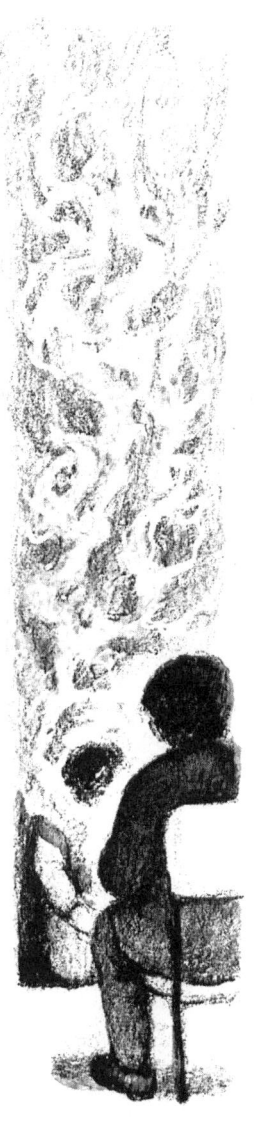

을 수도 있으나 그렇지 못할 때는 문제가 있겠다.' 그걸 공장에 갖다 줘 놓았으이 우리 과장님이 처음부터 나를 고집 센 놈으로 못을 딱 박아 뿌리데예. 그거뿐입니꺼. 내보고 사회생활 하기 어려운 놈으로 치 뿌리는 거라예. 나도 그걸 보이 내가 참말로 고집이 세구나 시프고, 그렇게 되니까 무슨 일에도 고집을 부리고 싶은 마음도 생기고, 고집이 자꾸 세지는 것 같데예. 고칠라고 맘묵어도 잘되지도 않고……."

나는 이 말을 듣는 순간 참으로 아찔했다. '그렇구나……. 담배를 억지로 피우게 한 건 고사하고 그런 죄도 지었구나. 내가 이 학생을 얼마나 안다고 그런 판단을 내렸을까. 더구나 직장 생활까지 지장을 줄 그런 판단을 내가 어찌 감히 내릴 수 있었단 말인가. 순전히 내 기분이 아니었던가. 내 무지가 이런 횡포를 저질렀구나. 물론 학교생활 하는 것을 보고 행동 발달 상황을 적은 것이긴 하지만 내가 애정을 가지고 이 학생을 보았다면 그렇게 고집 센 아이로만 몰아붙일 수 있었겠는가……. 도대체 교사의 소견이란 것이 무엇인가.'

나는 진정 사과하는 마음으로 입을 떼었다.

"성보야, 옛날을 생각하면 내가 선생 노릇을 바로 할 수 있는 놈인가 싶어 부끄럽다. 내가 어떻게 너를 멋대로 판단했을꼬. 참말로 미안하다. 날 용서해라. 그리고…… 이렇게 생각해 봐라. 그 고집을 쓸데없는 옹고집이 아니라 지조, 절개라고. 정의를 지키는 꿋꿋한 고집. 이러면 얼마나 훌륭한 것이겠노. 이런 고집은 지켜야 할 끼다. 그러나저러나 너, 내 앞에서 담배 피운 기억나나? 지금 생각하면 소름이 끼친다. 내가 너를 너무 심하게 했다. 어째 선생으로서 그런 짓을 할 수 있었겠노. 참말로 두고두고 미안하더라."

시간이 있었다면 소주라도 한잔 나눌 일이었으나 그럴 형편이 아니었다. 헤어지면서 꼭 연락하라고 부탁을 했다. 소주라도 한잔 나누어야 내 죄가 조금이라도 풀어질 것 같았다.

기철이란 애는 또 어땠는가. 기철이는 학교에서도 호가 난 주먹꾼이요 문제아였다. 졸업식 때였다. 기철이는 졸업식장에는 오지도 않고 학교 밑에서 이미 술이 한잔 되어서 올라왔다. 식을 마치고 교실로 들어오니 그 녀석이 교탁을 쾅쾅 차고 있었다. 이미 교탁 옆구리는 발길질에 구멍이 나 있었다.

"으이그, 이런 씨발, 지긋지긋한 놈의 학교 인자 끝이다!"

졸업식이랍시고 한복까지 챙겨 입고 나온 나는 그만 화가 부글부글 끓어 넘쳤다. 다짜고짜 녀석의 따귀를 후려치며 소리쳤다.

"여기가 어디냐, 이놈아. 학교다, 학교! 네 공부 다했으면 다냐? 이 교탁은 선생이 서는 곳이야, 인마!"

"왜 때려요, 이거!"

순식간에 두 볼이 벌겋게 된 기철이는 씨근덕거리며 자리로 돌아가더니 펑펑 울기 시작했다. 그것도 술을 게워 내며……. 학생들이 다 올라오고 학부형 몇 분도 교실 뒤에 섰는데 계속 뭐라고 중얼거리며 울던 놈이 휙 교실 밖으로 나가 버렸다. 내 딴에는 준비해 두었던 할 말도 잊어버렸다. 마지막으로 마음에 남을 말을 할 거라고 준비했는데. 정신없이 웅성거리는 가운데 학생들은 서둘러 내 곁을 떠나 버렸다. 운동장에서 찍자는 사진도 거절하고 교무실에서 애꿎은 담배만 피워 댔다. 한 시간쯤 지났을까. 아이들도 다 빠져나간 학교에 반장이 낭패한 얼굴로 쫓아 올라왔다.

"선생님, 저 학교 밑에서 기철이가 술 먹고 애들 잡아 패며 선생님 잡아오라고 난립니다. 선생님, 미안합니다. 이래 안 됐으면 좋았는데……. 그래서 지금 내려오시지 마라고, 그 말 전할라고 왔습니다."

절망이었다. 캄캄한 절망이었다. 아뜩했다.

"내 이놈을 당장 경찰에 처넣어 버리든지, 졸업을 취소시키든지 해야지…… 이놈의 새끼……."

졸망스럽게 반장의 그 말에 다시 화가 솟구쳐 벌떡 일어서는 나를 선배 교사가 말렸다.

"놔두소. 우리 달밤 아이들(야간 학생)은 입학 때하고 졸업 때가 제일 괴롭소. 이놈의 것, 대학을 갈 수가 있나 취직이 되나. 그렇다고 집안이 넉넉하길 하나. 불쌍한 놈들이오. 놔두면 제풀에 나가떨어질 거요. 이 선생은 올해가 처음이지요? 앞으로 속 좀 썩어야 할 거요."

몇 년 뒤 기철이를 해운대 백사장에서 보았다. 사람들이 박작

대는 해운대에서 백사장에 드러누운 기철이도 분명 나를 보았다. 가까이 가는 순간 녀석은 고개를 슬며시 저쪽으로 돌리며 옆 친구의 선글라스를 빼앗아 끼고는 뭐라고 자기네들끼리 떠들었다. 나도 발길을 돌려 버렸다. 지금 생각하면 나도 기철이와 하나 다름없이 옹졸했다. 그 일이 후회스럽다.

선배 교사의 말대로 얼마나 불쌍한 애들인가. 중학교 때부터 공부를 못했으니 어디 선생의 사랑을 받을 수가 있나, 집에서는 집에서 대로 천덕꾸러기로 자라기 일쑤였을 테니 마음인들 편했으랴. 야간 공고에 오고 보니 딴 친구들 보기에 민망하고 학교는 학교대로 걸핏하면 기합이니 자기 잘못보다는 학교가 얼마나 지긋지긋했으랴. 더구나 취직도 안 되고 진학도 못 한 그 지경에서 졸업은 오히려 고통이 아니었으랴. 그래도 딴 애들은 친구도 부모도 따라와서 시끌벅적한데 기철이는 아버지가 몸져누웠고 어머니는 공장에 나갔으니(기철이의 그때 사정이 이러했다) 마음이 얼마나 아팠으랴. 아무리 주먹질을 하고 문제 학생 소리를 들어도 그것이 모두 그 학생 개인의 심성 자체가 나빠서라고 누가 감히 말할 수 있겠는가.

그보다도 내가 진실한 사랑으로 학생들과 더불어 생활했더라면 기철이의 그런 행위가 나올 수 없는 일이 아니었을까. 지금 돌이켜 보면 내가 그들에게 베풀지 못한 때문이라는 생각이 든다. 설사 술을 먹고 그런 일을 저질렀다고 해도 서로에게 믿음과 사랑을 나눈 시간이 많았다면 나 역시 그렇게 화를 내며 따귀를 치지 않았을 것이다. 내가 만약 "기철아, 술이 과했구나. 그래, 교탁을 치든지 나를 치든지 해라. 너에게 다 못 해 준 내가 미안하구나." 했다면 선생 잡아오라고 고함쳤을까. 그러고 보면 아이들의 잘못된 행동은 그들을 온전히 사랑하지 못한 교사에게도 책임이 있다고 보아야 한다. 언제 한번 기철이를 만나면 옛날 얘기하며 술을 한잔해야 할 텐데 이 녀석을 통 만날 길이 없다.

초임 2, 3년 동안의 교사 생활을 생각하면 온통 부끄러움뿐이다. 내 나름으로 무슨 큰일이나 하는 듯이 설쳐 댔지만 지금 생각하면 빈 껍질뿐이다. 그 가운데 가장 잘못한 일은 아이들을 마구 때린 일이다. 때리지만 않았어도 학생이나 내 마음에 생채기가 나지 않았을 것이고 그만큼 빨리 잘못을 회복하고 좀 더 나은 관계를 맺었을 것이다. 내 딴에는 아무리 사랑하는 마음으로 든 매라도 임시방편 처방이었을 뿐, 잘못의 바탕을 고칠 수는 없었다. 다 저지르고 난 뒤에야 이런 사실을 알겠다. 내가 주례까지 해 줄 정도로 두터운 사랑을 나누고 있는 제자가 있는데 그 아이도 중학교 3학년 때 나한테 맞은 아픔은 아직 잘 풀리지 않는다고 한다.

이 글 처음에 얘기한 조카딸이 한 말을 듣고 아버지와 자형과 내가 교사의 체벌에 대해 이런저런 얘기를 주고받았다. 자형은 체벌 옹호론자였다. 그 근거는 이러했다.

시골 고등학교 시절에 영어 선생이 있었는데 학생들이 영어 못하는 것이 안타까워 늘 책을 외게 하고 못 외는 학생들은 공부

시간이 끝난 뒤에도 남겨 다 욀 때까지 감독을 했단다. 하루는 한 반에 욀 수 있는 학생이 세 사람밖에 되지 않자 화가 나서 군데군데 가시가 덜 빠진 아카시아 몽둥이를 가져와서는 아이들보고 자기 엉덩이를 치게 했다는 것이었다. 그러고는 학생들을 차례로 불러내 책상 위에 세워 기둥을 잡게 하고는 종아리를 쳤는데 피멍이 안 든 사람이 없었다는 것이다. 선생도 울고 학생도 울었더란다. 다음부터는 딴 공부는 안 해도 영어만큼은 쇠꼴을 뜯으면서도, 밭을 매면서도 외워 어쨌거나 더듬거리면서라도 다 외웠다는 것이다. 그때 배운 것이 그래도 조금은 남아서 지금 단어 몇 개라도 기억하고 있으니 그 선생님 덕분이 아니냐고 했다. 그래서 지금까지도 그 선생님이 늘 고맙고 훌륭한 교사로 기억된다고. 그 얘기를 들은 아버지께서 말씀하셨다.

"그래도 자네는 그때 공부를 좀 했구마는. 지금 자네 동기들한테 물어보게. 자네처럼 생각하는 이가 몇이나 되는가. 내가 들으니 그 일이 얼마나 지긋지긋했을까 싶네. 그래 가지고 배운 영어가 얼마나 보탬이 되었을지……. 솔직히 말하지만 아비가 자식을 때릴 때도 때리는 그 순간만큼은 미워서 때리는 것일세. 학교 선생들이 간혹 매를 드는 것이 이해는 되지. 그 많은 애들을 가르치자면 언제 다 말로 다스리나. 그렇지만 매를 드는 건 자기 편하려고 하는 짓이야. 매로 다스리는 것만큼 편하고 쉬운 일이 있나."

교사들의 체벌은 따지고 보면 횡포다. 어떤 방어도 할 수 없는 형편에 있는 아이들에게 일방적으로 가하는 폭행이다. 나 역시 그 폭행 앞에 속수무책으로 공포에 떤 경험이 있다.

초등학교 2학년 때였다. 같은 반의 어떤 여자아이를 내가 쥐어박았는데 그 애가 그만 울면서 집으로 가 버렸다. 마침 담임 선생님이 결근했던 날이라 옆 반의 호랑이 선생님이 우리 교실에 달려와서 누가 때려서 울려 보냈느냐고 고함을 치셨다. 나는 자리에서 오들오들 떨고 선생님 앞으로 나서지 못했다. 몇 번을 다그쳐도 애들이 눈만 말똥거리고 있을 뿐, 아무도 나서지 않았으니 화가 나셨으리라. 한참 만에야 누군가가 "상석이가 그랬습니다." 했다. 나는 불문곡직 무릎을 꿇은 채로 발바닥을 맞았다. 지금도 그때의 공포가 생생하다. 그저 오줌만 질금거렸다. 무섭기로 소문난 그 선생님의 모습은 마치 무슨 사나운 거인 같았다.

한번은 중학교 3학년 때였다. 우리 반에선 걸핏하면 제일 떠든 사람에게 투표하는 제도가 있었다. 이건 회장 선거보다도 더 긴장되고 무서운 일이었다. 한 사람 앞에 한 장씩 쪽지를 받으면 학생들은 제일 떠든다 싶은 친구 이름을 반드시 써내야 하는 별난 제도였다. 덕분에 우리 반은 자습 태도가 좋기로 소문이 났다. 어느 날 아침 조회 때 선생님께서 "오늘 오후에 투표가 있다."는 말씀을 하셨다. 나는 나도 모르게 반항심이 생겼다. 쉬는 시간에 일부러 책상 위에 올라 소리를 치며 "나에게 한 표 부탁합니다."고 익살을 떨어 아이들을 웃겼다. 점심시간에는 의자를 뒤집어 밀고 다니며 딴 애들 밥 먹는 걸 방해하며 놀려 댔다. 일

종의 시위였을까. 약속대로 투표를 했는데 내 이름 뒤에 바를 정(正) 자가 수도 없이 계속되었다. 압도를 지나 몰표였다. 내심 겁이 덜컥 났다. 반 친구 녀석들이 해도 너무한다 싶었다. 늘 몇 명이 비슷한 숫자로 나오면 손바닥 몇 대로 끝이 났는데 그날은 사뭇 달랐다. 눈까지 벌겋게 된 선생님은 반장을 시켜 학교 목공실의 펜치를 갖고 오게 해서는 엎드려뻗쳐 자세로 있는 내 허벅지를 그 펜치로 꽉 찝어 버렸다. 아, 그때 눈알이 툭 튀어나오도록 아리던 전율, 등골이 빠개지는 것 같았다. 분노와 수치와 증오심으로 눈물도 안 나왔다. 그러고는 몽둥이로 내 엉덩이를 사정없이 때렸다. 나는 이를 악물고 요지부동으로 고스란히 그 매를 받았다. 아이들은 처음 보는 해괴한 벌에 킬킬대고 웃다가 나중엔 모두 입을 다물어 버렸다. 나는 당장 학교를 때려치워 버릴까 하는 생각도 들었다.

폭력은 이것뿐이 아니다. 교실이 조금만 시끄러우면 대뜸 "눈 감아!"부터 외치는 교사, 아이들의 치명적인 약점을 잡아서 "돌대가리 녀석이⋯⋯." 하는 교사, 심지어 학생의 잘못에 싸잡아 부모 욕을 해 대는 교사⋯⋯. "너희 엄마 아버지 이혼했지? 집안이 그런 놈은 할 수 없어." 이런 말을 들을 때 당하는 아이보다 앉아 있던 우리가 얼마나 당혹스러웠던가를 기억한다.

이웃 나라의 일이긴 하지만 교사를 폭행하는 학생들의 행동이 때로는 이해되기도 한다. 학생이 설마 하니 자기들을 진정으로 사랑하는 교사에게 폭행을 할 리가 없을 터이며 교사의 맞을 짓도 문제가 되어야 한다.

꾸중을 하다 보면 학생들이 옳을 때가 있다. 교사가 궁지에 몰리게 되면 으레 하는 말이 있다.

"이놈이 어디서 말대꾸냐, 건방진 놈."

이 한마디에 여태껏 자기 생각을 어렵게나마 말하던 학생은 절망과 함께 마음의 문을 닫아 버린다. 어른이 잘못을 솔직히 시인하고 용서를 구하면 얼마나 좋을까. 이것이야말로 서로에게 믿음과 반성을 준다. 권위를 버리는 교사야말로 용기와 사랑을 가진 어른이다.

혹 어른들은 자기 사욕(私慾)을 위해 학생을 나무라는 일은 없는가. 사욕은 없더라도 자기 위주로 생각해서 학생을 내모는 일은 없는가. 학생들에게는 진실 앞에 고개 숙일 줄 아는 순수가 있다. 이것을 믿어야 한다.

"이놈이 선생님 머리 꼭대기에 앉아 있어요, 조심하세요."

그렇다면 속아 주자. 세상살이 하고많은 큰일에는 속는 줄 알면서도 눈만 껌벅이는 어른들이 아닌가. 잘못을 보고도 뒷짐 진 채 헛기침만 하고 있는 어른들이 아닌가. 학생들에게 속는 것은 아무것도 아니다. 네 번 다섯 번 속으면서 끝까지 사랑을 보이면 학생들은 '진실'로 돌아온다.

조급하게 닦달하며 어른이 원하는 대로 만들어야 속이 후련해지는 것은 학생을 위하는 일이 아니라 어른의 자기 위안일 뿐이다.

소란한 아이들을 보면 수업 방식부터 반성해 보자. 잘못을 저지른 아이들을 보면 이 잘못의 원인이 어디에서 시작되었는지 찬찬히 살펴보자. 그리고 억누르기 어려울 만큼 화가 나면 교실 창밖 바라보고 숨 한번 크게 쉬고 다시 한번 생각해 보자.

오, 주님.
배반자의 쌀쌀한 얼굴도 마다 않으신 당신의 그 친절을 나에게도
주시어 가면 뒤에 숨어 있는 고독한 영혼을 보게 해 주소서.
나에게 통찰력을 주시어
나는 어른이라는 것과 이 젊은이들은 나만큼의 자제력도 없으며
그 원하는 바도 다르다는 것을 올바르게 인식하게 해 주소서.
학생들을 훈육하되 언제나 친절을 잃지 않게 해 주소서.
모든 지식을 다 갖추고 있더라도 사랑이 없으면
나에게 아무 유익이 없사오니
사랑을 꼭 실천해야 된다는 것을 배워 알게 해 주소서.

'교사의 기도'를 바칠 때마다 내 잘못을 곱씹으며 다짐한다.
"사랑의 의도가 아니면 차라리 말하지 말게 해 주소서."

누가 도둑인가

"연병장에 대양공고 이상석 선생 있으면 본부로 오시오. 다시 알립니다. 연병장에……."

여름 방학이 되면 이틀씩 받는 예비군 훈련.

"이 선생, 어제 총 깔고 앉더니 이제 큰일 났다. 예비군 훈련도 눈감고 아웅이라 그랬지……."

농담을 뒤로하고 본부로 가니 훈련 안 받아도 좋으니 학교로 가 보라는 것이었다.

"잘은 모르겠소. 하여튼 훈련 빼 줄 테니 가 보쇼."

별별 방정맞은 생각을 다 하며 학교에 가니 교감, 학생 주임이 기다리고 있었다.

"선생님 반에 박창중이란 놈 있지요? 글마가 뭐라 카더라? 특수 절도로 구속됐어요."

"아이가 특수 절도죄를 짓도록…… 담임이 사전 지도도 좀 안 하고……. 상담 기록 같은 것은 있어요?"

'특수'란 말에 굳이 힘을 주며 다그치듯 두 분이 얘기한다. 사실 난 마음속으로 학생이 죽거나 크게 다친 일이 아닌 게 다행이라 생각하며 내심 마음을 놓았다.

'그 정도 일이라면 일단 괜찮다. 여하튼 살아 있으니…….'

경찰서 면회 대기실에 들어섰을 때 불현듯 동생 생각이 났다. 어느 날 갑자기 형사들에게 끌려간 뒤 소식이 없다가 바로 이 유치장에서 만났을 때는 이미 긴급 조치 위반으로 구속 영장이 떨어지고 난 뒤였다. 그때 참담하던 만남의 기억이 가슴을 쓰리게 했다.

창중이가 뿌연 유리창 건너편에서 걸어왔다. 누렇게 찌든 러닝셔츠, 홀쭉하게 여윈 여드름투성이 얼굴, 땟국이 줄줄 흐르는 뻬쩍 마른 몸. 녀석의 유난히 큰 눈에는 이내 눈물이 그렁거렸다. 죄를 묻기도 전에 그 모습이, 가로막힌 유리 벽이, 영어의 그 몸이 그만 내 울음을 폭발시켰다.

"야, 인마! 이기 뭐꼬!"

우리 둘은 유리 벽을 사이에 두고 한참을 울었다. 무조건 녀석이 불쌍하고 안쓰러워서 가슴이 미어지는 듯했다.

"지내긴 괜찮냐(이 말이 바로 동생을 만났을 때 처음으로 한 말이란 게 떠올라 다시 가슴이 아팠다)?"

"배가 고파예……."

"죄진 놈이 배고픈 줄은 아나?"

"선생님, 정말 죄송해예. 선생님, 한 번만 용서해 주이소."

"시끄럽다, 이놈아! 도둑질을 머할라꼬 하노!"

"……."

"집에는 연락했나?"

"주소는 잘 몰라예. 대신동 우리 아저씨 있지예……. 거기 연락하면 우짜면 알 낍니더."

"하여튼 알겠다. 먹기 싫어도 주는 밥 잘 먹고 참아라. 지은 죄를 우짤 끼고."

면회실을 나와 바로 구내매점으로 갔다. 우선 빵과 우유부터 사 넣고 저녁부터는 사식을 먹을 수 있도록 돈을 털어 주문하고 내의도 한 벌 사서 넣었다. 자꾸 동생의 모습이 겹쳐 떠올랐다. 사식이라야 도시락밥에 나물 두 가지, 멸치조림 정도였지만 우선 내가 할 수 있는 일은 그게 다였다.

바로 수사계로 들어가 담당 경찰을 만나 보고 싶었지만 남루한 예비군복 차림으로는 씨도 안 먹힐 것 같았다. 집으로 와서 창중이 친척 집이란 데로 연락을 했더니 별 놀라는 기색도 없이 혀만 끌끌 차더니 서울에 연락은 해 보마고 했다. 전화나 편지로는 연락이 어렵고 직접 가야 되는 듯했다.

창중이 아버지는 한때 치과 기공사였다. 창중이가 중학교 2학년 때 아버지가 큰 병을 얻어 일을 못 하시게 되고 병 고치느라 재산을 다 날리고 말았다. 성적이 괜찮은 편이었던 녀석은 그 와

중에 공부는 뒷전이 되고 학비 대기도 어려워 결국 야간 공고로 오게 되었다고 했다. 고등학교 3학년 초에 아버지 병이 더 악화되어 서울에 있는 병원으로 가시게 되자, 어머니는 아버지가 입원한 병원 근처 식당에서 일하며 아버지 병간호를 하고 있다고 했다. 형이 둘 있었지만 집안이 괜찮았을 때부터 빗나가, 큰형은 어느 술집에서 기타를 연주하며 떠도는 건달이었고 다른 형도 일없이 빈둥거리며 집을 등지다시피 산다고 했다.

고등학교 2학년 때 내 반이 된 창중이는 반에서 가장 까부는 축에 끼였다. 깡마른 체구에 키가 작은데도 늘 큰 애들과 어울렸고 싸움도 곧잘 했다. 담배 피우고 술 마시는 것은 예삿일이고 저처럼 찢어지게 가난하고 힘 약한 급우들을 괴롭히기도 했다. 한번은 짝의 새 체육복을 뺏다시피 빌려 가서 돌려주지 않은 일이 있어 나에게 맞기도 많이 맞았다. 매를 들기만 하면 살살 비는 것이 안쓰러워 그러지 말라고 타이르곤 했지만 돌아서면 또 못된 짓을 하는 것이었다. 제발 "용서해 주이소예." 하고 빌지 말라고 더 화를 냈지만 교무실에만 불려 오면 살살 비는 꼴이 얄미웠다.

"야, 이놈아! 탐이 나서 뺏었다고 해! 빌 짓을 왜 해! 사내가 빌 일이 따로 있지, 넌 걸핏하면 빌고 난리야. 너 오늘 매 좀 맞아라!"

그렇지만 제 사정을 뻔히 아는 나로서는 내심 딴 애들에게보다 더 애정이 갔다. 얄미웠다가도 옹송그린 좁은 어깨를 싸안고 운동장 귀퉁이로 가서 이야기를 나누면 그때마다 번번이 눈물을 흘리던 놈이었다. 고3 때도 내 반이 되자 녀석은 좋아서 어쩔 줄 몰라 했다. 한 학년에 네 학급뿐이니 모두가 한 학급처럼 어울려 지내는데도 혼자 유독 좋아했다.

학년 초에 아버지는 서울 병원으로 옮기고 창중이는 먼 친척 집에서 더부살이를 했다. 그러다가 사상에 있는 어느 공장에 취직을 하면서 공장 근처에서 자취를 하게 되었다. 야간 공고 학생들의 가정 사정이 다 어려웠지만 이놈은 유독 어려워서 늘 마음이 아팠는데 덜컥 일이 터지고 만 것이었다.

방학이 되면 아버지가 입원해 계시는 병원에 가서 거기서 누워 자며 간호하겠다던 녀석이 제 부모도 모르게 유치장에 들어가 앉았으니…….

나는 방학이 되었답시고 아이들 일은 훌훌 벗어던진 채 선풍기 밑에서 팔자 좋게 드러누워만 있지 않았던가! 애들이나 좀 챙겨 볼 것을……. 뒤늦은 후회도 했다. 그러나 한편으로는 '방학 때 서울 간다 해서 그런 줄만 알았지, 그런 것까지 내가 하나하나 우째 다 아노?' 하는 짜증이 나기도 했다.

다음 날 담당 형사를 만났다. 그에게 학교 담임 선생이라 했더니 못된 놈을 맡게 된 같은 처지란 듯, 교사 생활이나 형사 생활이 다 이렇게 고달프고 저런 놈 만나면 선생은 더욱 골치 아플 거라며 나를 충분히 동정했다. 그러고는 창중이의 죄상을 신이 나 읊어 대기 시작했다. 나도 대강 맞장구를 치며 조사 자료를 보니 사상의 어느 공장 창고를 털었는데 기계 부속인지 고철 덩이인지는 모르나 리어카로 빼내 팔아서 세 놈이 나누었는데 문을 열고 들어간 놈이 창중이란 것이었다. 한 녀석을 며칠 전에 잡아서 닦달하니 창중이가 있는 곳을 가르쳐 주었고 형사가 아침에 그 집을 가니 자취방에는 창중이가 웬 여학생과 같이 있더란 거였다.

"글쎄 선생님, 도둑질이야 또 괜찮습니다. 대가리 피도 안 마른 것들이 동거 생활을 해. 이래도 요놈이 학생이라요? 이런 놈들은 볼 것도 없어요. 못된 노무 새끼. 저거 애비 에미도 서울 있다는데, 형편없는 놈……."

형사는 이 부분에서 더욱 화를 냈다. 나도 참으로 암담하고 분하기도 했다. 못된 짓은 혼자서 다 하고 자빠졌구나 싶었다. 다시 잠깐 면회를 했다. 창중이는 또 칭얼칭얼 울었.

"네 범죄 기록 다 읽었다. 야 이놈아, 쎄가 빠지게 고생 좀 해라. 아버지가 지금 우째가 계시노, 이 망할 놈아. 너거 엄마가 알았으면, 안 그래도 죽도록 고생하는 너거 엄마가 지레 말라 죽겠다."

"선생님, 그거는 아이라예. 그거는 아이라예. 진짜로 억울합니다……."

숫제 통곡이었다.

"그럼 니가 도둑질 안 했단 말인가?"

"도둑질은 했지마는 그거는 아이라예. 결백합니다……."

아마도 여학생과의 동거를 부정하나 보다.

"나는 도둑질이 더 나쁘다고 생각한다, 이놈아."

그래도 녀석의 우는 모습에 결국 나도 울고 말았다.

"사식은 들어왔더나?"

"예, 선생님. 고맙습니더예."

"우쨌든지 밥이나 잘 먹고 있어 봐라."

학교에서는 빨리 서류를 작성해서 퇴학시키라고 했다.

"주임 선생님, 조금만 더 두고 보입시다. 우선은 재학 증명서를 첨부하면 애에게 유리하다고 하니 재학 증명서는 제출할 수 있도록 해 주이소."

"선생님, 나도 그놈 기록을 봤는데요. 도둑질도 도둑질이지만 남녀 혼숙을 한 녀석을 어찌 학교에 둡니까? 딴 애들도 생각해야지요. 그것을 용서했다 해 보세요. 학교 규율은 엉망이 됩니다."

"저도 한 짓을 보면 당장 퇴학시키고 싶습니다. 그렇지만 참말로 불쌍한 놈입니다. 퇴학이 되면 고등학교 졸업장도 없이 어떻게 살겠습니까? 또 3학년 아닙니까. 퇴학만은 좀 생각을 해 보입시다."

"담임 선생이 알아서 할 문제지만 나중에라도 퇴학되는 건 어쩔 수 없을 겁니다."

친척 아저씨란 사람도 왔다. 목발이 없으면 서 있을 수도 없을 만큼 심한 소아마비였다. 다시 동거 문제 이야기가 나왔다. 그도 할 말이 없는 모양이었다. 나는 자꾸만 동거가 초점이 되는 게 이해가 되면서도 오히려 죄는 도둑질에 있지 그것은 극히 개인적인 일이니 범죄로 다룰 일이 아니란 생각이 들었다. 그런 내 생각에 스스로 당혹스럽기도 했다. 어쨌든 재학 증명서는 떼어서 경찰서에 갖다 냈다. 나오는 길에 그 친척 아저씨란 분에게 혹시 그 여자애를 아느냐고 했더니 수소문해 보겠다고 했다.

다음 날 그 여학생을 만날 수 있었다. 머리 모양을 이상하게 하고 원색 옷에 껌을 짝짝 씹을 애로 생각한 내 예상은 완전히 빗나갔다. 시종 손수건을 만지작거리며 들려준 얘기는 이러했다.

창증이는 석 달 전부터 사상 공장에 취직을 해 다녔다. 방학만 되면 모은 월급으로 아버지 약도 사고 어머니 선물도 사서 서울로 가겠다고 별렀는데 그 공장에서 월급을 아직 한 푼도 못 받았다는 것이다. 방학하는 날은 줄 줄 알았는데 그것도 아니었다. 울었다고 했다. 다음 날 친구 둘과 창고를 턴 것이라 했다. 창증이 말이 월급을 가져온 것과 마찬가지니 괜찮다고 하더란다(경찰이 조사한 피해액은 40만 원쯤 되었다). 그 돈으로 약도 샀고 자기에게 빵도 사 주더라 했다.

"서울 가는 날 아침에는 내가 너거 집 가서 밥해 주께. 내 해 주는 밥 먹고 가라. 빨랫거리도 내놔라. 내가 빨아 놓을게."

그래서 그날 아침 일찍 자취방에 가서 밥도 안쳐 두고 빨래도 하고 있는데 형사가 와서 잡아갔다는 것이다. 울며 떨고 서 있는 자기한테도 형사가 따귀를 갈기며 이름을 적는다고 대라는데 겁이 나서 가짜 이름을 댔다고 했다. 학교도 안 다닌다고 했지만 사실은 ○○여상 야간 2학년이고 낮에는 어느 회사 급사로 있다며 끝내 손수건을 적셨다.

온갖 울화가 치밀어 올라 나도 목이 컥 막혔다. 이런 아이를 두고 도둑놈이라니! 도대체 누가 도둑놈인가! 창중이는 경찰에 가서 또 얼마나 두들겨 맞았으랴! 동거가 아니라고 우기는 아이에게 멋대로 음흉한 상상을 하며 "같이 자니 재밌지?" 해 가며 저들 마음대로 조서를 꾸몄을 생각을 하니 또 갇혀 있는 동생 생각이 나 치가 떨렸다.

'경찰에서 더 얘기할 건 없다. 조서를 고칠 리도 없다. 검찰에 가서 볼 일이다.'

동생의 구속과 옥바라지로 얻어 안 풍월로 이 방면의 길을 좀 안다 싶으니 우습기도 했다.

그날 밤 나는 검사에게 낼 탄원서를 썼다. 써 내려갈수록 내 감정에 겨워 무슨 청소년 문제를 성토하는 연설문 같았다. 편지지에 빽빽하게 열댓 장이나 썼다. 확실하게 기억나지는 않지만 요지는 이러했다.

- 어른들은 문제 학생들의 얘기를 들어주려는 자세를 조금이라도 가졌는가.
- 옥박질러 수그러지는 그때 아이들의 인격은 얼마나 짓밟히는가.
- 학교나 사회에 그들의 문제를 근원적으로 해결하기 위한 어떤

제도적 장치가 있는가.
- 죄를 짓지 않으면 안 될 상황까지 몰아가 놓고는 죄를 짓고 나면 이놈 잘되었다 하듯이 으르렁 달려드는 행위가 얼마나 많은가.
- 도덕적인 문제도 어른 중심으로 범주를 설정하고 남녀 얘기만 나오면 우선 파렴치하게 보지 않는가.
- 더욱이 이 아이는 경찰 조사와는 다른 사정이 있었다.
- 이 아이의 사정을 생각할 때 벌은 누가 받아 마땅한가.
- 또 이 아이의 가정 환경이 이토록 어렵다.

밤을 새다시피 쓴 탄원서를 다시 읽으며 이걸 바쁜 검사가 다 읽어 줄까 싶어 걱정이었다. 본문에 소제목을 달아 고쳐 썼다. 그리고 다시 요약서를 앞에 붙였다. 그러고도 못 미더워 본문에서 중요한 부분은 붉은색으로 밑금을 그었다.

창증이가 검찰로 송치되는 날, 포승에 묶여 닭장차를 타는 창증이를 보고 소리쳤다.

"창증아, 걱정 말고 좀 있어라! 내가 알아서 해 볼게."

"선생님만 믿어예……."

줄창 뒤를 힐끔거리며 녀석은 어깻죽지로 눈물을 닦아 냈다.

담당 검사를 확인하고 서무계에 탄원서를 내려다가 자꾸 망설여졌다. 하루에도 수십 통씩 접수되는 탄원서를 도무지 읽어 줄 것 같지 않았다. 직접 부딪혀 보자 싶었다. 검사실로 들어섰다.

"어째 오셨습니까?"

서기인 듯한 사람이 물었다.

"담당하고 계신 학생 피의자 때문에 왔는데 검사님께 직접 드릴 말씀이 있어서 왔습니다."

"그런 건 저기 앞에 돌아 나가면 탄원서 제출하는 곳이 있습니다. 거기 가서 서면으로 제출하시오."

"그런 줄은 압니다마는 꼭 직접 드릴 말씀이 있습니다."

마침 서기는 서류를 챙겨 들고 나가며 자기를 따라오라는 거였다. 안 갔다. 미적대고 있다가 검사에게 또 말했다.

"사실 저는 피의자 가족이 아니고 교삽니다. 저희 반 학생이 여기 와 있는데 시간을 좀 내주시죠."

교사란 말에 관심이 간 듯 검사가 말해 보란 눈짓을 했다.

"여기 탄원서가 있습니다. 검사님께서 꼭 좀 읽어 주십사 하고 직접 들고 온 겁니다."

"이런 건 접수만 되어도 다 읽는데…… 어디 봅시다."

일단 죽 넘겨보더니 싱긋 웃었다.

"무슨 논문이네요……."

'됐다. 일단 주의를 집중하고 읽어만 다오.'

다시 몇 번을 뒤적이더니 이제는 찬찬히 읽기 시작했다. 중간중간 고개를 끄덕이며 나를 힐끗 쳐다보기도 하며 끝까지 다 읽어 주었다. 검사가 고개를 들며 안경을 밀어 올리더니 말했다.

"선생님, 국어 담당이지요?"

"우째 압니까?"

"꼭 국어 선생님 같네요. 참 재미있습니다."

둘은 웃었다. 잠시 청소년 문제에 대해 얘기도 했다.

"선생님같이 이렇게 학생 선도에 열심이면 우린 걱정도 안 합니다. 사실 우리라고 애들 잡아넣는 게 능사는 아니거든요. 학교로 돌려보내 놓으면 얼마 안 있어 또 잡혀 옵니다. 도대체 학교에서 신경을 안 써 줘요."

"워낙에 우리도 바쁩니다. 한 애 한 애 다 신경 쓸 수 없는 게 사실입니다. 부끄럽긴 합니다마는……."

"얘가 초범인지 모르겠습니다. 여하튼 기록을 보고……. 모레쯤 와 보세요. 그리고 우리가 내보내면 선생님이 책임지겠습니까?"

"지다마다요. 얘는 제가 특별히 선도해 보겠습니다."

나오리란 확신에 뛸 듯이 기뻤다. 내친김에 교도소에 가서 알려 주고 싶었지만 '아니야 이놈, 며칠간이라도 고생해야 돼.' 싶었다. 그날 밤은 다리를 뻗고 잤다.

이틀 뒤 검찰청에 갔더니 검사실에는 창중이가 불려 와 있었다. 검사가 훈계를 했다.

"앞으론 똑바로 해! 여기 다시 오면 그땐 사정 안 봐준다. 졸업 잘해서 부모님 잘 모셔……. 그리고 너희 담임 선생님이 이렇게 신경 써 주셔서 내보내 주는 거야."

"고맙습니더, 고맙습니더…… 선생님예, 검사님예……."

몸보다 훨씬 큰, 빛바랜 수의를 입은 채 꿇어앉아 있던 놈이 무릎걸음으로 내게 달려와 울음을 터뜨리고 검사 책상 앞으로 기어가고 사방을 헤매었다.

"일어서, 이놈아. 또 이래 빈다. 잘못했으면 이를 악물고 마음으로 다짐을 해라. 눈물 닦고……."

그날 저녁 내의를 갈아입혀 교도소 문을 나섰다. 친척 아저씨도 와서 고맙다고 목발에 매달려 온몸을 흔들어 댔다.

"창중이는 제가 데리고 가죠."

온몸에서 쉰내가 나는 녀석과 함께 우선 목욕탕부터 갔다. 둘은 벌거벗고 앉아 계면쩍게 웃었다. 탕 속에 끌어들여 옆에 앉히고 물었다.

"깜방이 어떻데?"

"유치장보다는예 교도소가 더 낫데예……."

"마 시끄럽다, 이놈아. 또 까불이 난다. 정의롭게 가는 것 말고는 갈 데가 못 되는 줄 알아라."

꿀밤 한 대를 먹였다.

"별명대로 빨래판이구나. 자, 등 대라. 아이구…… 이놈의 때!"

"선생님 살 좀 저 주이소예."

"겨우 찌워 놓은 살 너 때문에 다 빠졌는데 또 쥐, 인마?"

"살은 그대로구마는……."

이튿날 서울로 보냈다. 부모에게 연락이 안 된 게 오히려 다행이었다.

개학이 되자 징계위원회가 열려 창중이는 무기정학 처분을 받았다. 2주일 동안 녀석은 열심히 변소 청소를 하며 나만 보면 싱긋이 웃었다. 그러고도 버릇은 그대로였다. 오히려 감방 구경을 하고 온 게 자랑인 듯 무게를 잡아 가며 애들을 사로잡는 것도 먼빛으로 보곤 했다.

'그래, 하루아침에 버릇이 싹 바뀌어 딴사람 되랴. 내가 욕심을 내어선 안 되지……'

그래도 탈 없이 졸업은 했다.

1년 뒤 나는 학교를 옮겼다. 어느 날 옮긴 학교로 녀석이 찾아왔다. 이번엔 소줏집에 마주 앉았다. 그사이 아버지는 세상을 떠났고 자기는 명동의 어느 양장점에서 허드렛일을 하며 재단을 배우고 있다고 했다.

"너, 전에 알던 그 여학생 요새도 만나나?"

"아니예. 어디 있는지도 모르겠데예. 졸업하고 서울 가고…… 이러다 보니 마 잊아습니더."

"좋은 친구더라."

"예, 내한테 참 고맙게 해 줬어예."

"……"

"선생님, 나도 참 돌이지예. 선생님 만나러 부산 올라 생각하고 선물을 사야겠다 하니 담배 생각이 나서 딱 샀거든예. 어젯밤에 이거를 들고 대양공고 갔다가……. 와, 딴 선생님 만나니 쥐

버릴 수도 없고 담배는 여기 와서 사도 되는데…… 내가 이래 돌빡입니다."

담배 보루를 싼 신문지는 이미 귀퉁이 쪽이 닳아서 삐주름히 갑이 내보였다.

"고맙다. 잘 피우꾸마. 너도 한 대 해라. 담배 갖고 자리 불편할 거 있나."

그날 소주는 참 맛있었다.

난 너희들 담임 안 해

 남학생들은 잘 지내다가도 곧잘 싸우고 주먹깨나 쓰는 녀석들은 세력 다툼을 하기도 하고 패거리 힘을 믿고 아이들을 괴롭히는 일도 많다. 학년 초가 되면 싸움은 절대 해서는 안 된다고 목울대를 세워 보지만 효과는 그때뿐이란 걸 나 스스로가 알고 있다. 폭력으로 약한 아이를 괴롭히면 절대 용서 안 한다고 으름장을 놓지만 그래도 괴롭힘을 당하는 애들은 내가 모르는 곳에 늘 있게 마련이다. 교사의 한마디로 아이들 버릇이 단박에 고쳐진다면 얼마나 좋으랴마는 그게 어디 있을 법한 얘기인가.

 그런데 흥미로운 것은 힘이 거의 비슷한 애들이 싸우는 일이다. 오히려 이럴 때 사생결단으로 싸운다. 한쪽이 약하면 그건 일방적이라 힘센 녀석을 나무라면 되지만 그것도 아니다. 또한 구경하는 애들이 제일 재미있어하는 것도 이런 싸움이다. 학급

왕초는 어쨌든 싸움을 붙여 보려 하지 말리는 법이 없다.

"쳐라, 쳐라! 니, 인마, ○○한테 지제?"

삽시간에 교실은 야단법석, 엉망진창이 된다. 책걸상은 와르르 무너지고 애들은 와와 댄다. 이런 싸움일수록 두 놈 다 싸움을 했다는 사실만으로 나무라면 꼭 한쪽이 억울하다는 것이다. 그래서 나는 공개 재판에 부친다. 싸움의 시작부터 따져 보는 것이 아니라 싸우기 전의 감정이나 형편이 어떻게 되어 왔는가를 하나하나 물어 가면 꼭 한쪽에 잘못이 있게 마련이다. 물론 아이들의 싸움에 무슨 큰 잘못이 있겠는가마는 아이들 처지에서 보면 여간 심각한 게 아니다. 그 잘못이 어느 쪽이든 밝혀질 때쯤이면 한 녀석은 훌쩍거리기 시작한다. 이미 자기편이 없다는 걸 알기 때문이다.

"그래, 오늘 이 싸움에는 길수가 잘못했네. 창익이는 억울하지? 분이 다 안 풀렸으면 지금 보는 데서 길수를 처라."

이럴 때 상대를 때릴 애가 어디 있겠는가.

"괜찮습니다. 저도 잘못했어예……."

늘 이렇게 끝이 나곤 했다. 그런데 이날은 창익이란 놈이 사정없이 길수의 따귀를 후려갈겨 버렸다. 내가 깜짝 놀랄 정도였다. '창익이 이놈, 좀 못됐구나.' 싶어도 판관 격인 내가 치라고 했으니 할 말이 없었다. 순간 길수 눈이 적의로 번쩍 빛났다. 나는 서둘러 말했다.

"됐다, 그럼. 창익이 너도 더 이상 길수한테 덤비면 용서 없다. 길수도 참아라. 어차피 처음엔 네가 잘못했으니까……."

그날은 내가 영 잘못된 판관이었다는 찜찜한 기분으로 교무실로 돌아갔다.

"선생님, 길수하고 창익이하고 또 붙었습니다."

"햐, 이놈들아, 사람 좀 살자."

다시 두 놈을 뜯어말리고 결단을 내렸다.

"좋다. 오늘 너희 둘은 수업 마치고 체육관에 가서 한판 붙어라. 심판은 내가 본다."

"와! 박수."

구경꾼 녀석들은 신이 난다.

"네 이놈들, 너희는 친구 싸우는 게 그렇게 재미있냐? 오늘 모두 한판 붙어 볼래?"

"좋습니다!"

이건 한술 더 뜬다. 이렇게 되면 아이들은 싸움을 스포츠 정도로 생각하는 것이 아닌가. 사실은 그렇다. 조금 싸웠기로서니 그것이 큰일 날 일은 아니기 때문이다.

종례를 마치자마자 애들은 신이 나 죽겠다는 표정으로 우르르 체육관으로 몰려갔다. 아이들을 둘러앉히고 규칙을 정한다. 주먹으로 얼굴 때리기 없기, 발로 얼굴을 차서도 안 되고 사타구니를 공격하면 그 사람은 판정패. 두 녀석은 제법 이소룡 흉내를 내는가 싶더니 그게 무슨 소용인가, 금방 후닥닥 엉겨 붙는다. 3분을 더 못 싸우고 숨을 헐떡거리는데 힘이 없다. 그냥 둔다. 나

중에는 둘이 엉겨 뒹굴뒹굴 구를 뿐이다. 주먹으로 얼굴을 칠 수가 없으니 마땅히 공격할 데도 없는 모양이었다.

"자, 무승부다. 이제 더 싸울 힘도 없지? 그만해라."

이젠 더 이상 안 싸우겠지 싶었다. 혼자 생각으로는 자잘한 싸움은 그냥 모른 체하고 싶다. 중학생쯤 되면 싸우는 것이야 예사 아닌가. 그렇지만 선생님들에게 잡혀 와서 교무실 바닥에 꿇어앉아 있는 꼴도 보기 싫고 교감 선생님 같은 분에게 애들 생활 태도가 엉망이니 지도 잘하라는 말도 듣기 싫어서 다시는 싸우지 말라고 신신당부를 했다.

"사실 내가 요즈음 집에 무슨 일이 있어서 너희들에게 신경 쓸 수가 없다. 오후 자습 시간에도 너희들끼리 좀 해라. 내가 없을 때 떠들고 싸우다가 지적당하면 내가 곤란하잖냐? 내 사정을 안다면 이젠 제발 싸움하지 마라."

그때 아들놈이 복막염 수술로 입원해 있었다. 그런데 다음 날 오후 그 두 녀석이 다시 붙었다. 나는 그만 화가 머리끝까지 나 버렸다. 쇠귀에 경 읽기도 유분수지 아무리 철모르는 애들이라지만 어째 이렇게 사람 마음을 몰라줄까. 선생이 집에 무슨 일이 있다고 하면 무슨 일일까 알아보려고도 하지 않고…… 괘씸한 녀석들. 나는 속으로 저희들끼리 알아봐서 문병이라도 와 주기를 바라고 있었다.

"너거, 이놈의 자석들. 정말 너무하구나. 그렇게 타일렀는데 또 싸움을 해? 난 너거 같은 놈들 안 키워. 망할 놈들. 이놈들아!

그렇게 소란 피우지 말라고 당부를 했으면 개라도 듣겠다. 난 너희들 담임 안 해! 당장 치워 버려! 난 간다!'

고함을 지르고 교실을 나와 버렸다. 사실 애가 누워 있는 병원으로 급히 가야 하기도 했다. 교문을 나서는데 애들이 우르르 뒤쫓아 왔다.

"선생님, 가지 마이소. 잘못했습니더."

반장이 쭈뼛쭈뼛 머리를 조아렸다.

"시끄러, 이놈들아. 너거 같은 놈들 꼬라지도 보기 싫다. 학기 초라 잘됐다. 내일 당장 담임 사표 낸다. 난 너희 담임 안 해!"

교문을 나서서 버스 정류장으로 가는데도 애들이 우르르 내 뒤를 따르고 있었다. 이건 뭐 이상한 꼴이 되어 버렸다. 선생은 투덜투덜 앞서 걷고, 애들은 머리를 숙인 채 뭐라고 중얼거리며 따라오고……. 지나가는 사람들이 흘깃흘깃 돌아보고 있었다.

"교실로 돌아가. 무슨 소릴 해도 일없어. 끝이야."

마침 택시가 왔다. 얼른 잡아타 버렸다. 뒤를 돌아보려다가 참았다. 내가 좀 심했나 싶기도 했다. 그러나저러나 재수술을 받아야 하는 아들놈이 앓고 있는 병원으로 빨리 가 봐야 했다.

다음 날 아침 자습 시간에도 내처 교무실에만 있었다. 조례 시간이 되자 내가 오히려 난감해졌다. '뭐라고 말하며 교실에 가지……. 에라, 계속 화가 안 풀린 모양을 하자.'

교실로 들어섰다. 그런데 이게 웬일인가. 교실 바닥이 땟자국 하나 없이 말끔해져 있었고 지난 1년 내내 시꺼멓던 교단이 무엇으로 문질러 때를 뺐는지 노란 나뭇결을 드러낸 채 빛나고 있지 않은가. 그뿐 아니었다. 창문도, 칠판도 그리고 내 책상은 비닐 덮개까지 해 놓았다.

애들은 고개를 숙이고 있으면서도 재빨리 내 표정을 살피고 있었다. 칠판에는 "선생님, 다시는 싸움 안 하겠습니다. 담임은 바꾸지 마십시오."라고 써 놓았다. 그걸 보는 순간 코끝이 찡했다. 이렇게 순진한 녀석들을 두고…….

"고개 들어라, 이놈들아. 누가 언제 내가 담임 안 한다 하데? 왜 내가 우리 7반을 떠나……."

칠판을 지우며 싱긋 웃었다. 아이들도 피식피식 웃기 시작했다.

"자, 반장, 인사하자."

"빤깝씁니다."

아이들이 악을 쓰며 인사를 했다.

그 뒤로는 저희들끼리 단 한 번도 싸우지 않았다. 내가 싸움을 안 하도록 지도를 잘한 게 아니라 아이들 스스로가 해결한 문제였다. 애들에 견주면 내가 더 어리다는 생각도 든다.

그해 졸업한 녀석들이 집에 오면 늘 그 얘기를 한다.

"선생님, 우리는 그날 청소한다고 8시까지 아무도 집에 안 갔습니더. 와, 그때 진짜로 청소 화끈하게 해 봤다. 선생님도 기분 좋았지예? 우리는 그때 진짜 선생님이 담임 안 하는 줄 알았어예. 그런데 그때 집에는 무슨 일이 있었습니꺼? 우리는 집에 무슨 일 있다는 것도 잘 몰랐거든예……."

쓸쓸한 전학

"선생님, 오늘 전학 온 학생 있는데예. 소개하지예."
"와! 박수."
책을 펴기보다는 무슨 일만 있으면 구실을 붙여 웃고 떠들어 보고 싶은 아이들.
"그래? 그렇다면 인사를 해야지. 여러분들 놀게 하려는 게 아니라 전학 온 친구와 빨리 친해지기 위해서니까. 자, 좀 조용히 합시다. 이름이? 응, 강은미. 그래, 은미는 어디서 왔어요?"
"전라도래요."
아이들이 입을 모아 고함을 지른다.
"그래! 이 민족의 아픈 역사가 응어리진 전라도, 난 그곳 사람들을 존경해. 우리 역사 속에서 민중 의지의 발생지는 전라도니까."

"노래시키세요."

은미는 참 얌전했다. 야무진 입매와 맑은 눈이 퍽 인상적이었고 가슴속에 숨겨 둔 얘기가 많이 있을 것 같았다.

아이들 등쌀에 겨우 노래를 하나 했다. 아마 저쪽 학교에서 헤어지면서 불렀던 노래 같았다. 끝에 가서 목소리가 떨렸지만 울음을 잘 참고 불렀다. 애들도 잠시 숙연해졌다.

전학 온 아이들을 위해서 나는 수업 시간에라도 꼭 짬을 내어 자기소개도 시키고 바라는 이야기, 첫인상, 가능하면 환영가, 답가까지 시켜 좀이라도 빨리 익숙해지도록 배려한다. 남학교는 괜찮은 편이나 여고생들은 처음 말문 열기가 어렵고 그것이 오래가면 적응하는 데 애먹는 경우를 가끔 보았다.

여고생들은 까르르 웃기를 좋아한다. 표정만 바뀌어도 웃을 준비를 하고 있었다는 듯 잘 웃는다. 그러나 은미 얼굴에는 웃음이 없다. 걱정이었다. 일부러 은미가 웃도록 딴 반에서와는 달리 우스운 얘기를 했다. 애들은 배를 잡고 또르르 구른다. 하지만 은미는 묵묵부답이다. 답답하고 안쓰럽다. 빨리 적응해야 하는데…….

야간 자습을 앞둔 저녁 시간, 창에 기대서서 도심의 불빛을 내려다보며 혼자 있는 은미를 자주 보았다. 말을 걸면 아무것도 아니란 듯 슬며시 피하고 만다.

그러던 어느 날 아침, 막 교문을 들어서는데 아이들이 은미를 둘러싸고 내려오고 있었다. 은미가 눈을 다쳤다고 했다. 학교로 오는 골목길에서 어느 집 부엌 밖으로 나와 있는 무슨 안테나 비슷한 것에 눈을 찔렸다는 것이다. 병원으로 가는 것을 보고 걱정만 했다. 얼마나 골똘히 무슨 생각을 했기에 눈을 찔리도록 몰랐을까. 다행히 눈알은 괜찮았다.

담임이 아니면 아이를 불러서 상담하기가 좀 어색하다. 담임이 있는데 딴 교사가 관심 갖는 것을 무슨 월권처럼 생각하는 병폐가 있기 때문이다. 멀리서 지켜만 볼 뿐이다.

여름 방학을 2주일쯤 앞둔 날이었다. 수업을 마치고 나오는데 은미가 따라왔다. 할 얘기가 있다고 했다. 마침 점심시간이라 편집실에서 마주 앉았다.

눈물부터 흘리며 떠듬떠듬 한 얘기는 이러했다.

"저도 저쪽 학교에 있을 때는 친구들하고 잘 어울렸어요. 이렇게 삭막하진 않았어요. 돌아서면 시험, 시험이 나를 멍텅구리로 만들어요. 선생님들이 설명을 빨리 할 땐 잘 못 알아듣겠어요. 아버진 말단 공무원이셨는데 정년퇴직을 하고 사상 어느 공장 수위 자리를 얻어서 부산으로 왔어요. 대학 간 형제가 없어 아버지 연금으로 저를 꼭 대학 보내겠다고 했어요. 어려운 사정이지만 저도 대학에 가고 싶었어요……."

은미 집은 부산의 서남쪽 끝 엄궁이란 곳이었고 학교 오는 데 1시간 20분 정도나 걸리는 먼 길이었다.

눈에 뜨일 정도로 남루한 옷차림을 한 은미, 완전히 기가 꺾인

은미의 하소연은 울음으로 변했다. 나도 마음이 아파 참지를 못했다. 편집실 창 너머로 흘깃거리는 아이들을 모른 체하고 손을 잡아 주었다. 아이들이 흘깃거리지 않았다면 꼭 안아 주었을 것이다.

"아무리 노력해도 점수가 안 나와요. 담임 선생님과 상의했더니 여상으로 가래요. 저도 여상으로 전학 갈까 싶어요. 친구들이 겁나요. 통신표만 보면 죽고 싶어요. 대학은 꼭 가고 싶은데, 괜히 전학 왔나 봐요. 점수 따기 경쟁이 너무 심해요. 공부 못하는 나 같은 건 사람 취급을 받을 수가 없어요. 부모님이 불쌍해요……."

은미의 성적은 그때 형편없었다. 무슨 말을 해 줄 것인가. 어떻게 이 아픔을 달래 줄 수 있을 것인가. 정신 차릴 수 없는 경쟁의 한가운데 홀로 던져진 힘없는 이 아이의 상처를 무슨 수로 치료한단 말인가. 막막하기만 했다. 그리고 교육 제도의 모순이 나를 덮쳐누르는 것 같았다.

'괜찮다. 열심히 하면 된다. 친구들 볼 것 없이 너만 열심히 해 봐라. 친구들 안 사귀어도 대학 가면 얼마든지 기회 있다. 죽었다 생각하고 하면 된다. 지금은 아직 네가…… 네가 노력이 부족해서 그렇다. 약하게 맘먹지 말고 하면 된다는 신념으로 살아라.'

이렇게 눈감고 아웅 할 수는 없다. 이런 말처럼 무책임한 말이 있을까. 정말로 하면 되는 것인가. 할 수 있는지 없는지 여건도

고려하지 않고 신념 하나로 버틴다는 것이 그리 쉬운 것이며, 만약 대학을 못 가게 되었을 때 이 아이의 고통은 어찌할 것인가. 대학만이 유일한 삶의 길이란 것도 말이 안 되거니와 그 어려운 형편 속에서 대학 진학은 또 어떤 의미를 가지는 것인가. 계층 상승 욕구에 편승해 무조건 대학만 가는 것이 문제의 해결도 아니지만 하물며 이 아이의 아픔은 바로 교육 구조의 모순에서 비롯된 것이 아닌가.

교육 현장은 그야말로 전장이다. 특히 인문계 고등학교는 대학 진학을 지상 과제로 생각하고 있는 듯이 보인다. 모든 교육 계획을 대학 진학에 초점을 맞추어 세우고 이에 따라 시행한다. 그렇다면 진학의 의미는 무엇인가. 요즈음은 먹고살기 위한 기본적이고 필수적 과정으로 대학 졸업을 생각한다. 도대체 중학교 고등학교만 나와서는 인간쓰레기 취급을 받기 십상이다. 험한 일 안 하고 사람같이 갖춰 놓고 살자면 죽으나 사나 대학에 가야 한다는 생각이다. 그야말로 맹목적으로 '우선 대학 진학'이다.

그러나 대학도 학생을 수용하는 데 한계가 있다. 전국 고교 졸업생 61만 4천여 명 중에 대학교와 전문학교 입학자는 23만 2천여 명으로 37.8퍼센트만이 대학이란 이름이 붙은 학교로 들어갈 수 있다. 결국 62퍼센트는 입시 위주 교육의 들러리에 불과하다. 그러고도 모든 책임을 개인에게 돌린다.

예전처럼 반상의 차이도 없다, 누구든지 능력만 있으면 대학에 갈 수 있지 않은가, 이처럼 자유 경쟁이 어디 있느냐, 가난하다고 못 가느냐, 얼굴이 못생겼다고 못 가느냐, 신체 결함이 있다고 못 가느냐, 어디까지나 개인의 노력에 의해 누가 열심히 했는가에 좌우되지 않느냐, 이런 이런 학생들을 보라! 그 어려운 형편에서도 성공하지 않았느냐. 대학 못 간 것은 오로지 네 게으름 때문이다!

과연 그런가. 구조적으로 절반이 넘는 학생이 탈락되어야 하는 현실에서 문제를 개인한테만 돌릴 수 있는가! 경쟁은 정말 자유 경쟁인가. 열악한 여건 속의 학생들이 안고 있는 경제적 · 시간적 · 심리적 불평등은 지나칠 수 있는 것인가. 그러고도 공부를 못하면 모든 게 못나 보이고, 문제가 있어 보이고, 학생 스스로도 기가 꺾이고, 살맛이 없고, 할 말 못 하고, 뭐 하나 되는 게 있던가.

시험 성적의 등수가 학생의 전체 인격을 판단하는 잣대가 되어 버린 현실에 은미는 발을 붙일 수 있겠는가. 아무리 열심히 해도 순서는 꼬박꼬박 정해진다. 운이 좋아 남보다 몇 개나마 더 맞히면 노력 여부에 관계없이 우쭐해지고, 열심히 했으나 공부 방향이 틀렸거나 해서 남보다 덜 맞히면 그 노력은 아무런 의미도 없어 보이고, 매몰차게 매겨진 등수는 날카로운 칼날이 되어 가슴에 꽂히지 않던가. 다달이 받는 성적표에는 전교 석차가 빠짐없이 기록된다. 과연 그 성적표가 학생을 분발하게 하여, 또는 스스로를 확인하게 하여 한층 더 노력할 수 있는 계기를 주는 것인가. 그런 면이 없지는 않겠지만 도대체 700명 중에 600등,

650등, 아니 700등을 하는 그 아이는 어떤 기분이 들까. 자기가 전교에서도 꼴찌란 것을 확인했을 때 느낄 그 참담한 패배감, 당혹스러움, 수치감은 그야말로 살인적이지 않은가. 그 아이는 말 그대로 꼴찌로 취급될 만큼 무능한가. 내가 보기엔 학과 성적이 낮을수록 성실하고 마음 씀씀이가 바른 아이가 많았다. 1등의 영광을 위하여 꼴찌의 인간적인 자존심은 박살이 나도 좋은가.

자유 경쟁이란 이름으로, 학력 신장이란 이름으로 매몰차게 등수 매기는 일은 당장 집어치우지 않으면 안 된다. 교육 주체인 교사·학생·학부모 누구도 이런 따위의 교육을 원치 않을 것이다. 다만 제도에 매몰되어 어쩔 수 없이 휘둘리고 있을 뿐이다. 이것은 내 개인의 감정이 아니고 교육 현장에서 뼈저리게 느낀 일이다.

은미에게는 어떤 말도 해 줄 수가 없었다. 가슴만 답답했다.

"은미야, 이런 때만큼 교사가 무능하다는 걸 깊이 느낄 때도 없구나. 사실 네 아픔을 내가 당장 어떻게 해 주지 못하겠구나. 나도 너만큼 가슴 아프다. 너나 나나 피해자 같구나. 아니야, 내가 너의 가해자다. 미안하다……. 그렇지만 은미야, 처해진 이 늪에서 스스로 죽을 수는 없지 않느냐. 공부의 목적을 달리 좀 생각해 보자. 우선 친구들을 좀 사귀어라. 너와 통할 수 있는 친구도 많을 거야. 그리고 내가 있지 않느냐. 내가 널 지켜 줄게. 여상으로 간다고 해도 문제가 해결되지는 않을 것 같다. 조금만 더 참아 보자."

 그 뒤 며칠은 좀 밝아 보였다. 다행이다. 제발…….

 그리고 곧 방학이 되었고 방학 중에는 내 일에 바빠 허우적거리다가 개학이 되었다. 은미가 찾아왔다. 여상은 가기 싫고 휴학해서 기초 공부를 다시 해 내년에 복학하고 싶다고 했다. 그것은 교칙상 어려울 것이니 그냥 정을 붙여 보자고 했다. 이렇게 잠깐 동안 이야기하고는 지나쳐 버렸다. 바쁘게 돌아가는 하루하루 생활에서 나는 은미를 잊기 일쑤였다. 수업 중 머리 한번 더 쓰다듬어 주는 것 말고는…….

 그러던 어느 날, 교무실에서 은미와 은미 어머니가 담임 선생님에게 인사를 하고 있었다. 엇! 전학을 가는구나.

 "은미가 전학을 가니?"

 "예, 제가 손을 써서 저기 ○○여상으로 가게 됐어요."

 담임의 말이었다. 시종 고개만 숙이고 있는 은미 옆에서 그 어머니는 손수건으로 눈물만 찍어 내고 있었다. 은미를 지켜 주겠다던 내 말은 단지 빈말일 뿐이었다. 교무실을 나서는 은미를 멀찌감치 따라갔다. 은미는 교실로 갔다. 점심시간이라 아이들은 밥을 먹고 있었다. 은미가 가방을 챙겨 나오자 젓가락을 든 애들 몇이 쪼르르 따라 나와 계단 아래쪽에다 대고 잘 가라는 인사 몇 마디를 던지고는 교실로 들어가 버렸다.

 '저럴 수가……. 아무리 바쁘지만 한 친구가 전학을 가는데 저렇게 무심히 보낼 수 있을까…….'

나는 얼른 편집실로 가서 내가 읽던 시집 한 권을 들고 교문 쪽으로 갔다.

"은미야, 이렇게 가니 내 마음이 더 아프다. 어쨌든 어느 곳이든 네 주체를 잃지 말고 살아가거라. ……이건 내가 읽던 시집인데 읽어 봐라. 그리고 마음 잡히는 대로 편지라도 해라."

은미 어머니는 숫제 울고 있었다. 은미도 울었다. 나는 얼른 돌아서고 말았다. 눈물을 보일 것만 같았다.

마침 5교시가 은미네 반 수업이었다. 내가 침통한 표정으로 들어서자 아이들이 의아하게 쳐다보았다. 뜸을 들여 아이들을 집중시킨 뒤 무겁게 입을 열었다.

"내 오늘 너희들한테 얘기 하나 해 줄게."

얼결에 박수를 치던 애들도 내 표정에 눈치를 차리고 다소곳이 자세를 고쳤다.

내가 남자 중학교에 있을 때였다. 학기 초에는 으레 자기소개, 대동 놀이 같은 것을 해서 서로 흠뻑 친하게 한다. 모둠 일기 쓰기, 자작시 발표, 가끔씩은 분단별 장기 자랑, 육체미 대회, 친구 집 놀러 가기, 짝지 자랑, 이런 것이 아이들을 하나로 묶어 준다(입시 부담이 덜한 중학교에서는 이런 일이 쉽게 이루어진다). 그래서 소풍 가서 놀았다 하면 우리 반이 가장 잘 논다. 선생님 눕히기 씨름 대회는 아이들의 신을 한껏 돋운다. 간혹 나를 누이는 놈들도 있긴 하지만 일부러 져 주는 일은 결코 없다. 이런 식으로 한 학기를 지내고 나면 정이 속속들이 들게 마련이다.

1학기 말쯤에 유진이란 애가 우리 학교에서 멀리 떨어진 곳으로 이사를 가게 되었다. 어지간하면 전학을 가지도 않고 나도 잘 보내려 하지 않았지만 유진이 경우는 학교 오는 데 1시간 넘게 걸릴 것 같아서 전학을 가게 했다. 전학 날짜가 정해지기 전부터 우리 반은 유진이를 보낼 채비를 했다. 우선 깨끗한 종이 한 장씩 나누어 주고 유진이에게 하고 싶은 말이든 자작시든 무엇이든지 쓰게 하고 그림도 그리게 했다. 평소 손이 시꺼멓던 애들은 손을 씻고 와서 잔뜩 별러 쓴다.

"선생님, 마 조졌습니더. 한 장 더 주이소."

참으로 정성을 다해 한 장을 메운다. 그것을 모으면 멋진 문집이 된다. 물론 나도 쓴다. 두꺼운 표지에 그림을 그려 넣고 책 제목을 쓴다. 우리 반 급훈 '참주인이 됩시다'가 문집 제목이다. 이것을 제본소에 맡겨 온전한 책 한 권으로 묶는다. 이렇게 하면 한 가지 일은 끝난다. 이젠 전학 갈 애가 사진기를 들고 와서 친구들을 이렇게 묶고 저렇게 묶어 학교 구석구석을 찾아다니며 사진을 펑펑 찍는다. 애들은 사진을 바로 찍는 법이 없다. 올라타고 내리누르고 유진이는 죽상이 되어도 좋아라 웃으며 사진을 찍는다.

전학 가는 날이 되었다. 미리 준비한 쌀로 떡을 쪄 오고 담임인 나는 우유 한 통씩을 낸다. 잔치가 마련되는 것이다.

"자, 떡 왔다!"

"야, 자주자주 전학 가라. 묵자!"

교실은 법석이다. 학교 바로 옆에 집이 있는 경수란 녀석이 벌떡 일어선다.

"선생님, 좀 나갔다 오겠습니더."

"어딜?"

"하여튼예."

내 허락이 떨어지기도 전에 이 녀석은 교실을 나선다. 경수가 나가면서, "내 오기 전에 떡 묵지 마!" 하며 눈을 부라리는 통에 아이들은 또 한바탕 웃는다. 떡을 몇 쪽씩 나누고 우유도 한 통씩 받은 아이들은 "선생님, 시작하입시더." 하며 재촉해 댄다. 특별히 그날은 유진이가 단상 위에 자리 잡았다. 이놈은 제법 숙연하다. 나갔던 경수가 뜻밖에 샴페인을 한 병 들고 들어왔다. 아이들은 박수, 박수.

"역시 경수 최고다."

"야, 파티 할 때 뭐 '펑' 하는 것도 못 봤나? 사람은 좀 배워야지……. 선생님, 괜찮지예? 이거는 음료숩니더, 음료수."

"그래도 술인데……. 좋아, 한잔씩 하지 뭐……."

우리 반 주먹쟁이가 슬며시 나온다.

"이건 내가 따야지. 어흠, 어흠."

잘 따지지 않는다. 몇 놈이 더 나와 엉겨 붙어 이래라저래라 하다가 펑! 술은 놈들의 얼굴에서, 머리에서 거품을 내고 병에는 반도 안 남았다.

"자, 선생님부터 한잔 쭉 하심이……."

잔치는 절정에 이른다. 이때 유진이 어머니가 과일 한 상자를 들고 들어오신다. 유진이가 미리 잔치를 일러두었던 모양이다.

송별사, 답사가 나오고 우리가 준비한 문집을 준다. 그러고는 몇 명씩 나와서 준비한 선물을 준다. 볼펜 한 자루, 손수건, 두 놈이 양말 한 짝씩, 회수권, 연습장……. 그러고는 세 놈이 나오더니 두 놈은 유진이 양팔을 잡고 냅다 유진이에게 뽀뽀를 퍼붓는다. 유진이가 요동을 치는 바람에 얼굴이 비벼져 둘 다 여드름 자국이 벌겋다. 박수, 박수.

"야, 부랄도 만져 봐라!"

급기야 유진이가 울먹이는 소리로,

"선생님, 전학 안 가면 안 됩니꺼?"

"인마, 전학 가서 우리 깡다구를 만방에 떨쳐야지."

아이들의 소리다.

"거기 가도 좋은 친구들 있다. 네가 여기서 지내는 대로 지내면 다 친해질 수 있으니 걱정 마라."

내가 타이른다. 종례를 마친 딴 반 애들이 창문을 기웃거리며 떡을 몇 쪽 얻어 가고 아이들은 유진이를 무등 태우고 교문을 나선다.

"전학 간 유진이는 친구들을 잊을 수 없다면서 졸업 때 와서 앨범을 한 권 사 갔다."

내가 얘기를 마치자 웃으며 듣던 애들이 잠잠했다. 코 훌쩍이는 소리도 들렸다.

"얘들아, 내가 오늘 너희들 꾸짖자고 이 얘기를 한 게 아니다. 은미는 촌에서 여기로 왔다가 다시 여상으로 갔다. 은미 마음이 얼마나 아팠을지 생각해 보자. 어쩌면 우리가 은미를 쫓아냈을지도 모른다. 우리가 언제부터 이렇게 정이 메말랐더노. 우리 어머니들은 손님 맞고 보내는 걸 제일 큰일로 쳤다. 허례허식 하지 마는 그게 아니다. 친척 집에 척 들어서면 버선발로 뛰어내려 맞이한 우리 어머니들이다. 부엌에서 치마에 손 닦으며 달려 나와 손잡아 주지 않더냐. 하던 일 미루고 안부를 묻고 먹을 것 가져오고…… 이렇게 해서 하나로 동화시키지 않더냐. 만약에 우리가 누구 집에 갔을 때 '응, 오냐? 잠깐만 기다려라. 내 하던 일 마저 하고……. 거기 좀 앉았거라.' 했다면 찾아간 사람이 얼마나 머쓱할까. 그렇게 되면 무슨 정이 생기겠노? 은미가 정을 못 붙인 게 왜일까 한번 생각해 봐라."

"선생님, 저희들이 잘못했어예. 사실 전학 가는 것도 점심시간에 알았어예……."

"그래, 내가 너희들 나무라려고 한 얘기가 아니라고 않더냐. 중요한 것은 아무리 경쟁 속에서 생활한다고 해도 우리가 나눌 정은 경쟁보다 귀한 것이다. 옆에 짝지가 시험 치기 전에 아파 버렸으면 하는 살벌한 마음이 생겨서는 안 되듯이, 누군가가 우리를 경쟁 속으로 내몰아도 우린 그 속에 빠져 앞도 옆도 못 보는 바보가 되지 말자는 뜻이다. 나도 너희들 마음에 정이 있는 줄 다 안다. 너희들이 잘 울고 웃는 것도 다 정이 많아서 그렇다. 우리 마음속에 있는 귀하고 고운 마음들이 시험이란 것에 눌려서 밖으로 드러나지 못하는 현실을 바로 볼 줄 알아라. 그리고 우리는 그런 현실을 이겨 낼 줄 아는 사람이 되어야지. 너희는 원래가 정으로 뭉쳐진 아이들인데…… 나 같은 어른들이 잘못하는 거지……."

전학을 간 은미는 쭉 소식이 없다가 한 해가 저무는 날에 연하장을 보내왔다.

선생님, 제가 그 학교에 있을 동안 저에게 잘해 주셔서 정말 감사합니다. 잊지 않겠습니다. 밝은 새해 맞으시고 복 많이 받으십시오.

제자 은미 드림

가정 방문과 촌지

사촌 누이한테서 전화가 왔다. 내일 딸애 담임이 가정 방문을 오는데 요즘은 봉투에 얼마를 넣어야 하느냐고 물었다.
"그게 무슨 소리고? 같은 교사로서 듣기 부끄럽다. 정성껏 손님 맞듯이 하면 되지……."
"아이구, 요새 선생들이 어디 그런 줄 아나. 니는 초등학교를 몰라서 그라지."
어디 초등학교뿐이랴. 적어도 도시에서는 가정 방문의 본뜻이 바랠 대로 바래어 학부형 스스로 담임 교사 보기를 부담스런 세금 징수원 정도로 여기는데, 이건 보통 심각한 문제가 아니다. 이런 사정은 형편이 좀 나은 집일수록 심하다. 어려운 집은 담임이 반갑다. 어려운 사정을 보여서 학비 감면 부탁을 자연스럽게 할 수 있으니까.

성하익이란 학생이 있었다. 충청도 어디서 전학 온 학생이었다. 당감동 판자촌 굽이굽이 속에 방 두 칸을 전세 내어 살고 있었다. 부모가 모두 신발 공장에 다닌다는 걸 알았기에 방이나 구경하고 가려 했다. 학생이 사는 집을 보는 것은 생활 지도에 큰 도움이 된다. 학생을 아는 데는 상담실 책상에 앉아 몇 시간 얘기하는 것보다 집에 한번 가 보는 것이 더 좋다.

방에 앉으니 하익이가 정갈한 술상을 가지고 들어왔다. 맥주 한 병, 땅콩 한 접시 그리고 시장에서 산 듯한 송편 한 접시. 그렇게 정성스러워 보일 수 없었다. 어머니가 공장에 나가시면서 차려 놓고 갔다고 했다. 정성스런 대접에 참 흐뭇했다. 같이 간 아이들과 조촐한 잔치를 했다.

용수란 학생은 가정 방문도 거부하고 통 말도 없었다. 꼭 한번 가 봐야겠다고 우기니 집에 아무도 없다는 것이다. 괜찮다고 했다.

집에는 동생들 넷이서 올망졸망 생라면을 먹고 있고, 집에 없다던 아버지도 있었다. 영양실조로 눈이 거의 멀었다고 한다. 처참한 가난을 눈으로 보고는 마음이 갈가리 찢어졌다. 더욱이 어머니는 집을 나가 버렸다고 했다. 용수는 나에게 이 치부를 결코 내보이고 싶지 않았을 것이다. 미안하기도 했다. 주머니를 털어 방구석 이불 속에 슬며시 넣어 놓고 나왔다. 다음 날 돈을 갖고 온 용수를 겨우 달래어 손에 쥐여 주었다. 학급에서도 가끔 쌀을 모아 용수 집에 가곤 했다.

학년이 바뀌자 용수는 끝내 돈이 없어 자퇴를 하고 말았는데 내가 밤에 나가는 야학으로 데리고 와서 다시금 인연을 맺을 수 있었다. 지금도 가끔 소식을 주고받는데 꿋꿋하게 살아가고 있다. 그때 가정 방문을 안 갔더라면 그냥 어려운 아이 정도로만 생각했을 것이다. 생활 보호 대상자도 되지 못했다. 그것도 통장이나 동장을 잘 알아야 하는 모양이었다. 더구나 서류에는 엄연히 부모가 있는 아이였으니까.

  여고에 있을 때였다. 가정 방문 사흘째 되는 날, 하루 열두어 집을 돌다 보니 고단하기도 했다. 다음 차례의 학생 집에 전화를 걸었다. 부모가 지금 안 계시니 올 필요 없지 않겠냐고 했다. 계시지 않아도 사는 집만 볼 수 없느냐고 했더니 그러라고 했다.

  "이번엔 가정 방문을 기어이 거절하지 않는다면 한 집도 빠짐없이 가 보도록 하겠습니다."

  이런 약속을 하지 않았다면, 사실 그냥 넘어가고 싶기도 했다.

  막상 마중 나온 아이와 함께 집으로 가는데 자꾸 놀라움이 겹쳐 왔다. 우뚝우뚝한 집들을 굽이돌아 오르는데 요즈음도 이런 집이 있나 싶은 집들이 다닥다닥 붙어 있었다. 그리고 나타난 어느 재벌의 화려한 별장. 바로 그 뒤에 다시 달동네가 숨어 있었다.

  '안 왔으면 큰일 날 뻔했구나……'

  골목으로 난 문은 유리창이 깨져 시멘트 포장지로 발라 놓았다. 문을 억지로 밀치고 들어서니 어두컴컴하여 잠시 동안 꼼짝 못 하고 서 있어야 할 지경이었다. 어둠에 익숙해지자 방 안 풍경이 눈에 들어왔다. 남동생인 듯한 사내아이 하나가 방 한쪽 구석에 누워 있었다. 단 하나 전화기만은 집과 전혀 어울리지 않게 새것이다.

"올라왔더니 목이 마르네. 물 좀 다오."

물을 큰 양은그릇에 떠 왔다. 아마 컵이 없었던 모양이다. 그 찢어지는 가난에도 민주는 참으로 당당했다. 꺼칠한 노랑머리, 마른버짐이 핀 얼굴을 하고도 부끄러움이나 당혹스러움이 없는 것이 무엇보다 대견했다. 이런저런 얘기 끝에 민주는 장래 교사가 될 꿈을 안고 인문계에 들어왔다고 했다. 이야기를 들어 보니 흔히 가지는 꿈이 아니다. 온 삶을 던지는 교사가 되고 싶은 모양이다. 더욱 대견스럽다.

"민주야, 학비 걱정은 조금도 말고……."

이 말이 목에 간질거렸다. 이런 애에겐 무슨 수를 써도 학비 보조를 할 수 있지 않겠는가 싶었다. 그러나 참았다. 학비 따위는 그 뒤 문제다. 교사가 되고자 하는 사람이 지녀야 할 자질과 마음가짐에 대해 얘기를 좀 하고 집을 나섰다.

민주는 어머니를 기다리는 눈치였다. 내가 기어이 온다니 밖에 나가 일하는 어머니께 전화를 한 모양이다. '너희 엄마 안 만나도 학비는 내가 해결해 줄게.' 싶었다.

골목길을 돌아 내려오는데 때에 전 스웨터에 몸뻬를 입은 꾀죄죄한 여인이 바삐 올라오고 있었다. 첫눈에 민주 어머니라는 걸 알았다. 많이 닮았구나. 민주 어머니는 깎은 무를 베어 먹으며 왔다. 허겁지겁 오면서 배가 고팠을까. 한 손에는 사과 몇 알이 든 비닐봉지가 초라하게 들려 있었다. 내가 담임인 줄 알자 황급히 무 쥔 손을 뒤로 감추었다. 그러다가는 슬며시 버렸다. 나 때문에 저 무도 다 못 잡수시는구나. 미안했다. 나이보다 퍽 늙어 보이는 민주 어머니는 눈물부터 그렁거렸다. 길가에서 호떡을 구워 팔아 연명하면서도 장남은 전문학교에 보내고 딸은 인문계에 보내 놨으니 걱정이라고 한숨이었다.

"중학 때부터 담임 선생님이 우리 사정을 잘 봐주어서 학비는 늘 감해 주던데 고등 때도 좀 그래 주이소."

말이 비굴해 보이거나 구걸하듯 들리지 않아 속으로 기뻤다.

"예예, 민주 어머니 걱정 마이소. 혼자서 이 애들 치다꺼리가 보통 일이겠습니꺼. 잘 알겠습니다. 민주 같은 애 인문계 잘 보냈습니다. 민주가 곧 선생이 되어 어머니 잘 모실 겁니더. 큰아들도 전문학교 다닌다면서요. 조금만 더 고생하시이소. 편할 날 안 오겠습니꺼."

참말로 편한 날이 올까. 그 가난을 벗어나기가 그리 쉽게 되던가. 온몸이 바스러지도록 살아도 그 가난이 구제되던가……. 미안했다. 민주 어머니 앞에서 너무도 부끄러운 내 살진 손으로 어깨를 반쯤 싸안으며 얘기했다. 고맙다고 몇 번을 되뇌었다.

"우리 민주가 선생님 좋다고 굿이 났어예. 올라가서 사과라도 한 알 깎아 잡숫고 가시야지예."

"그 사과 지금 하나 주이소. 먹으면서 내려가지예."

사과 한 톨 얻어 한 입 베어 물며 민주의 손을 잡고 내려왔다.

"민주야, 네가 선생 되면 할 일이 참 많을 거다. 꿈 먹고 사는 섬마을 선생 되려는 게 아닌 줄 내가 잘 안다. 독하게 마음먹고, 지금처럼 언제나 당당하게 살아라. 넌 꼭 교사가 될 거다. 야! 너하고 내하고 동료 교사가 되어 서로 부추기며 좋은 선생 되면 얼마나 좋겠노. 얼마 안 멀었대이, 힘내자."

민주가 교사가 되고자 하는 뜻을 학교에서 상담하다가 들었다면 그토록 서로 믿음을 가지고 얘기하지 못했으리라. 그날 30분 남짓 어두운 골방에 앉아 나눈 얘기는 두터운 믿음으로 서로 손을 잡게 했다. 이것은 민주가 사는 모습을 바로 눈으로 보고 얻을 수 있었던 믿음이다. 동지를 만난 기쁨으로 민주의 여윈 손을 몇 번이나 쥐고 흔들었다. 민주도 이렇게 만난 것이 참 잘되었다 싶은지 자꾸 웃었다.

가정 방문의 고단함도 말끔히 가셔지며 더 큰 생기를 얻어서 힘 있게 집으로 돌아왔다.

고급 아파트에 들어서면 정중히 맞아 주는 학부모 손에 흰 봉투가 들려 있다. 내가 당혹스러워 이야기가 잘되지 않는다. 학부모가 주로 얘기를 끌어간다. 애가 눈이 나쁘니 자리를 앞으로 해 달라, 심장이 약하니 심한 운동을 시키지 마라, 요사이 선생님들이 박봉에 얼마나 노고가 많으신지 잘 안다, 어려운 일 있으면 이야기하라……. 나는 할 말을 잊어버리고 그냥 도망치듯 나올

수밖에 없다. 담임과 학생은 인간관계가 이루어지지 않는다. 이미 나는 지식만 전달하는 지식 소매상으로 전락하는 기분이다. 어김없이 봉투 때문에 실랑이가 벌어진다. 받아 나오는 경우가 많다. 구겨진 자존심처럼 구겨진 봉투가 주머니 속으로 들어간다. 이럴 때는 학생이 민망한지 슬며시 자리를 피한다.

물론 진정 고맙다는 뜻으로 봉투를 건넬 때도 있다. 자존심을 최대한 살려 주며 정중히 그 뜻을 전한다. 그래도 민망하기는 매한가지다.

그러나 난 여기서 한 가지 고백을 해야 한다.

야간 공고에 있다가(여기서는 돈 봉투와 아예 관계없이 살았다) 중학교로 옮기던 첫 해, 1학년 담임을 맡아 가정 방문을 했다. 두어 집째던가 학부모가 재빨리 봉투를 찔러 주었다. 난 모르는 체하고는 다음 집으로 갔다. 가는 도중에도 호주머니에 손을 넣어 얼마나 두꺼운가를 가늠해 보았다. 알 수가 없었다. 다음 집에 들어서자마자 화장실로 가서 봉투부터 꺼내 보았다. 빳빳한 지폐가 3만 원 들어 있었다. 봉투로 받아 본 최고의 거금이었다. 현란한 술집 생각이 스치고 지나갔다. 그 뒤부터 1만 원짜리 봉투는 시시해 보였다. 하루를 돌고 보니 이곳저곳 쑤셔 넣은 봉투가 누구의 것인지도 모르게 들어 있었다. 나는 술집에서 술을 핥으며 느끼한 기쁨을 맛보았다.

"햐, 가정 방문 재미가 이런 것이구나."

집이 꽤 살 만하구나 싶은데 주스 한 잔으로 때우는 집에서는 은근히 기다리다가 '흠, 얌체 집이로군.' 하고 찍어 두기도 했다. 그래 봤지만 애가 미워지는 경우는 사실 없다. 아이는 아이 나름으로 귀엽지만, 섭섭한 마음은 있었다. 한편으론 양심이 조금 깔끄럽기도 했지만 그게 대수냐. 어쩌다 인사치레로 사양했다가 못 받고 나올 때는 '에이, 그냥 썩 받아 챙길걸, 괜히 사양했잖아. 아니야, 한번 사양해 봤는데 도로 집어넣다니 너무하잖아…….' 하며 섭섭해하기도 했다.

이런 나의 부정을 다시금 반성하게 한 분이 계신다.
"교사는 잘 먹고 잘살려고 들어선 직업이 아니다. 교사는 돈 문제에 추호의 부끄러움도 없어야 한다. 월급 이외의 어떤 돈도 받아선 안 된다. 이른바 민주 교육을 들먹이는 사람들도 이 촌지 문제를 심각하게 받아들이지 않는다. 예사로 성의니까 괜찮다고 들 하는 듯한데 이것은 사회 정의를 세우는 데 걸림돌이 될 것이다. 아니, 그보다도 돈을 주고 싶어도 못 주는 학부모를 생각해 보라. 아무리 돈과 관계없이 아이들을 대한다고 해도, 돈을 받고 안 받는 차이는 어디에서고 나고 만다. 교육을 올바로 하는 교사가 되고자 한다면 금전 문제부터 철저히 맑아야 할 것이다."

평소 존경하던 전성은 교장 선생님의 강연을 들으며 나는 뜨끔했다. 이때부터 조금씩 생각이 달라졌다.

그런데 내가 자식을 입학시키고 보니 또 갈등이 생겼다. 아내에겐 짐짓, "돈을 못 주는 부모님을 생각해 보자. 제 아이 잘되자고 남의 자식 피해 입히는 짓을 해서야 되겠나." 했지만 사실은 나도 내 아이가 부당한 대우를 받지 않을까 걱정스럽기도 했다. 아내는 더욱 안달이 나는 모양이다.

"애가 맨 뒤에 앉아 있대요."

"아니, 민하가 그 자리 안 앉았으면 딴 애가 앉을 것 아니오. 차라리 잘됐네. 민하는 그래도 선생님이 잘해 주니까."

"아휴, 팔이 아프도록 손을 들어도 발표를 안 시켜 준대요."

"오십 명이 다 발표할 순 없잖아."

"어떤 애는 세 번씩이나 시키고요?"

끝내 아내는 선생님께 정성은 보여야 한다고 주장하며 나를 윽박질렀다.

"당신도 직업이 교사인데 사정을 알면서 왜 그래요?"

그 말도 맞다 싶다. 나는 안 받더라도 정성이나마 표시하자 싶어 고운 창호지에 은행에서 바로 찾은 빳빳한 새 돈을 싸고, 고맙다는 편지를 써 봉투에 넣고, 그것을 다시 책갈피에 넣어 정성스레 포장했다. 선생님께 인사 겸 갖다 드리고 오니 꼭 숙제를 마친 학생처럼 마음이 가벼웠다. 이건 도대체 무엇일까. 그럼 나도 내 자식만 잘 봐 달라는 속셈이 있었던 게 아닌가.

선배 교사에게 내 속사정을 말씀드렸더니 사람이 옹졸해서 그렇다고 나무라셨다.

"나는 '○○ 어머니, 이게 얼맙니까? 좀 더 넣어서 주시죠?' 하며 농담도 한다. 그리고 표 없이 모든 아이들을 성의껏 잘 가르쳐 주면 되지 않나. 그걸 가지고 고민하니 이 선생은 폭이 좁구먼……."

 사람의 폭인지도 모른다. 그러나 내가 학부모로서 망설였듯이 우리 반 학부모들도 똑같은 속앓이를 하지 않겠는가. 심지어 치맛바람깨나 피우는 사람들이 "자, 누구누구 모여서 우리 학교에 개밥 주러 가자."고 한다지 않는가. 아무리 농담이라 할지라도 이런 치욕스런 말이 공공연히 나오고, 학부형이 된 친구들을 만나기만 하면 선생님한테 인사 차리는 문제로 고민하는 모습을 얼마나 많이 보는가.

 이러고도 낯간지러운 짓을 자꾸 해서 되겠는가. 그리고 그렇게 받은 돈을 어디에 썼던가. 양심 때움으로 반 아이들에게 빵 몇 조각 사 주고 다 술 먹지 않았던가.

 내가 초등학교 6학년 때이던가. 가정 방문 오신 선생님께 어머니는 찐쌀을 내놓으셨다. 어린 소견에도 어째 찐쌀을 내놓을까 싶어 부끄러웠다. 어머니는 그것을 봉지에 싸서 선생님 가방에 억지로 넣어 주셨다.

 고등학교 때는 아버지가 담임 선생님을 맞으셨다. 어머니는 준비해 둔 녹두죽을 끓이시고 그래서 같이 온 아이들과 함께 온 식구가 녹두죽 잔치를 했다. 그사이 아버지와 선생님은 친해지셔서 다음 가정 방문을 취소하고 바둑을 두시며 한참 놀다가 저녁까지 잡숫고 가셨다. 참 자랑스러웠다.

세태가 바뀌었으니 이런 가정 방문을 기대하거나 고집할 수는 없다. 그러나 교사와 학부형은 한 아이를 함께 걱정하는 공통의 관심사를 갖고 있지 않은가. 한 식구처럼 가까워질 수 있어야 마땅하다. 그것이 어째 돈으로 인사가 되어야 하는가. 학생이 잘못을 저지르면 돈 없는 학부모한테는 취조관처럼 굴고, 돈 많은 학부모 앞에서는 박봉에 시달리는 불쌍한 교사가 된다. 이런 데서 교사와 학생과 학부모 사이에 어찌 믿음이 싹트겠는가.

아이들에게 설문 조사를 한 적이 있다. 선생님이 가장 싫어 보일 때가 돈을 밝힐 때라고 했다. 아이들 마음은 그래도 맑다. 정성이 돈으로 환산되는 것이 싫다. 그 이유는 선생님을 선생님답게 보고 싶기 때문일 게다. 어른들끼리는 이해할 수 있는 부분이기도 하지만 아이들 마음에 생채기를 낼 수는 없다.

나는 다짐을 하지 않으면 안 되었다. 아이들에게 고백을 하자. 나 혼자 다짐해도 잘 지켜지지 않는 일을 아이들에게 다짐하고 나면 억지로라도 지키게 되기 때문이다. 가끔 나는 아이들에게 "이번 달에는 술을 절대로 안 먹을게." 하는 다짐을 하기도 한다. 처음에는 왜 갑자기 이런 소리를 할까 의아해하는 아이들도 얼마 안 있으면 이해하고 나를 지키는 파수꾼이 되기도 한다. 아이들은 내게 있어 고해 성사를 받는 대상이기도 하다.

가정 방문을 앞둔 날 아이들에게 이야기했다.

"자, 내가 오늘 여러분에게 할 말이 있습니다. 가정 방문과 촌지에 관한 이야기입니다. 가정 방문 때 나는 여러분 아버지, 어머니에게 차비 명목으로 돈을 받은 적이 있습니다. 차비라면 부산 시내에선 아무리 먼 곳이라도 삼천 원이면 되는데 이의 열 배가 든 봉투를 차비 조로 받은 것입니다. 이것이 모두 나쁜 것이라고 말하기는 곤란한 부분이 있긴 합니다만, 이제 여러분도 다 컸고 하니 털어놓고 얘기합니다. 나는 명색이 참교사가 되고 싶고, 그것에 내 인생을 걸었다고 생각도 합니다. 그러면서 뒤꽁무니로는 돈을 받은 것입니다. 사실은 이런 일을 여러분도 잘 알지 않습니까……."

내가 봤을 때 이 얘기를 할 때만큼 학생들의 태도가 진지한 적도 드물었다. 중학교 때는 이상했으나 고등학생이 되니 이해가 되더라는 이야기, 부모님이 가정 방문 전날 걱정하던 이야기, 우리 집은 형편이 안 되어 차비를 못 드리니 내가 오히려 부끄럽더란 이야기, 그러나 안 좋게 보인 것은 사실이란 이야기…….

"그래, 잘 알았어요. 나도 양심에 부끄럽다는 생각을 많이 했습니다. 내 여러분께 오늘 다짐하지요. 다시는 그런 봉투를 받지 않겠습니다. 여러분도 나를 도와주어야 합니다. 부모님께 분명히 말씀 전해 주십시오. 그리고 부모님 생각도 고쳐 드리도록 합시다."

겨우 홀가분해졌다. 자신도 생겼다.

가정 방문을 해 보면 안다. 내가 진심으로 한 얘기였으니 아이들도 진지하게 내 뜻을 전한 표가 난다. 어떤 애는 그래도 건네는 봉투를 보고 나서서 막아 준다.

"엄마, 우리 선생님을 모욕하는 거야, 이건."

이때만큼 신 나고 기분 좋은 일이 없다. 돈 대신에 학생과 믿음을 나누었으니 얼마나 더 큰 것을 얻었는가.

그래도 학부모와 서로 정성을 나누는 것이 따로 있다. 영세 양화점을 하는 집이었다. 정선이 아버지는 털털한 사람이었다.

"선생님, 내가 구두를 삼십 년이나 만들었는데 우리 정선이 선생님 구두 한 켤레 못 맞추어 드린다면 이건 도리가 아닙니다. 내가 정선이에게 키가 얼마냐, 몸집이 어떠냐 물어보고 하나 맞추어 놓았습니다. 신어 보세요."

불쑥 내미는 구두를 나는 기분 좋게 얻어 신었다. 30년 전문가의 솜씨답게 딱 들어맞는다.

"정선이 아버지, 그럼 저에게도 착화주 한잔 살 기회를 주셔야지요."

이래서 소주를 나눠 마시며 아이 이야기를 한다. 소주의 그 감칠맛이라니.

지난해에는 해직 교사들을 위해 동조 단식을 한 일이 있었다. 단식 마지막 날 어느 학부모가 격려 편지와 함께 복식할 때 먹으라고 전복을 한 상자 문 앞에 두고 갔다. 눈물겹도록 고마웠다.

한 해를 마무리하는 날 또 어떤 학부모는 도서 상품권과 함께 편지를 부쳐 왔다.

이 선생님.

아이들의 책을 펴 보면 어느 책이나 다 어려워서 저는 조금밖에 알아들을 수가 없습니다. 그런 책들을 가방 가득 채워 넣고 날이 밝기도 전에 등굣길에 오르며, 숙제는 많고 시험은 매일처럼 잦습니다. 그렇게 공부에 억눌려 사는 아이들이기에 소년기의 달고 섬세한 감정마저도 용납되지 않는 것을 볼 때마다 안타깝게 느껴집니다. 엄마의 소녀 시절을 생각하면서 그때의 일들을 들려주면 아이는 먼 옛날이야기를 대하듯 부러워하며 듣습니다. 그렇기 때문에 자신이 행하고 있는 이기(利己)가 정말 '이기'인 줄도 모르고 있는 아이들에게 때로는 실망을 느끼기도 합니다.

그런 내 아이들에게 이 선생님께서 가르쳐 주신 삶의 언어들은 자라난 곁가지를 쳐 주는 '정원사'의 역할이라고 생각됩니다. '참사랑'이 무엇인지 모르는 아이들……, 아니 그런 것을 몸소 가르치지 못한 부모의 허물이 더욱 크다고 반성이 될 때마다 주변에서 생활의 올바른 자세를 가르치면서 염려하고 지도하시는 선생님의 도움이 얼마나 큰 힘이며 길잡이인지를 아이는 아직은 모를 것입니다.

워낙 '네가 가장 소중해.'라는 이미지를 부각시키며 키워 온 부모의 그릇된 과잉은 이제 와서 후회하기엔 너무 늦어 버린 감에 가슴을 앓기도 했습니다.

이 선생님!

소견 좁고 버릇없는 우리 정은이를 사랑해 주시니 정말 고맙습니다. 선생님의 기대에 어긋나지 않게 성장해서 늘 넓고 푸른 바다처럼 모든 것을 포근히 감싸는 사랑의 영교가 이루어지리라 믿습니다.
한 해를 마무리하면서 책을 좋아하시는 선생님께 작은 정성 함께 올립니다.
부모님께서 안녕하시길 바라며, 귀여운 아이들, 사모님, 새해엔 더욱더 소망이 넘치는 한 해가 되시기를 빕니다.

학부모와의 진정한 대화는 이런 것이 아닐까. 읽고 싶은 책을 사 들고 올 때는 고맙고 기꺼운 마음을 누르며 중얼거린다.
"이건 뭐, 되로 주고 말로 받는 격이구먼……."

2부

나를 교사로
키우신 스승

고 윤덕만 선생님

 선생님 제사에 가면서 내가 마시다 만 술병을 들고 가기가 조금 망설여졌지만 그래도 그렇게 하기로 했다. 선생님은 다 이해해 주실 테니까. 일부러 비싼 돈 들여 다시 사는 것을 꾸중하실지도 모른다.

 며칠 전 깊은 밤 그놈의 소나기 쏟아지는 통에 그 분위기에 못 이겨 술 마시자 하고는 찬장을 뒤지는데 술이 없다. 그러다가 퍼뜩 생각났다. 장롱에 양주가 한 병 있지. 그래, 그걸 마시면 되겠다. 그러고는 양주를 꺼내 큰 잔에 꼴록꼴록 따라 들고 창가에 앉아 빗소리를 들었다. 야금야금 마신 술에 온몸이 나른해져서 한껏 빗소리에 취해 있다가 아차 싶었다. 이 술은 선생님 제사에 가지고 갈 거라고 장롱 속에 깊이 넣어 둔 것이 아니었나.

 왜 내가 일부러 장롱 속에 두었던가. 이것은 누가 와도 안 주고 우리 선생님 갖다 드릴 거라고 그래 놓고. 이걸 어쩌나. 다시 돈 주고 사기는 너무 아깝다. 평생에 내가 양주를 돈 주고 산 일은 없다. 어쩌다가 선물로 들어온 양주를 마신 일밖에. 우리 선생님은 워낙 독주를 좋아하셔서 소주 아니면 양주를 마셨다. 다른 것은 다 소박한데 술만은 양주를 좋아하셔서 제자들이 모이면 양주를 대접하곤 했다. 제상 앞에 앉아 마음속으로 말씀드렸다.

'선생님, 이놈이 비에 취해서 그만 선생님 드릴 양주를 조금 부어 마셨습니더. 그래도 괜찮지예? 선생님하고 저하고 한잔해 걸로 생각해 주이소. 선생님, 제가 이제 조금씩 선생 노릇 가닥을 잡아 가고 있거든예. 잘하겠습니다. 어렵고 힘들어도 잘하끼예, 선생님. 그라고 나중에 음복으로 한잔 더 해도 되지예?'

선생님이 그러셨다.

'이놈, 옛날이나 지금이나 비에는 약하구나. 옛날에 너, 비만 왔다 하면 조퇴 시켜 달라 했지? 안 된다면 그냥 도망가 버리고……'

그래도 이렇게 작년부터 선생님 기일에라도 찾아뵐 수 있게 되어 참 다행이다. 선생님은 늙지 않은 연세에 돌아가셨다. 큰아들 장가도 못 들이고 떠나셨으니. 그때가 쉰셋이셨나. 돌아가신 지도 15년이 되었구나. 선생님 장례를 치르고 난 뒤 우리는 해마다 제사 때는 모이자 해 놓고 몇 번 모이다가 그만 흐지부지되었다. 그렇게 잊고 사는 것이 마음에 걸려 다시 선생님 댁을 찾았을 때는 이사를 가고 안 계셨다. 소식 닿을 곳도 없었다. 그러고는 세월이 흘러 10년이 가고 또 한두 해가 더 갔다. 어디에 소식을 대고 찾아보나. 사모님이 얼마나 서운해하실까. 그때 마침 교육부에서 스승에 대한 글을 모았다.

'그래, 여기에 우리 선생님 이야기를 써내자. 수기니까 나중에 실제 조사를 할 거고 그러면 선생님 댁을 찾을 수도 있겠구나. 행정력을 믿어 보자.'

다행히 입상을 했다. 교육부에서 연락이 왔다.

"사모님을 만나 실사를 해야겠는데 연락처를 아십니까?"

"내가 글을 써낸 것도 선생님 댁을 찾고 싶어서였습니다. 교육부에서 좀 찾아 주시오."

정말 행정력은 믿을 만했다. 얼마 안 있어 연락이 와서 계신 곳을 알려 준다. 사모님을 찾았다. 사모님은 밀양 얼음골 언저리에 조그만 집을 짓고 거기서 밭을 갈면서 살고 계셨다.

액운이 그렇게도 모질던지. 그렇게 믿음직하던 남편을 보낸 지 세 해째던가 남편처럼 믿고 기대던 큰아들도 그만 사고로 잃어버린 것이다. 외항선 선장을 하던 아들은 배에서 죽었다. 배 안에는 집채만 한 무슨 탱크가 있는 모양인데, 그 탱크에서 가스가 새어 나오자 인부들이 내려가서 그걸 고치다가 가스에 질식해 쓰러졌다. 이걸 보고 선장인 자기가 내려가서 사람을 끌어안고 올라오다가 그만 발을 헛디디는 바람에 떨어져 죽고 말았단다. 선생님 아들 아니랄까 봐 그렇게 몸을 던졌구나.

그런 일을 당하고 사모님은 실신을 해서 깨어나지 못했다고 한다. 정신이 들면 날 좀 죽여 달라고 사람들을 붙들고 울었다니. 그리고 사모님은 그길로 절에 들어가 밥도 해 주고 청소도 하면서 몇 년을 사셨단다. 선생님의 제자 가운데 맨 첫 제자가 밀양 어느 절에 주지 스님으로 있는데 그분이 사모님을 절로 모셨다고 한다. 우리와 소식이 끊기지 않을 수 없었다.

"인자 모든 거를 부처님께 맡기고 이래 안 삽니꺼. 다 제자들이 이래 살피 주이 내가 안 죽고 이래 삽니더."

사모님은 눈물을 흘리며 지나온 이야기를 하셨다.

청와대에서는 입상한 사람들과 그 스승을 초청하였다. 나에게는 사모님을 모시고 오라고 했다. 덕분에 사모님과 호젓한 여행을 할 수 있었다. 사모님은 딸네가 해 주는 고운 치마저고리 입고 모처럼 나들이를 하셨다. 선생님 안 계신 것이 더 절실하게 와 닿아 한숨이 나오기도 했지만 선생님은 이렇게 내 가슴에 계신다. 선생님 돌아가신 날에는 우리 반 아이들한테 선생님 이야기를 들려준다.

"너거, 내가 와 국어 선생이 된 줄 아나? 다 고등학교 때 우리 담임 선생님 때문이다 아이가. 그 선생님이 국어 선생님이셨거든. 오늘이 그 선생님 제삿날인데, 너거한테 그 선생님 이야기 좀 할란다. 책 덮어라."

고등학교에 입학했을 때 나는 온통 절망과 부끄러움으로 기가 꽉 꺾여 있었다. 3류 학교 배지를 단 내 모습을 거울에 비춰 보면 그냥 쪼그라들고 말았다.

우리 반 애들은 별나기로 말하자면 도무지 종잡을 수 없었다. 거의 모든 아이가 나처럼 학교에 대한 열등감과 나름대로 똑똑하다는 쓸데없는 자만심이 뒤섞여 무슨 시한폭탄을 안고 있는 아이들 같았다. 우리 반은 지능 지수, 시험 성적, 가정 환경까지 조사해 만든 특별 학급이었는데 이런 것들이 아이들을 더욱 위험하게 만들었다. 우리는 엉덩이에 뿔난 송아지처럼 천방지축으로 날뛰었다. 기숙사를 제공하고 서울대학교 합격 목표 정예군으로 키운다며 실력파 선생님을 모셔 오기도 했지만 우리는 무관심이었다. 더욱 오만해지기만 했다.

이런 우리를 바로잡아 준 분이 담임인 윤덕만(尹德萬) 선생님이셨다. 입학한 지 두어 달이 지났을 무렵 학교 밖에서 느끼는 열등감과 학교 안에서 내보이는 오만불손한 행동에 찬물을 끼얹는 사건이 터졌다. 비가 세차게 뿌리던 날이었다. 나는 버릇처럼 마음은 벌써 해운대 백사장에 가 있었다. 그때 베란다 쪽 뒷문이 비바람에 우지끈 떨어져 나가 버렸다. 건물을 새로 짓고 있는 중이라 문이라고 하는 것이 우선 출입구를 판자로 막아 놓고 있는 상태였다. 사실은 빨리 문부터 달아 달라고 몇 번 건의하기도 했다. 교실에는 빗물이 들이치기 시작했다. 서무실에 연락하거나 문을 다시 달아 볼 생각도 않고 내가 소리쳤다.

"야, 학교가 뭐 이래, 이거! 이게 우리한테 잘해 주겠다는 약속이가. 우리, 집에 가 뿌자. 비 새는 교실에서 우째 공부할 끼고. 본때를 보여 줘야 될 꺼 아이가."

"그래, 가자, 가자. 자알됐다."

성욱이가 덩달아 소리쳤다. 교실은 이내 술렁거리기 시작했다. 벌써 가방을 챙기는 놈도 있었다. 수석 입학한 흑점이가 말렸지만 "너 혼자 있어라, 인마." 하고는 우르르 교실을 빠져나갔다. 우리는 학교 뒷문을 통해 달아나 버렸다. 그러고는 비 오는 거리를 헤매면서 즐거워했다. 한두 명도 아니고 반 아이 모두가 나와 버렸으니 겁도 나지 않았다. 문제는 다음 날부터였다.

우리는 우리가 저지른 일이 얼마나 심각한지 모르고 엉덩이 몇 대쯤으로 끝날 줄 알았다. 그런데 "학생들의 집단 행동은 용서 안 된다."는 소리가 들리자 비로소 주눅이 들기 시작했다. 주동자는 퇴학 처분한다는 얘기도 들렸다. 불려 가서 귀퉁이라도 맞으면 안심이 되겠는데 이건 그게 아니었다. 들어오시는 선생님마다 너희를 잘못 보았다는 말씀만 하셨다. 하루를 불안 속에 보냈다. 다음 날 문제는 더욱 심각해졌다. 어제 담임 선생님께서 교장 선생님과 오랫동안 말씀을 나누셨다는 얘기가 들렸는데 그날은 학교에 오지 않으신 것이다. 일이 어떻게 되는 것인지 더욱 불안하다. 선생님 댁으로 가 보았다. 사모님은 선생님이 남기신 편지만 주면서 어디 가 계신지는 모른다고 하셨다. 편지 내용은 자세히 기억나지 않지만 대강 이러했다.

"너희의 아픈 가슴을 내가 잘 알고 있다. 너희를 볼 때마다, 혼자 있는 밤마다 나는 너희의 갈피 잡을 수 없는 혼미가 가셔지도록 기도했다. 그리고 내 기도대로 너희는 본래의 모습을 찾으리라고 믿었다. 이것은 지금도 믿는 바다. 그러나 이번 일은 너희의 잘못이 너무 크다. 너희 중에 몇 명이 퇴학을 당하지 않으면 안 되게 되었다. 나는 이 처벌을 보고 있을 수가 없다. 근본적인 잘못은 학교와 지도를 잘못한 내게 있기 때문이다. 그래서 내가 모든 책임을 지고 이 학교를 떠나기로 했다. 너희는 이번 일의 심각성을 모르는 듯한데 앞으로 주의하기 바란다. 교장 선생님께는 너희의 선처를 다시 빌어 두었으니 별일이 없으리라 본다. 내가 학교를 떠남으로써 너희가 바로 클 수 있다면 좋겠다. 선생님들께 용서를 빌고 부디 너희 본래의 모습을 찾기 바란다."

반장이 읽어 주는 편지를 듣고 우리는 엉엉 울었다. 선생님이 사무치게 그리워졌다. 청소 시간이 되자 아이들은 넋을 놓고 앉아 있다. 언제나 두툼한 맨손으로 구석 먼지를 닦아 내시던 선생님, 그 빈자리가 너무 컸다. 선생님은 우리가 아무리 큰 잘못을 저질러도 늘 조곤조곤 그 까닭을 물으셨다. 그리고 매질 대신에 얼싸안고 귀를 물고는 하셨다. 우리는 그 모습이 우스워 책상을 치며 웃어 댔고 귀를 물린 아이 누구도 싫어하지 않았다. 오히려 우리는 은근히 그 일을 한번쯤 당하고 싶어 했다.

선생님한테서 나는 담배 냄새, 그리고 구수한 웃음을 우리는 좋아했다. 당신의 청년 시절 그 찢어지는 가난을 딛고 일어선 얘기를 하시다가 언뜻 눈물을 보이기도 하시던 선생님, 무엇보다 우리가 무슨 짓을 해도 당신의 아픔으로 감당하시려던 선생님. 그 선생님이 계시지 않자 우리는 그때야 정신 돌아온 놈들처럼 숙연해졌다.

사흘인가 나흘째 나와 몇몇 아이가 근신 처분을 받고 일은 마무리되었다. 그러나 담임 선생님은 돌아오시지 않았다. 우리는 선생님을 찾아 나서기로 했다. 일요일, 몇 패로 나뉘어 고향 댁, 처가댁, 옛날에 계셨다던 시골 학교 동네 같은 데로 찾아갔다. 선생님은 고향 댁에 계셨다. 붙어 앉아 울며불며 도로 가시자고 했지만 요지부동이셨다. 돌아오면서 우리의 잘못이 얼마나 큰지 새삼스레 되씹어야 했다. 그런데 다음 날 선생님께서 불쑥 교실로 들어서셨다. 사전에 교장 선생님과 무슨 약조가 있었는지는 모르지만 하여튼 우리는 떨 듯이 기뻤다.

이때부터 우리 엉덩이에 난 뿔은 사그라지기 시작했다. 그렇다고 그 버릇이 하루아침에 고쳐지나. 선생님께서는 하루도 편하실 날이 없었다. 지금 생각하면 그 문제아들에게 어떻게 그렇게 끝까지 사랑을 주실 수 있었을까 싶다. 아무리 교직에 신념을 가지셨다 하여도 선천적인 너그러움과 끈기가 없고는 해낼 수 없었을 것이다. 사흘거리로 가출해 대던 아이들도 선생님께만은 가는 곳을 알리거나 스스로 돌아와 무릎 꿇기도 했다. 나는 아이들이 사고를 저지를 때마다 오히려 선생님 편이 되어 갔다. 해도, 해도 너무한다 싶었다.

한번은 별명이 똥개인 녀석이 약을 먹고 자살을 기도했다. 이놈은 일류 중학교를 나왔는데도 성적은 엉망이었고 시를 쓴다고 폼을 잡으며, 부산 시내 거의 모든 여학교를 찾아다니며 정문에서 어정거리는 괴짜였다. 그러고는 그 여학생들에 대한 시를 썼다며 우리에게 고래고래 소리치며 읽어 주기도 했다. 그런데 이 녀석이 느닷없이 인생이 너무 허무해서 죽는다는 유서를 남기고 약을 먹어 버렸던 것이다. 다행히 신음하는 것을 발견하여 병원으로 옮겼다고 한다.

그 녀석의 어머니는 홀로 아들 하나 바라고 살아오셨는데 그 일을 당했으니 무슨 정신이 있었겠나. 부랴부랴 담임 선생님께 연락했고 선생님은 밤새도록 위를 씻어 내는 병상 옆에서 얼마나 안타까이 녀석을 지켜보셨으랴. 우리가 소식을 듣고 달려갔을 때 선생님의 핼쑥한 모습을 보고는 약 먹은 놈을 한없이 원망했다. 다행히도 그놈은 깨어났고 그때 우리는 선생님의 불호령을 처음 들었다.

"네, 이놈. 죽을라 카마 내 약 사다 줄 테니 다시 죽어라. 죽지도 못 할 놈이 약은 왜 먹어! 이놈아, 혼자 계신 어머님 죽여 놓고 죽어라!"

병원이 떠들썩하도록 꾸중을 하시는 통에 우린 오금도 펴지 못하고 눈물만 질금거렸다. 그 녀석은 선생님께 매달리며 잘못했다고 펑펑 울었다. 똥개는 며칠 더 치료를 받고 학교로 왔다. 선생님은 종례 시간마다 인생에 대한 얘기를 해 주셨다. 아직도 잊히지 않는 말이 있다.

고 윤덕만 선생님 | 113

"인생은 허무하다. 정말 너희처럼 살면 허무하기 짝이 없다. 그러나 인생이 허무하기 때문에 그 허무를 극복하기 위해서도 열심히 살아야 한다……."

선생님은 반 아이들 집을 일일이 찾아다니셨다. 선생님은 마치 친척 집을 방문하는 사람처럼 4, 5월에는 거의 날마다 몇몇 집씩 찾아갔다. 할머니가 계신 집은 꼭 사탕이나 과일을 조금 사서 가신다. 집에 갔을 때 할머니 할아버지는 뒷전에 계시고 부모가 선생님을 맞으면 나올 때라도 반드시 어른을 찾아 인사를 드리셨다. 내가 몇 번 따라가 보았는데 친구 할머니 앞에 꿇어앉아 사탕 봉지를 내놓으며 "침이나 삼키시이소." 하는 인사를 하신다. 우리는 그 말이 좀 우스워서 뭐 저런 인사가 있노 하며 키득거렸다. 나도 요즈음 누구 집에 갔을 때 노인이 계시면 반드시 방문을 열고 들어가 인사를 드리고 나온다. 그러면서 선생님 생각을 한다.

가정 방문이 끝난 어느 날이었다. 선생님께서 덩치 큰 몇 아이를 불렀다. 그 아이들에게 연탄과 쌀을 지워서 경택이네 집에 말없이 놓고 오라신다. 그때 경택이라는 친구 집은 참 가난했는데 할머니가 계셨다. 그 집 말고도 몇 집을 그렇게 간 기억이 있다.

우리는 이런 선생님 앞에서 마음이 평온해지지 않을 수 없었다. 그때 스승의 날 생각이 난다. 우리는 정말 선생님의 은혜에 감사하고 싶었다. 회의를 했다. 모두가 성의껏 음식을 장만하고 선물을 마련해 잔칫상을 차려 드리자고 했다. 아이들은 손을 들고 자기가 갖고 올 것을 말했다. 통닭, 맥주, 떡, 튀밥, 단술, 과일…… 줄줄이 나오는데 한 녀석이 아이스크림을 갖고 오겠단다.

"야 인마, 다 녹아 뿔 낀데 그걸 우째 갖고 오노."

한바탕 웃었다. 그런데 그 녀석은 안 녹게 하는 통이 있단다. 요즈음은 스티로폼 통이 안 쓰이는 데가 없지만 그때는 냉장고 있는 집이 한 반에 한둘 될까 말까 한 시절이었으니 아이스크림 녹지 않게 하는 통이 있는 줄 알 리가 없지. 스승의 날 아침, 미술반 친구는 칠판에 장식을 하고 우리는 책상을 여럿 모아 그 위에 하얀 종이를 깔고 잔칫상을 차렸다. 제법 상이 푸짐하다. 우리도 먹을 것을 조금씩 나누어서 앉았다. 잔칫상 아래에는 돗자리를 깔았다. 차례대로 나가서 선생님께 술을 따르고 큰절을 올렸다. 그야말로 정성을 다하여 존경하는 마음을 담아 올린 절이었다. 모두가 기분이 좋아 싱글거렸다. 사실 나도 그런 상을 지금 내가 가르치는 아이들한테서 한번 받아 봤으면 얼마나 좋을까 하고 욕심을 내 본다. 학부형들이 사 들려 보내는 구두 티켓이나 화장품 세트보다 얼마나 귀하고 고맙겠나.

잔칫상을 받으신 선생님은 답례를 하시겠다며 하루에 예닐곱씩 우리를 당신 집으로 오게 해서 저녁을 먹였다. 사모님은 우리를 그렇게 극진히 대해 주실 수 없었다. 전형적인 시골 아주머니셨는데 내가 가던 날, 상을 차리시던 사모님 모습을 잊을 수 없다. 발뒤꿈치에 구멍이 난 양말을 신고 있었던 것이다. 아이들이 웃어 대자 늦게사 알아차린 사모님이 얼굴이 벌게져서는 황급히 다른 양말을 갈아 신으셨는데 그건 뒤꿈치에 비슷한 색깔 천을 덧대어 꿰맨 양말이었다. 사모님은 우리에게 깍듯이 존댓말을 써 주셨다.

"석이 학생, 밥 많이 잡샀습니껴."

이런 인사를 받고는 그저 황송하여 머리를 긁적이며 부끄러워하기만 했다.

우리는 선생님께 속내를 드러냈고, 그런 마음들이 행동을 바꾸어 나가게 했다. 그러면서 조금씩 커 가고 있었다. 일진광풍이 몇 차례나 지나고, 자잘한 바람은 시도 때도 없이 불고……. 그렇게 한 학기가 끝날 때쯤, 선생님께서 넌지시 말씀하셨다.

"너희 살아가는 기 너거 역사다. 고등학교 들어와서 어떻게 지냈는지 글로 남겨 두었다가 훗날 커서 읽어 보면 더 재밌을 텐데……."

우리는 스스로 학급 문집을 펴내기로 했다. 철판(우리는 그때 이것을 가리방이라고 했다)에 대 놓고 기름종이(등사 원지)에 글을 옮겨 쓰는 일부터 프린트, 제본까지 밤늦도록 교실에 남아 일을 했다. 처음 낸 문집 이름을 '똥구두'라고 지었다. 그때 우리는 군화를 신고 다녀야 했는데 낡은 군화는 영락없이 똥구두였다. 그러나 두 번째부터는 '여울'로 바꿔 버렸다. 똥구두라고 하니 뭔가 품위가 떨어지는 것 같았기 때문이다. 학교 다니는 맛이 났다. 어떤 녀석은 개인 시집을 펴내기도 했다. 그때 어찌 인쇄된 시집을 찍어 낼 엄두를 냈을까. 그 용기는 두고두고 자랑거리가 되었다. 이것이 모두 선생님의 보이지 않는 손이 우리를 깨우치게 하는 것인 줄 아무도 몰랐다. 문집은 2학기 때 두 권을 더 만들어 냈다. "너희를 잘못 보았다."던 선생님들로부터 "가당찮은 놈들."이라는 칭찬도 받았다.

뒤에 안 일이지만 선생님께서는 학교의 여러 가지 비리(특히 금전 문제)를 끊임없이 따져서 고쳐 나갔는데 학기 초 사표를 내고 떠나셨던 것은 우리 문제 때문만은 아닌 듯했다. 그러나 학교에서도 사표를 받아들일 수 없는 무슨 사정이 있었지 싶다. 사표 낸 뒤 학교에서 이것을 되돌리자, 그 조건으로 학급 경영에 교장 선생님이 어떤 개입도 하지 않기로 못을 박았다 한다. 그리고 우리 스스로 옳은 길로 돌아올 수 있도록 오랜 시간을 참고 기다리며 옆에서 큰 울타리 구실만 하신 것이다. 억지로 한길로 몰아붙였다면 틀림없이 우리는 폭발해 버리고 말았을 것이다. 나는 그때 한 치의 의심도 없이 '선생님 같은 선생님'이 되기로 결심했다. 국문과로 가자.

우리가 졸업하고 난 뒤 간혹 동창끼리 술자리가 이루어져 늦도록 마시다가 누군가 "야, 윤 선생님(우리끼리 있을 때는 보통 선생님들 별명을 부르곤 했는데 윤덕만 선생님만은 모두가 깍듯이 '윤 선생님'이라 했다) 잘 계시냐?" 하면, "그러지 말고 지금 당장 찾아가 보자." 하고는 밤이 늦거나 말거나 쳐들어가곤 했다. 어떤 놈은 아예 그 비좁은 방에서 자 버리기도 했다.

우리가 결혼할 때는 거의 모두가 선생님을 주례로 모셨다. 한 동무가 결혼하게 되면 그날은 선생님을 모신 동창회가 되었다. 늦도록 제자들과 어울려 술을 드시면서 학교 시절에는 하시지 못했던 얘기도 많이 해 주셨다. 우리가 조금씩 자리를 잡아 가게 되었을 때 서울에 직장을 잡은 동창들이 모여 생신에 선생님을 서울로 모셔 가기로 계획을 세웠다고 한다. 항공 회사에 다니는 친구가 학교 마치고 나오는 선생님을 납치하다시피 하여 서울로 모셔 버렸다. 마중을 나온 친구들은 백화점으로 모시고 가서 머리부터 발끝까지 새 옷 새 구두를 해 드리고 술집에 모셔 취하도록 마셨다고 한다. 그러나 그 자리에서 선생님은 제자들을 나무라셨다.

"너희 이러는 일 고맙다마는 그렇게 즐겁지는 않다. 옷이야 추위와 부끄럼만 가려 주면 되는 것이요, 음식은 정을 나눌 수 있으면 되는 것인데 이렇게 과용을 해서야 되나. 정신을 바로 하고 살도록 해라."

우리가 졸업한 지 14년이 지났을 때 선생님 몸이 불편해서 중학교로 자리를 옮기셨다는 소식을 들었다. 학교로 가 보았다. 창너머로 수업을 훔쳐보았다. 머리는 백발이 되셨다. 연세보다 너무 늙어 버리셨구나. 그렇지만 조무래기들과 무슨 얘기를 나누시는지 웃음이 그칠 줄 모른다. 그렇지. 우리의 우상인 선생님이신데 옛날 모습을 잃으실 리 없지. 그러나 얼마 뒤 선생님께서 입원하셨다는 소식을 들어야 했다. 서울에, 대구에, 인천에 흩어져 있던 제자들이 모여들었다. 입원 때마다 병원비는 우리가 미리 계산해 두었다. 무슨 암이었던가. 두 번째 수술 뒤 내가 병원에 찾아갔을 때 선생님은 이미 사그라져 가는 듯했다. 그때는 이미 죽음을 선고받은 뒤였다 한다.

"석아, 내가 너를 위해 일을 좀 해 주어야 하는데…… 그러질 못하는구나……. 석아, 용기 잃어선 안 된대이. 니가 하는 일 그거는 옳은 일이다. 그래도 걱정이 되는구나. 니가 내보다 낫다……."

그때 나는 교육 민주화 선언에 앞장섰다 해서 해임당하느냐 마느냐 하고 있었다. 그날 병원을 나오며 얼마나 울었는지 모른다. 그리고 용기도 냈다. 우리 선생님께서 옳은 일이라고 하셨으면 목숨을 바쳐서라도 할 수 있다.

이 글을 쓰는 지금 새삼스럽게 선생님이 사무치게 보고 싶다. 쓰다 말고 베란다로 나가 먼 하늘을 하염없이 바라본다. 선생님……. 요즈음 교무실에서는 교권이 땅에 떨어졌다, 선생을 개혁 대상으로 몰아간다고 불만이 많다. 우리 윤 선생님이 지금 계신다면 뭐라고 하셨을까. 윤 선생님처럼 아이들을 끝없이 사랑하는 선생님에게 아이들이 함부로 대할까. 스스로의 잘못은 조금도 용서하지 않으려는 선생님께서 누군가가 자기를 개혁 대상으로 내몬다고 해서 흔들릴 일이 있을까. 도리어 개혁의 큰 아픔을 당신 스스로 지고 나가지 않으셨을까. 자기의 안일과 잘못된 고정 관념은 고쳐 나가지 않고 개혁을 거부하려고만 드는 교사들에게 또 다른 불호령을 내리셨을지도 모른다.

선생님께서는 돌아가시기 전 당신 몸의 성한 부분은 모두 그것이 필요한 가난한 사람에게 나누어 주라는 유언을 하셨다. 내가 그 유언을 직접 들었다. 그러나 졸지에 아버지를 여의게 된 장남이 오열을 하며 그럴 수는 없다 하여 남기신 뜻은 받아들여지지 않았다. 하루도 편할 날 없이 사신 선생님은, 해양대학을 졸업하고 외항선을 타던 장남이 부랴부랴 집으로 돌아오자마자 세상을 떠나셨다. 장례 때 학교에서 꼭 노제를 지내 달라셨다는 선생님을 두고 우리는 땅바닥을 긁으며 통곡했다.

내가 국어 교사가 되고자 했던 것도 선생님의 사랑 때문이었다. 그리고 선생님만큼 좋은 선생, 올바른 선생이 되고 싶었다.

선생님은 우리에게 아버지이셨다. 형이셨다. 그리고 스승이셨다. 깊은 학문을 배운 기억은 없다. 온 가슴으로 그 사랑의 비를 흠뻑 맞았다. 이것이 내 삶의 푸근한 거름이 되었다. 이렇게 해서 가르침은 끊임없이 이어지는 것일까.

교단에서 아이들을 굽어보다가도 문득문득 선생님을 만난다. 선생님께서는 날 당신보다 나은 선생이라고 하셨지만 내가 선생님의 사랑만 한 사랑을 가지려면 참으로 아직은 깡깡 멀었다.

스승을 모시는 행복

감명받은 책의 저자한테는 친숙한 존경보다는 외경심을 갖게 마련이다. 글 쓴 분을 만나 뵙고 이것저것 여쭈어 보고 싶고 내 고민도 말씀드릴 수 있었으면 싶지만 그리 쉽지 않다. 엄두가 나지 않는다.

이오덕(李五德) 선생님이 내게는 그런 분이셨다. 처음으로 학급 문집을 펴냈을 때 나는 그것을 이오덕 선생님께 보이고 싶었다. 내가 문집을 내게 된 것도 선생님 책을 읽고 배운 덕분이기 때문이다. 우연히 선생님과 친분이 있는 분을 만나 주소를 알게 되어 덜렁 문집을 부쳐 드렸다. 간단한 쪽지와 함께 보냈는데 며칠 뒤 두툼한 답장을 받았다. 육필을 대하는 영광도 영광이려니와 학생들 글을 하나하나 빠짐없이 찬찬히 읽어 주신 그 정성에 놀라고 말았다. 이때부터 선생님과 사제의 관계를 맺게 되었다.

처음 선생님을 뵌 것은 '글쓰기교육연구회' 발기인 모임에서였다. 서울 근교 어느 수녀원에서 모였는데 나는 그래도 전국 각지에서 모인 글줄깨나 쓰는 교사들 모임이라서 좀 주눅도 들고 촌놈이 하는 서울 행차인지라 옷도 제법 별러 입고 갔다. 웬걸, 선생님은 영락없는 읍내 면장 모습이었다. 다리미질에 빤질빤질해진 양복, 뽀얀 먼지를 쓴 구두, 신주머니같이 생긴 천 가방에 볼록하게 우겨 넣은 책과 자료들. 선생님에 견주면 나는 도시의 술집 지배인 모습이었을까.

"……저, 대양중학교 있는 이상석입니다……."
"아이고, 이 선생님. 이렇게 보게 되어 반가워요."

선생님 눈은 어떻게 그리 맑을 수가 있을까. 환갑노인의 눈이 아니었다. 깊게 팬 주름살도 맑았지만 또한 맑은 눈빛이 너무도 인상 깊었다. 그 뒤에 안 일이지만 눈이 맑은 까닭이 꼭 있었다. 그것은 마음이 아직 아이이기 때문이었다. 길을 가다가도 문득 발을 멈추고는 말씀하셨다.

"이 선생, 이 매미 소리 들어 보래요. 이 매미는 참매미 소리래요……."

"아이고, 요 강아지 좀 봐……."

이 선생님 앞에서는 개가 짖거나 도망가는 일이 없다. 목줄기를 어르며 꼭 한번씩 쓰다듬어 주시는 모습…….

"이 나무 이파리는 도시 매연에 못 견뎌요. 왜 이걸 가로수로 심었을꼬……."

나는 내심 별것에 다 관심을 두신다 싶었지만 사물에 대한 순결한 사랑을 선생님께 배웠다. 기껏해야 감상에 젖었을 때 비로소 눈에 뜨이는 것들을 온 생활 속에서 느끼려고 용을 쓰게 되었다.

대구 변두리에 있는 댁을 찾아갔다. 대문이 제법 규모 있게 세워졌는데 문짝은 망가진 채 잠겨 있고 집 뒤쪽의 벽을 헐어 만든 쪽문으로 드나들어야 했다.

"왜 대문을 사용하지 않으시고……."

대문 앞이 제법 너른 공터였는데 이곳이 동네 아이들의 놀이터라고 하셨다. 축구할 때마다 대문을 골대로 삼아 차는 통에 대문짝이 망가졌고 자꾸 대문을 사용하다 보면 애들이 노는 데 방해가 되어서 아예 따로 담을 헐었다는 것이다.

"내가 대문으로 나들면 애들 놀이에 방해가 돼요……."

마당은 꽤 넓었으나 규모 있게 가꾼 정원이 아니라 시골의 텃밭이었다. 상추, 무, 호박, 고추 따위를 심어 두었고, 석류나무, 감나무, 배나무들이 이 구석 저 구석에 서 있었다. 정갈하게 손을 본 것이 아니라 일용할 채소나 가꾸고, 있는 그대로를 심어 두었다. 가구도 서재도 규모 있게 갖추어진 것이 없다. 마루에

덩그렇게 이철수의 판화가 걸려 있을 뿐.

정년을 5년이나 앞두고 사표를 내셨다는 통에 우리는 깜짝 놀랐다. 아무리 교육 구조에 문제가 있다고 해도, 선생님 같은 분이 교단을 지키고 계신다는 것만으로도 현직 교사들에겐 큰 힘이 되기 때문이었다. 그리고 평생을 교단에 바친 분으로서 영광스런 퇴직을 맞이하는 모습을 보고 싶은 욕심도 있었다. 많은 제자들을 거느리고 각계의 인사를 받으며 축하 리셉션 정도는 해 볼 만하지 않은가. 기념 문집도 고급으로 척 내놓고……. 선생님은 홀연히 서울 가까이 조용한 아파트에 거처를 옮기고 이제부터 진정으로 아이들을 위해 죽을 때까지 일하리라고 하셨다.

저는 지난해부터 교직을 떠나기로 결심했습니다. 월급쟁이 노릇을 그만두고 싶었던 것입니다. 이것은 아이들에게 죄짓는 노릇입니다.
……저는 참교육자가 아니었습니다. 우선 제가 맡은 직분이 교장이었지요. 오늘날의 학교 교육에서 교장이란 직책을 맡은 사람은 엄밀히 말해 행정 하는 관료이지 교육자는 아닙니다. 교장이 교육자여야 하고 교육자일 수 있지만 오늘날의 교육 체제는 교육자일 수 없게 만들어 버렸습니다.
오늘날의 교육을 얘기하면서, 서로 미워하고 해치기를 가르치는 점수 쟁탈 경쟁 교육을 모든 어른들이 미친 사람같이 되어 행하고 있는 이 상황을 대수롭잖게 여기거나 모른 척한다면, 벌써 그 사람은 비인간화되었다고 할 수밖에 없습니다.

……저는 교육 공무원으로서 충실하게 근무했습니다. 더구나 교장 노릇 13년 동안이 그러했습니다. 이젠 죄 안 짓고 이 자리에서 버틸 수가 없습니다. 교육자 아닌 사람이 교육자인 척하는 노릇은 더한층 고통스럽습니다.

이제부터 학교 밖에서 아이들을 생각하고, 그 아이들을 기쁘게 하고 용기를 주는 일을 죽을 때까지 하고 싶습니다…….

여름 방학, 서울에 간 김에 선생님을 찾아갔다. 혼자 계셨다. 애들이 아직 어려 학교에 다녀야 하는데 서울로 전학을 시키기 싫어 사모님과 애들은 고향에 있고 당신은 대학 다니는 장남과 생활하신다는 것이었다. 그날은 방학이라 장남도 고향으로 가고 없었다. 환갑을 넘은 노스승은 손수 끼니를 해 잡수셨다. 방 두 칸과 넓은 거실 벽마다 책이 잔뜩 꽂혀 있었다. 따로 책꽂이가 있는 게 아니라 고향에서 책을 챙겨 올 때 싼 종이 상자를 뚜껑만 연 채 쌓아 두었으니 이게 소박한 그대로 좋은 서가가 되었다. 그날 밤 나는 책에 취하여 이 방 저 방 다니며 책 구경에 정신이 없었다. 새벽 즈음에 자리에 누웠다. 아침에 눈을 뜨니 해가 중천에 있다. 선생님께서 밥을 지어 놓고, 내 양말까지 빨아 놓으셨다. 양말을 신으며 제자의 발을 씻어 준 예수를 생각했다. 꼭 자식을 대하듯 그 자상하심과 벗을 대하듯 내 이야기를 귀담아 들어 주시는 모습에서 눈물겨운 사랑을 느끼며 행복했다.

선생님은 권위나 근엄함이 전혀 없으시다. 소박한 생활, 맑은 정신으로 교육에 몰두하시는 생활이 모두 당신의 글과 똑같다. 삶이 곧 글임을 이분 앞에 서면 알게 된다. 헤어질 때 시내버스에 오르는 뒷모습을 보면서 나는 꼭 내 삶을 반성하게 된다.

드린 편지보다 언제나 긴 답장을 주신 분, 아무 격의 없이 대하긴 해도 내가 그분 앞에서 조금의 가식이라도 있으면 금방 들통이 날 것 같은 생각에 저절로 마음이 맑아진다. 아이들 앞에 서면서 나는 자주 이 선생님을 생각한다.

이오덕 선생님이 맑은 물 같은 분이라면 문병란(文炳蘭) 선생님은 뜨거운 가슴의 무등산이다. 나는 무등산을 본 적이 없지만 문 선생님을 뵈면 무등산 생각이 자꾸 난다. 광주의 열정과 광주의 한(恨)과 광주의 지조를 생각한다.

내가 담임한 학급에서 문집을 냈을 때 내용 중에 문 선생님의 시 감상문도 들어 있었다. 직접 뵌 적이 없는 선생님이지만 문집이 나온 김에 부쳐 드렸다. 얼마 뒤 학교로 두툼한 소포가 왔다. 우리 학급 전체

학생 앞으로 보내신 편지, 선생님의 시에 대한 감상을 쓴 학생에게는 따로 편지와 당신의 시집 몇 권, 그리고 나한테까지 격려와 감사의 편지를 보내신 것이다. 나도 그 정성에 놀랐지만 중학교 2학년짜리 학생들은 더욱 놀라고 반가워했다. 감동적인 글의 저자가 직접 감동적인 편지를 부쳐 왔으니...... 문 선생님의 가르침은 우리 교실에 살아 있게 되었다. 더 이상 활자로 굳어진 목소리가 아니었다. 좋은 부담임(?) 노릇을 하신 것이다. 그리고 나하고 인연도 깊어 갔다.

한영근이란 학생은 중학생으로 보기 드물게 시를 감상하는 능력이 뛰어났으며 올바른 독서로 이미 나하고도 좋은 벗이 되어 있었다. 《현장 문학론》이란 문 선생님의 책을 빌려 주었더니 독후감을 써 왔다. 이것도 영근이의 자작시 몇 편과 함께 문 선생님께 부쳐 드렸다. 아주 놀라신 듯 영근이 앞으로 길게 쓴 편지와 당신 저서 여러 권을 또 부치셨다. 이때부터 선생님과 영근이의 사랑이 시작되었다. 그렇게 많은 시작(詩作) 활동과 나라 안팎으로 하는 강연, 일요일이면 어김없이 해야 하는 제자들의 결혼식 주례까지 바쁜 중에서도 영근이에게 쓰는 편지를 보면 열애에 빠진 연인을 방불케 했다. 어떨 때는 사흘거리로 편지가 쏟아지는가 하면, 외국에 나가 계실 때는 장소를 옮길 때마다 그림엽서를 보내시는데, 나는 도저히 흉내 내지 못할 사랑의 실천이었다.

이때부터 내가 학생들에게 게으름을 부릴 때는 문 선생님 앞에서 가장 부끄러웠다. 가끔 마주 앉을 때마다 조국 통일을 위해 온몸으로 애쓰시는 순수 열정을 보며 내 게으르고 삿(邪)된 생활을 반성한다.

가끔 부산에 와서 강연하는 것을 들어 보면 치밀한 내용에 놀라고 세 시간이나 물 한 잔 안 잡수시고 토하는 열변에 놀란다. 선생님은 열정의 덩어리이다. 부산에 강연하러 오면 어김없이 영근이를 불러 자식처럼 아끼는 사랑을 주신다. 언젠가 '요산(樂山) 문학상'을 받게 되었을 때도 그 기쁨을 제일 먼저 부산의 영근이에게 전하셨다는 선생님.

"너는 반드시 우리의 염원을 지고 바른길로 나아갈 것을 확신한다. 사랑한다고 쉽게 말하고 싶지 않을 정도로 너를 아끼고 싶다. 귀한 보배는 잘 간직해야 된다고 생각한다. 이는 결코 너에 대한 칭찬이 아니고 민족적 사명감을 짐 지워 주는 내 염원이다."

"나는 네 재능과 거기에 따르는 올바른 민족관, 현실관을 겸비하게 하여 네가 이 나라에 필요한 인물이 되었으면 하는 욕심이 있다."

"사방이 다 얼어붙은 땅에서 그래도 우리는 사랑이라는 무기를 가지고 산다."

낯도 모르는 한 학생에 대한 교육자다운 사랑. 교육은 교단에서가 아니라 이런 열정이 있으면 어느 곳에서든 아름답고 탐스러운 열매를 맺게 된다. 나는 그 열매를 내가 가르치는 아이들에게도 맛보이고 만져 보게도 하며 또 하나의 작은 열매를 맺게 하는 거름으로도 이용한다.

영근이가 고3을 지나오면서 바쁜 가운데 소식이 끊겼나 보다 (물론 대학 입학 후 편지는 계속되었다). 문득 〈신동아〉에 실린 선생님의 시를 읽고 다시금 그 사랑을 생각했다.

부산의 영근이

부산의 영근이, 나는 그를
중3 학급문집을 통해서 처음 알았다
38선 앞에서 한용운의 임을 부르는
그의 대담한 통일시 앞에서
나의 교단 30년이 한 대 얻어맞았다
그 다음은 또박또박 연필로 박아쓴
그의 첫 답장 속에서
가슴 섬 저며오는 비수
내 앞에 놓인 가장 깨끗한 여백을 만났다
아 그 마음에 무엇을 쓸까 무엇을 고백할까
가장 어렵게 쓴 두번째 답장
그리고 세번째는
부산 YMCA 강연 가서 첫 대면을 했다
야무지게 다문 입술

초롱초롱한 눈
부산 Y교협 회장 이상석 선생님의 제자
영도다리 부근에선가
생선 도부 행상하는 홀어머니 모시고
남의 집 단칸방 얻어산다는 영도고 2년생
노동절 기념 강연회에 무얼 들으러 왔을까
1987년 6월, 그리고 방미 중 8월,
광주 금남로 최루탄에 눈물 흘리면서도
미국땅 아리조나주 사막을 넘으면서도
목구멍까지 넘어오는 이상한 아픔으로
영근이, 영근이,
나는 너를 불러보았다
먼 옛날의 내 모습만 같은 또 하나의 나
사랑이란 말로는 표현 못 할 비수 같은 아픔이 간장을 쥐어짜는
이 아침
크리스머스 카아드 연하장을 정리하면서
광주 무등산 밑 지산동,
네 편지가 없는 88년을 맞는다
부산의 영근이를 혼자서 그리워하는 새해를

몇 해 전 글쓰기교육연구회의 겨울 연수 때였다. 마침 내가 무슨 발표를 하고 있었는데 뒷문으로 한 사람이 조용히 들어섰다.

아주 남루한 차림에 왜소한 체구, 얼굴을 다 감싸듯이 두른 목도리를 풀며 다소곳이 꿇어앉아 내 이야기를 듣고 있었다. 나는 이 건물 청소부나 보일러공쯤으로 생각하며 이런 분도 글쓰기에 관심을 가진 것에 내심 기뻐하며 얘기를 계속했다. 자연히 그분의 거동에 관심이 갔다. 고개를 주억거리기도 하며 한마디도 놓치지 않고 들어 주었다. '청소하는 분은 아닌 것 같은데……' 하는 생각도 스쳤다. 얘기가 끝나자 이오덕 선생님께서 그분 소개를 하셨다.

"좀 늦었지만, 귀한 손님 한 분 소개하겠습니다. 이분은 아동문학 하시는 권정생 선생님이십니다."

나는 소스라치게 놀랐다. 아니 《몽실언니》로 우리의 통일 문학에 큰 발자국을 남기신(누가 뭐래도 내가 읽은 책 가운데 《몽실언니》만큼 절실한 분단 극복 의지의 책은 없었다. 또한 우리의 지난 모습이 그토록 사실적으로 절실하게 그려진 책도 없다고 생각한다) 선생님이 바로 이분이라니! 내가 《몽실언니》를 읽고 펑펑 울자 내처도 다음 날 눈이 벌게졌다. 다음 날은 어머니, 아버지, 동생, 내 아이들까지도(이야기로 들려주었다) 눈물 흘리던 그 책의 저자가 지금 내 앞에 계신다. 그것은 너무 큰 영광이요, 너무나 큰 반가움이었다. 선생님은 한사코 뒷자리에 앉은 채 우리의 인사를 곱으로 되돌려 주셨다. 그 겸손하심에 털끝만큼의 가식도 없었다.

선생님은 안동에서도 한참 외진 곳 조그만 교회의 종지기로 계신다고 했다. 물론 집사로서 강론도 하시고. 그리고 교회 옆에 오두막을 짓고 혼자 사신다. 단신이신 모양이었다. 얼마 전까지 전기도 들어오지 않은 집이었다니 알 만하다. 그곳에서 당신 삶의 외로움과 분단의 아픔을 절절히 쓰고 계신다. 글이 삶으로 우러나는지, 삶이 글로 우러나는지, 그래서 선생님 글은 우리의 더럽혀진 영혼을 정갈히 씻어 준다. "통곡하는 사람은 울음에 기교를 부리지 않듯이 권 선생님의 시는 이념으로 치장하거나 기교를 부리지 않는다. 자기 생활이 순수하고, 털끝만큼의 거짓도 없는 아이의 마음이 그대로 우러난다. 선생님의 글은 우리 겨레의 양심선언이다." 하시던 이오덕 선생님 말씀이 실감났다.

선생님은 잡사에 부대끼는 생활인이 아닌 것 같다. 그러나 결코 속세를 등진 도인은 아니다. 세속 삶에 찌든 우리가 그분의 절실한 생활 모습을 이해하지 못할 뿐이다. 이런 분을 한때 관에서는 요주의 인물이라고 했다. 가장 가난하고, 가장 순수하고, 가장 진실한 그대로 글을 써도 불순하다고 한다. 북에 대한 얘기가 불순하다고 한다. 아이의 마음으로 통일에 대한 가장 맑은 기원을 드리는 것을 불순하다고 한다. "아이는 증오할 줄 모른다. 아이에겐 이념이 없다. 그래도 불순하다고 하는 것은 아기의 맑은 눈동자를, 새하얀 손을 군화발로 짓이기는 것이다."《어머니 사시는 그 나라에는》을 읽으며, 눈물을 훔쳐 내며 나는 이 말을 되뇌곤 한다.

 석가도 가장 행복한 사람은 좋은 스승을 모신 사람이라 했는데 나도 이런 스승을 가까이 모시는 것이 복에 겹도록 행복하다. 이런 분들을 생각하며 나 혼자 스승상을 그려 보기도 한다.
 "스승은 스스로 권위를 내세우지 않고 겸손하고, 가식이 없으며, 마음은 어린아이와 같다. 스승은 제자를 온몸으로 사랑한다. 스승은 생활에 부끄럼이 없고 말과 삶이 일치한다. 스승은 끝없이 발전하는 모습을 보여 주기 위해 끊임없는 노력을 하며 흔들리지 않는 지조를 가진다. 스승은 자기의 교육권을 스스로 지키며, 불의에 항거할 줄 알며 미래의 밝음을 예견하는 예언자이다. 스승은 고난 속에서도 꽃을 피우는 창조자이다."

잊히지 않는 아이들

선생님보다 훌륭한 선생이 될 거예요

성하익은 내가 대양공고 야간에 있을 때 만난 제자다.

부모는 고향인 충청도 산골에서 아이들 교육을 위해 부산으로 이사 왔다. 두 분 다 고무 공장에서 공원으로 일한다. 하익이도 낮에는 인쇄소 점원으로 일하고 때로는 주간지도 팔며 야간학교에 다녔다. 녀석은 공고와는 도무지 맞지 않았다. 하얀 얼굴에 충청도 특유의 말씨로 애들에게 놀림을 받기도 했지만 마음이 너무 심약해 잘 우는 게 걱정이었다. 공고 계통의 공부도 해내지 못했다. 나에게 찾아와서 어떤 일이 있어도 교사가 되겠다고 했다. 그것이 소원이란다. 학교 수업과 관계없이 입시 공부를 했다. 녀석은 특히 국어를 잘했다. 3학년 2학기부터는 일도 그만

두고 도서관에서 공부했다. 나도 애가 쓰였다. 자주 같이 앉아 공부하기도 했다. 얼굴이 파리해질 정도로 책 속에 묻혀 있었다. 문득문득 고향 아이들 가르칠 것을 생각하면 가슴이 설렌다고 했다. 모의고사 문제지를 얻어다가 시험을 보았지만 별 신통한 성적은 못 받았다. 그러나 본래 목표대로 ᄎ사대 국어교육과에 응시했다. 뜻을 둔 일은 성사되기 마련인가. 간신히 합격을 했다. 우리는 좋아라 얼싸안았다.

대학에 입학하고부터 하익이는 본격적인 공부를 시작했다. 방학 때 내려온 녀석을 만나면 독서와 전공 공부를 얼마나 열심히 하는지 알 수 있었다. 그 와중에도 학비를 벌어야 했고 야학에도 나가곤 했다. 편지 내용이 사뭇 격렬해지기 시작했다. 그 즈음에 이러저러한 학교 사정으로 갑자기 입대를 한다는 소식을 받았다. 첫 휴가를 왔다.

마침 내가 야학 수업이 있던 날이라 같이 갔다.

"선생님, 진도가 어디쯤 되어요? 오늘은 제가 수업해도 괜찮죠? 선생님은 뒤에 앉아 제 수업 평가나 좀 해 주세요."

학생들은 젊고 앳된 군인이 하는 수업을 더 좋아라 했다. 나는 뒤에서 구경했다. 수업의 열기가 무르익어 갈 즈음 나는 깜짝깜짝 놀라며 속으로 우스워 죽을 지경이었다. 녀석의 말투, 행동, 걸음걸이까지 완전히 나를 보는 듯했기 때문이다. 내가 저희들 가르칠 때 했던 얘기도 많이 인용하고 있었다. 사뭇 기쁘기도 했다. 수업을 마치고 곧장 소줏집으로 갔다. 권커니 잣거니 많이

마셨다. 둘은 고개가 점점 떨어졌다. 노래도 몇 곡 불렀다. 갑자기 녀석이 고개를 빳빳이 들더니 소리쳤다.

"이상석! 나는 이상석이 좋아. 난 이상석보다 훌륭한 선생이 될 거야."

"하모, 내보다야 훌륭해야지. 그런데 아직 내 틀을 못 벗었어. 더 공부해······."

"공부할 거예요. 그런데 내가 군에서도 야학 지원을 나가는데 수업할 때마다 선생님 생각이 나요."

"나도 늘 내 고등학교 은사이신 윤덕만 선생님하고 닮았다고 생각해."

"선생님, 윤 선생님 좀 뵐 수 없어요? 우린 교사 3대예요."

그날 녀석은 술을 게워 내고 비틀거리며 집으로 돌아갔다.

제대를 하고 다시 찾아왔다. 복학할 때까지 부모가 나가시는 고무 공장에서 일한다고 했다. 몰래바이트라도 하지 그러느냐고 했더니 열대여섯 나이 아이들의 공장 생활을 직접 같이 해 보겠다고 했다. 내가 아는 그 아이들 생활은 관념이라고 했다. 얼마나 처절한지는 직접 같이 살아 봐야 안다고 했다.

그날도 술을 마셨다. 녀석은 교원 적체 문제에 대해 얘기했다. 그렇게 설레던 교단에 대한 희망이 퇴색해 간다고도 했다. 〈민중교육〉지 사건과 교사들의 무더기 해임을 두고 세상에 이럴 수가 있느냐고 분개도 했다.

"선생님은 교단에서만 열심히 한다고 교육 문제가 다 해결된다고 생각하세요?"

"그래서 나도 여러 단체에서 활동하고 있는 거야."

"그러다가 해임되시면 어떡해요……."

"……."

"제가 걱정스런 것은…… 그토록 서고 싶었던 교단에서 제가 양심껏, 성의껏 가르치지 못하고 말단 공무원이 되어 버리면 어떻게 하느냔 겁니다. 그럴 싹수가 벌써부터 보여요."

"그럴수록 교단에 꼭 서야 한다. 사실 교단은 하익이 너 같은 사람을 원해. 니가 공장에서 아이들과 부대끼며 알아보겠다고 했듯이 교단도 교육 문제 해결의 현장이야. 현장에 몸담아 부대끼며 개선해 나가지 않으면 그것도 관념이야. 교육의 장 바깥에서 목소리를 높이는 것보다 아이들과 같이 살며 그들과 어깨 맞대고 나가야 해……."

나는 하익이가 얼른 졸업하고 고향 후배들을 가르쳤으면 참으로 좋겠다. 좋은 교사가 될 것이란 걸 굳게 믿기도 한다. 그리고 온갖 갈등을 온몸으로 부둥켜안고 아이들 속에서 민족 통일 교육에 몸을 던져 주기 바란다.

안타까운 시현이

내가 중학교 1학년을 처음 맡았을 때 첫눈에 시현이는 빛나는 별처럼 아름다웠다. 하얀 얼굴에 맑은 눈도 선연했지만 턱 부분이 매우 의지적으로 각이 져서 단아한 얼굴에 비범함까지 서려 있었다. 글을 읽히면 그 또렷한 발음과 낭랑한 목소리가 더욱 돋보였다. 나는 그 녀석을 짝사랑했다. 담임이 아니라 수업 때만 만날 수 있는 녀석이었지만 자습 시간에 교실을 둘러볼 땐 꼭 시현이를 먼빛으로라도 지켜보았다. 보는 것만으로도 즐거울 정도였다. 그 어머니도 자식에 대한 애살이 각별하였고 집안도 다복해 보였다. 시현이는 어렵지 않게 사랑을 받았다. 학급장, 학년장 같은 감투도 썼고 교내 웅변대회에서는 누구도 따르지 못할 뛰어난 화술로 최우수상을 탔다. 알고 보니 시현이는 유치원 때부터 웅변 잘하기로 소문이 났고 그뿐 아니라 글짓기, 행글라이더 날리기, 포스터 그리기, 저축, 온갖 상장이 지천이었다. 아버지도 작은 기업체를 운영하며 남매뿐인 자식을 위해서는 어떤 돈도 아끼지 않는 사람이었다. 촉망과 능력을 한 몸에 받은 시현이는 꾀죄죄한 중학생들 가운데 빼어난 귀족으로, 왕자로 군림하고 있었다.

2학년 때 내가 문예반과 웅변반을 맡으면서 나와 퍽 친해졌다. 그런데 시현이에게 글을 써 보게 하면 언제나 틀에 박힌 교훈조의 글밖에 쓸 줄을 몰랐다. 그러나 그 글은 그대로 논리가 정연했고 빈틈이 없었다. 한마디로 글짓기 선수의 글이었다. 흔히 보게 되는 어른스런 아이 글. 그 속에는 생명이 없고 감동이 없으며 오직 주제를 드러내는 말재주만 가득했다. '아뿔싸, 너무 철저히 길들여진 아이로구나.' 싶어서 따로 불러 여러 번 애기를 해 보아도 자기 세계를 쉽게 허물어 버릴 만큼 단순한 아이도 아니었다.

한번은 새마을본부인가 정화위원회인가에서 웅변대회를 한다고 학교별 예선을 거쳐 구청으로 대표를 내보내라는 공문이 왔다. 별 소용없는 일이라 싶어 주임 선생님과 의논해 우리 학교는 참석하지 않기로 했다. 그런데 대회를 며칠 앞둔 어느 날 구청에서 전화가 왔다. 대표 학생 명단을 보내라는 것이었다. 우리 학교는 이번 대회에 참석하지 않기로 했다니까 그 학교에 박시현이란 학생이 있지 않느냐, 그 학생을 안 내보내고 뭐하느냐는 것이다. 조금 뒤 시현이 어머니가 전화를 했다. 아주 정중하게, 그러나 원망의 빛을 감추지 않고 학교에서 추천만 해 달라는 부탁이었다. 난 '시현이가 자꾸 이런 데 나가면 안 좋은데…….' 싶었지만 급히 공문을 썼다.

대회 당일 어느 예식장을 빌려 치른 웅변대회는 생각대로 가관이었다. 웅변 원고 내용이 똑같은 것이 두 쌍이나 되었다. 웅변 학원에서 나온 원장이지 싶은 사람들은 대회장을 돌아다니며 학부모들과 열심히 인사를 나누고, 청중은 자기 학원생의 웅변이 끝나면 썰물처럼 빠져나가 버리고, 연사들은 청중이 듣거나 말거나 죽일 놈 살릴 놈 하며 악을 쓰고 있었다. 시현이 차례였다. 시현이는 정말 대단했다. 단상에 서서 청중이 조용해지기를 기다렸다. 웅성거리던 좌중이 대강 정리가 되자 예의 그 낭랑한 목소리로 청중을 휘어잡아 나갔다. 정말 흡인력이 대단했다. 애써 고함을 치지 않고도 귀밑머리에 쭈뼛쭈뼛 소름이 끼칠 정도로 우리를 압도했다. 난 하마터면 눈물을 흘릴 뻔도 했다. 단연 제일 큰 트로피를 받았다. 대회가 끝나고 그 식구들과 잠시 앉았다. 원고는 아버지께서 손을 보셨느냐니까 학원 원장에게서 '작품을 얻었다'는 것이었다. 중학교 2학년 때까지만 시키고 안 할 거라며 학교에서는 추천장만 써 달라는 주문도 했다. 난 그런 부모에게 어떤 말도 해 줄 수가 없었다. 속으로만 '두 분이 애를 망칩니다. 이 거짓 앵무새 놀음은 안 해야 됩니다.'만 되뇌었을 뿐. 시현이 재능이 너무나 뛰어난 데서 받은 위압감 때문에도 말을 할 수 없었다. 녀석은 태연히 트로피를 내게 건네며 선생님 덕분이란 인사도 잊지 않았다.

"내가 무슨……."

3학년이 되면서 이상한 소문이 떠돌았다. 시현이가 선생님 대신 답안지를 매기는데 자기 것을 많이 고쳐서 1등을 했다느니, 커닝을 잘한다느니, 우리 학교 대빵(싸움 1등)들한테 빵을 사 주고 다니면서 제가 왕초 짓 한다느니……. 나는 안타까운 마음으로 멀리서 보기만 했다. 그때는 수업도 들어가지 않아 잘 만나지 못했다. 그래도 시현인 능력이 있으니 제 마음만 바로잡으면 되겠지…… 막연한 생각만 했다.

고등학교에 가서도 반장이 되었다고 했다. 그러나 얼마 가지 않아 시현이는 커닝 사건으로 정학을 당했다 하고, 또 얼마 뒤에는 휴학을 했다는 소문이 들렸다. 졸업생들에게 그 말을 들을 때마다 난 잠시 안타까워하다가는 잊어버렸다.

내가 그렇게 귀여워했던 시현이. 그러나 난 시현이에게 죄만 지었다. 부모의 과잉 욕구와 갖가지 명목으로 상을 걸고 돈벌이에만 혈안이 되었던 어른들과 좀 더 적극으로 바로잡아 주지 못했던 나 같은 교사들이 시현이를 겉멋만 들게 하고 거짓에만 능란하게 하고…… 결국에는 한 아이를 망치고 말았다. 얼른 시현이를 만나야 할 텐데, 아직은 고칠 수 있을 텐데……. 또 한 10년 뒤 어느 사이비 정치 집회에 연사로 나서서 사람들을 휘어잡을 건 아닌지. 그 수려한 이목구비와 능란한 말솜씨로 사람들을 현혹할 때, 그때는 죄를 씻을 수 없을 텐데……. 어떤 친구 말로는 아주 멋쟁이가 되어서 빨간색 르망을 몰고 다닌다는데……. 시현아……!

평생 동지 구동관

남자애가 가장 예쁠 땐 중학교 1, 2학년 때일 게다. 동관이는 우리 반에서 출중한 얼굴이었다. 새까만 눈썹, 단정한 콧날, 야무진 입매, 온몸은 총기로 똑똑 소리가 났다. 친구들과도 잘 어울렸고 학급의 궂은일도 도맡아 했다. 내가 동관이를 좋아해도 아이들은 시샘하지 않았다. 칭찬받을 만하다는 투였다.

여름 방학이 끝날 즈음에 장티푸스로 입원했다는 연락이 왔다. 문병을 갔다. 나보다 먼저 온 반 애들이 아픈 놈을 옆에 두고 왁자지껄했다. 개학을 하고 반장 선거를 하는데 입원하고 있는 동관이를 추천했다. 애들이 후보자 연설은 다음 날 하자고 했다. 애들은 병석에 있는 동관이를 찾아가서 연설문을 적어 왔다. 이른바 연설문을 대독해 가며 반장에 출마시킨 것이다. 아이들은 이미 동관이 쪽으로 완전히 기울어져 있었다. 같이 출마한 1학기 때 반장이 좀 안쓰러웠지만 두고 볼 수밖에 없었다. 애들의 '우' 하는 마음이 고조될수록 1학기 반장은 풀이 죽었다. 따로 불러서 격려만 했다. 퇴원을 하고 돌아온 동관이는 핼쑥한 얼굴로 반장을 대영이(1학기 반장)에게 넘기겠다고 했다. 대영이가 자기보다 열심히 잘할 것이다, 자기한테는 동정표가 많이 작용했다, 몸도 좋지 않아 잘 해내지 못할 것이다. 이런 이유를 내세웠다. 중학교 1학년이 그런 이야기를 하다니 난 놀라지 않을 수 없었다. 그 의견을 들은 대영이는 동관이가 훌륭한 친구라며 자기는 반장도 해 보았으니 부반장을 하면서 열심히 돕겠다고 하여 더 큰 박수를 받았다. 참으로 귀엽고 대견스러웠다.

　동관이가 고등학교에 간 뒤 편지가 왔다. 얼마 전 중학 동창 중에 깡패가 된 애한테 붙잡혀 가서 많이 맞았다는 내용이었다. 학급 총무를 맡아 공금을 많이 갖고 있었는데 애들이 돈을 내라고 하자 제 돈과 공금을 내보이며 제 돈은 줄 수 있으나 공금은 안 된다고 했단다. 많은 돈을 본 깡패들은 그 돈마저 내놓으라고 했고, 안 된다고 했고, 그러다가 실컷 맞고 돈은 돈대로 빼앗겼단다. 그날처럼 서럽고 안타까울 때가 없었다 했다. 돈보다도 그 아이들이 불쌍해서 더욱 울었다고 했다. 그리고 녀석은 편지 끝에 "평생 同志 구동관 드림"이라고 썼다. '평생 同志', 난 이 말이 그렇게 믿음직스러울 수가 없었다. 그 뒤 나도 편지를 할 때는 "평생 동지 동관이에게 평생 동지 이상석이가"로 썼다.

대학 입시를 앞둔 날 전화를 했다. P대학 경제학과를 지원했는데 잘될 거라며 합격하고 곧바로 찾아뵙겠다고 했다. 그러나 녀석은 불합격이 되어 찾아왔다. 나보다 머리 하나는 더 있는 큰 키로 반듯이 꿇어앉아, "선생님 뵐 면목이 없습니다. 막상 떨어지고 나니 선생님께 제일 미안합니다. 한 해 더 해 보겠습니다. 너무 걱정하지 마십시오……." 나는 더 큰 믿음으로 평생 동지 동관이의 어깨를 힘껏 싸안았다.

'어머니 그리움'의 김학세

학세(중학교 2학년)는 도통 말이 없었다. 언제나 불만에 차서 화가 난 아이처럼 그 큰 덩치를 썰룩거리고 있었다. 그러다가도 나만 없으면 교실을 쑥버무리로 만들어 버렸다. 책을 잘 갖고 다니지도 않았고(아예 없는 책이 많았다) 시험 점수도 엉망이었다. 입술은 사흘돌이로 터졌고 이마의 혹도 떠날 날이 없었다. 장난을 자기가 먼저 걸어 후닥닥거리다가 꼭 얻어맞기는 제가 더 얻어맞는 모양이었다. 어떨 땐 더럭더럭 울기도 잘했다.

가정 방문을 갔다. 혼자 하숙(말이 하숙이지 자취였다)을 하고 있었다. 부모님은 시내에서 다방을 하기 때문에 학교 옆에서 하숙을 한다고 했다. 부모를 만나려고 여러 번 전화를 해 보았으나 허사였다. 어머니인 듯한 사람은 아버지와 연락이 잘 안 된다며 만나는 걸 꺼리는 눈치였다.

그럭저럭 두어 달이 지난 어버이날. 학교에서 기념 백일장을 열었다. 부모님을 생각하며 제목은 마음대로 정해서 써 보라고 했다. 그때 우리 반은 제법 글쓰기 공부가 되어 있었던 터라 모두들 열심히 썼다. 학세도 글쓰기만은 누구 못지않게 열심이었다. 그날 2시간을 꼬박 끙끙거리고 쓰던 학세는 정작 글을 내라고 하니 내지 않았다. 그렇게 열심히 써서 왜 내지 않느냐니까 그냥 내기 싫다고 했다. 우선 그대로 두었다가 방과 후 불러서 나만이라도 그 글을 볼 수 없느냐고 했더니 그래도 안 된다는 것이었다. 무슨 긴한 사연이 있는 모양이라고 생각하며 두고 보기로 했다. 다음 날 아침 학세는 뜻밖에 원고 뭉치를 불쑥 내밀고는 벌게진 얼굴로 획 돌아서서 건들거리며 제자리로 가 버렸다.

난 그 글을 읽고 얼마나 울었는지 모른다.

어머니 그리움

나에게는 어머님이 계시지 않습니다. 그래서 나는 어머니의 따스한 정은 받지 못하였지만, 어머니의 따스한 정 못지않게 아버지와 큰어머니의 정이 내 곁에 언제나 있습니다. 그러나 아무리 아버지와 큰어머니의 정이 깊다고는 하지만 친어머니 정과 같겠습니까.

하지만 나는 그것을 어릴 땐 깊이 느끼질 못했습니다. 국민학교 다닐 때였습니다. 하루는 아침에는 아주 맑았으나 학교를 마치고 집으로 갈 때에 소나기가 내려서 오도 가도 못 하는 꼴이 되었습니다. 그때에 마침 친구 어머니가 우산을 가지고 오는 것을 보았습니다. 그러자 친구는 "엄마!" 소리를 지르며 우산을 쓰고, 멀리 어머니의 손을 잡고 걸어가는 뒷모습을 보고는 눈물을 흘리며 집으로 걸어가며 여러 가지 생각을 하자니 별의별 생각이 다 들었습니다.

'내게는 왜 어머니가 안 계시는 걸까?' 등 여러 가지 생각을 하며 집에 돌아가 놀다 보니 어머니 생각은 또 까맣게 잊어먹는 것이었습니다.

그러나 세월이 흘러 나이가 들어갈수록 늘 어머니 생각이 가시지 않았습니다. 그래서 나는 큰어머니한테,

"엄마는 어디에 있습니까? 사진은 없습니까?"

하고 물어보았습니다. 내가 끝까지 큰어머니한테는 묻지 않으려 했으나 큰어머님이 나를 보고 "너 엄마 보고 싶지 않느냐? 엄마 얼굴은 기억하느냐?" 하고 물어보기에 나도 모르게 그 소리를 하게 된 것입니다. 그러자 큰어머님은, "너는, 너가 네 엄마를 쫓아냈어." 하는 것이었습니다.

나는 이 소리를 들었을 때 내가 그토록 보고 싶어 한 어머니를 쫓

아내었다니 정말 믿기지 않는, 아니 충격적이었다고 하는 것이 옳을 것입니다. 그러나 큰어머니의 이야기를 듣고 보니 거짓이 아니었다는 것을 알게 되었습니다.

그러니까 내가 세 살 되던 해랍니다. 하루는 아버지와 어머니가 싸우시는데 내가 가위를 아버지한테 갖다 주며 엄마보고는 "나가, 나가……." 하고 울어 버렸다고 합니다. 그 어린 세 살짜리가 그처럼 듣기 괴로운 소리를 했다고 합니다. 본시 나의 어머니는 마음이 아주 좋으시고 일도 잘하셨으며 부지런하셨기 때문에 나를 아주 쉽게 낳으셨다고 합니다. 그리고 나를 배셨을 때에도 그 높은 산에서 물을 길어 나르셨다고 합니다. 그리고 사진으로 보았지만 나의 어머니는 아주 어여쁘신 분이었습니다. 이러한 어머니를 세 살짜리 어린 자식이,

"나가, 나가……."

하고 외쳐 댄 것이 바로 이 글을 쓰고 있는 저 자신이랍니다. 그래서 어머니는 그길로 집을 나가셨다고 합니다. 그리고 그때부터 나는 큰어머님 밑에서 자랐다고 합니다.

그리고 이건 창피한 이야기이지만 내가 국민학교 6학년 때까지 오줌을 쌌습니다. 오줌을 싸는 것은 병이라고 합니다. 그러면 지금부터 이야기를 하자면, 내가 5학년 말인가 6학년 때 큰어머니가 "학세가 오줌을 싸서 큰일이다." 하고 말한 것이 아버지와 시비가 붙어 싸움을 하여, 나는 큰어머니 집에서 떠나긴 싫었지만 떠나지 않으면 안 되게 되었습니다.

그래서 나는 그길로 가기 싫은 것을 끌려가다시피 하여 아버지의 집으로 가게 되었습니다. 그리고 그 집에는 새어머니가 있었는데 그 어머니를 내가 "어머니"라고 부르고 싶은 마음이 '눈곱'만큼도 없는 것이었습니다. 그렇다고 나를 구박하거나 천대한 일은 없습니다. 그리고 가끔가다 아버지하고 뜻이 맞지 않아 싸움을 하고는, 그 다음 날은 나는 밥을 사 먹지 않으면 안 되게 되었습니다. 그때부터 나는 군것질에 마음을 쓰게 되었습니다.

어머니가 해 주시는 밥 한 끼 제대로 먹어 보지 못하고 자란 나였습니다. 하지만 아버지가 하시는 말을 마음속 깊이 생각하고 되새기고 있습니다. 아버지가 하시는 말이란, "항상 솔직 담백하고 정직하게 살아라." "남의 것은 주인이 허락하기 전에는 절대 손대지 마라." 마지막으로, "기죽지 마라." 하는 말씀입니다. 그래서 나는 외로운 일, 괴로운 일 등이 생기면 웃어넘기려 하지만 그 일이 잘 안 되지요. 하지만 보통은 웃음으로 참아 넘기고 항상 웃고 살기 위해 까불고 촐랑거리는 것이랍니다.

하지만 중학교에 들어와서는 왠지 어머니의 얼굴과 따스한 손길을 받고 싶습니다. 그러던 중 아버지와 새어머니는 큰 싸움으로 인하여 새어머니와 아버지는 서로 헤어지게 되어, 나는 하숙을 하게 되었습니다.

그 뒤로는 집에 돌아가면 왠지 우울한 마음이 들고, 하숙집 아이들이 재롱을 부리고, 아주머니가 웃을 때면 나는 어머니의 생각으로 혼자 늘 눈물짓는 일이 한두 번이 아니었습니다. 어머니의 왼

쪽 가슴에 지금껏 카네이션 한 송이 못 꽂아 드린 생각을 하니, 어버이날 더욱더 어머니의 생각에 외로움을 금치 못하고 혼자 울음을 터뜨렸습니다.

그러나 나는 나 자신을 달래며 '이 다음에 네가 크면 어머니를 찾게 될지 모르는 일이란다. 학세야, 울지 마라 울지 마.' 하고 이를 악물었습니다.

그러나 나는 아직 부모님, 아니 가까이 계시는 큰어머니와 큰아버지한테도 한 번도 기쁘고 즐겁게 해 드리지 못한 '나'였습니다. 하지만 앞으로는 꼭 한 번이라도 기쁘게 해 드릴 것입니다. 어머니한테는 따스한 말 한마디 들어 보지 못하고 꾸중 한번 들어 보지 못한 나였지만 큰어머니 큰아버지는 항상 "학세야, 너는 너의 아버지처럼 되지 마라." 하시며 늘 타일러 주시고 꾸중해 주십니다. 큰아버지 큰어머니한테는 어머니한테 못다 드린 기쁨을 한 번이라도 드리고 싶습니다.

그리고 나는 어머니를 찾아 어머니에게 여태껏 다 못 해 온 효도를 해야겠습니다.

오늘도 어머니를 그리워하는 마음은 간절합니다.

비가 오면 오실까?
우산 옆에 끼시고
나를 데리러 오시런가
기다리며

저쪽 안개 사이로
보일까 말까 하는
저 고개를
바라봐도
어머니는 오시지 않네
오시지 않는 어머니를
그리워하며
비를 맞으며 집으로 돌아왔네

밤잠 안 자고 기다리면 오실까?
얼굴에 웃음 가득 안고
내가 기다리는 것을
아시는가 생각하며
저 멀리 골목길 사이로
보일까 말까 하는
저 찻길을
건너오시려는가
생각해도
어머니는 오시지 않네

오시지 않는 어머니를
그리워하며

저녁 이슬을 맞으며 집으로 돌아왔네
내가 어디 간 사이
다녀가시지 않을까?
내가 없는 것을 보고
슬픈 얼굴로 그 자리에
어머니의 냄새를 남기고
떠나가시진 않았나
만약 그렇게 하셨다면
나도 어머니를 그리워하며
참다 참다못해
슬픈 얼굴을 짓고 마음 달래러
나갔다고
누구라도 알려 줬으면……
어머니는 슬픈 얼굴로
떠나가시지 않았을걸.

이튿날 학세를 불러 놓고 진정으로 칭찬했다. 도대체 자기를 팽개친 부모를 털끝만큼도 원망하지 않는 그 마음이 너무나 훌륭했다. 대견스럽고 안쓰러웠다.

"학세야, 이 글은 공개를 하자. 너같이 이런 너른 마음으로 부모님을 이해하는 아이는 처음 봤다. 너는 부끄러울지 모르나 이건 부끄러운 것이 아니다. 우리 친구들도 네 마음 좀 본받아야

한다. 학세야······."

순순히 승낙해 주었다. 난 그걸 미술 선생님께 부탁해 교무실 앞 복도 게시판에 삽화와 함께 크게 써 붙였다. 아이들은 쉬는 시간마다 빽빽이 서서 읽어 주었다. 많이 울기도 했다.

학세는 서서히 나와 얘기도 잘하게 되었고 글쓰기 공책에 시와 산문을 열심히 쓰기도 했다. 특별한 날에는 우리 집에 데려다가 밥도 같이 먹고 우리 식구들과도 친해졌다. 아버지를 생각하며 쓴 시에는 이런 것도 있었다.

아버지의 주름살이 늘어갈 때면

아버지의 얼굴에 살이 없어진 지 오래다.
나 하나 잘되는 거 보기 위해
50대에 접어들어 가시면서도
기름옷 입으시고
도방일 하시는 아버지.

이리 뛰고 저리 뛰고 높은 뱃전을
오르내리시는 아버지.
흔들리는 배 속에서 주무시며
배멀미도 하셨겠지.
이젠 아버지의 손엔 장갑이

벗겨질 날이 없다.

어젠 아버지를 보았으나
얼굴을 들어 바라보지 못하겠다.
주름살은 하나 둘 늘어만 가고
나이는 들어 힘을 못 쓰시는 아버지.

눈치 없는 아들 덕에
친척 집에선 욕만 들으시는 아버지
그래도 아버진
전부 애비 탓이지 하고 돌려버리신다.

아버지의 등뼈는 점점 휘어져 가고
생활은 자꾸 빚에 쪼들리는데
용기를 잃지 않으시는 아버질 볼 땐
내가 어떻게 잊어버릴까
생각도 많이 했다.

아버지의 주름살은 늘어만 가고
세월은 멈춰지지 않는데
이대로 세월이 흐른다면
결코 아버진 오래 못 사실 분이다.

50대에 접어드신 아버지는
힘을 못 쓰시는데 뱃전에 올라가다
실수라도 하시면 큰일이다.

어떻게 할까, 가버린 세월
발로 콱 차버려도 저렇게 가진 못할진대
손 하나 까딱 않고
벌써 15년이란 긴 머리를 달린
세월을 어떻게 할까.

아버지의 주름살은 늘어만 가고
이젠 생길 자리도 없을 정도로
늘어버린 아버지 주름살은
내 생각, 살 걱정에
주름살은 펴지지 않는다.

학세는 중학교를 졸업한 뒤 고등학교 진학을 포기하고 취직을 하기로 했다. 그즈음에 아버지는 거의 폐인에 가깝고 어머니도 계시지 않아 당장 숙식이 어려웠다. 수소문 끝에 어느 친구가 경영하는 책방 점원으로 취직을 시켰다. 그 친구도 중학교만 나와 자수성가한 존경스런 친구였다. 사정을 잘 알겠다며 잘 키워 보겠노라고 약속도 했다. 책방에서 먹고 자며 월급도 꽤 받았다.

이젠 되었구나 싶었다. 틈틈이 책을 읽어라. 그 책방은 대학생들이 주로 드나드는 좋은 책방이니 형, 누나들한테도 배울 게 많을 것이다.

몇 달을 열심히 일을 잘한다기에 안심했다. 그러고는 서로 뜸해져 갔다. 그러다가 한번은 친구에게서 전화가 왔다. 학세가 돈을 손에 쥐더니 자주 어디론가 나다니며 돈을 다 써 버리는 것 같다고 했다. 그렇다고 월급을 억지로 저축을 시키거나 할 수도 없지 않느냔 것이다. 괜찮을 것이라고 일축해 버렸다. 그런 글을 쓸 애 같으면 심지가 굳을 것이라고 믿었다. 당장에 돈을 보니 돈에 포원 진 마음이 발동한 거지…… 곧 괜찮아지리라. 그리고 또 잊고 몇 달이 지났다. 이번엔 아예 학세가 책방을 그만두고 어디론가 가 버렸다는 연락이 왔다.

그때서야 나는 '아뿔싸' 했다. 소식 닿을 곳도 없는 학세였다. 간혹 동기들로부터 시내 어느 다방에 죽치고 앉았다느니 대천으로 갔다느니 하는 소리만 안타깝게 들려왔다.

제자도 품에 있을 때 제자던가. 떠나고 나면 그만 손길에서 벗어나 버리고 더구나 나도 떠나보낸 뒤에는 너무 무심하지 않았던가. 끝까지 감당 못 할 아이들을 난 왜 평생 보살필 것처럼 설쳤던가.

결국 학세에게도 나는 죄인이 되고 말았다. 그러나 난 학세가 언젠가 반드시 돌아오리라고 믿고 있다.

잊히지 않는 아이들 | 157

나를 일깨워 준 아이들

"교사가 편애를 해서는 안 된다."

옳은 말이다. 아이들이 가장 싫어하는 것이 돈을 밝히는 것과 편애하는 일이다. 교사가 되고 7~8년이 지나고부터는 한 학생을 미워해 본 기억이 없다. 특히 여고생들은 모두가 소담스런 열매를 거둘 단아한 꽃처럼 아름답다. 봄이 무르익어 교정과 동산에 신록의 잔치가 어우러질 때도 그보다 아름다운 것이 우리 아이들이다.

그러나 고백하건대 유독 사랑스러운 아이가 있게 마련이다. 수업 시간에 앙다문 입매로 눈빛 한번 흐트러짐 없이 열중하는 모습을 볼 때, 나를 통하여 의식이 성장해 가는 것을 볼 때, 친구를 위해서 희생하는 행동을 볼 때 그 아이에게 눈길이 자주 가고 사랑이 더욱 절실해짐을 어쩔 수 없다. 이것이 편애라면 난 편애를 하지 않을 수 없겠다. 모두를 덤덤하게 보아 넘기면 편애는 없다. 그러나 그것이 사랑은 아니듯이 편애는 사랑 두고는 못 벗을 굴레란 생각도 든다.

더욱이 생활에 부대껴 사명감이나 의지가 타성에 젖어 갈 때 문득 나를 깨우치는 편지를 주는 아이는 내 스승과도 같다. 그것은 정수리에 쏟아붓는 찬 샘물이다. 사랑의 나눔이기도 하다.

나는 다섯, 여섯밖에 준 것이 없는데 받은 아이가 아홉, 열로 승화시켜 올곧게 커 갈 때 내 부족과 게으름을 반성하지 않을 수 없다.

교사는 이러한 사랑의 힘으로 좀 더 나은 교육을 할 수 있게 되는가 보다. 나에게 스승이 되어 준 여러 아이들 얘기 가운데 다음의 글들은 나누어 읽고 싶어서 몇 편 소개한다.

아이들이 보낸 편지 1

존경하는 이 선생님께.

어느덧 쌀쌀한 찬 기운 속에 하나씩 둘씩 옷을 껴입어 가면서 부끄러운 제 맘 역시 감추어 가기 그지없는 계절입니다.

늘 저희들 곁에서 올바른 교육자로서 참된 교육의 의미를 전해 주시려고 지금 이 시간에도 남모를 괴로움 속에서 계실 선생님을 생각하며 이 글을 올립니다.

선생님, 저는 얼마 전까지만 해도 일류 대학에 가서 좋은 직장이

나 다니다가 시집만 잘 가는 것이 여자로서의 가장 행복한 삶이라고 여겼습니다. 그러나 제가 이 학교에 입학한 후 일주일에 두 번씩 저희들 교실에 들어오셔서 열변을 토하시며 사람의 애환과 사랑을 전해 주시는 국어 선생님, 그분으로 인해 제 마음이 성숙해 갔고 그분의 말씀 한마디 한마디가 제 귓가에 쟁쟁하게 울릴 때마다 뜨거운 감동들이 차곡차곡 쌓여 가 제 삶의 밑거름이 되어 왔습니다. 아직까지 세상을 보는 시야가 좁기만 한 제 소견이 부끄럽기만 한 지금이지만, 이렇게 고민하여 감이 좀 더 제가 어떻게 살 것인가를 결정짓기 위한 진실된 괴로움이고 싶습니다.

다른 모든 이들이 자신의 편안함과 안락 속에서 그 행복감에 조금씩 젖어 갈 때 남다른 외로운 곳에서 겪어야만 했던 시련들. 그 속에서 선생님 앞에 제 작은 마음이 설 땐 너무도 초라하고 보잘것없는 존재임을 느낀답니다. 선생님께서는 제자가 선생님께 좀 부끄러울 수도 있다고 하셨지만, 어쩐 일인지 그 조금의 부끄러움조차 선생님께 보이기가 싫습니다.

그 큰 목소리로 저희들의 눈길 하나하나도 놓치지 않으시며 수업하신 뒤 윗옷을 챙겨 입고 되돌아 나가시는 선생님을 볼 때마다 '지금쯤 얼마나 목이 깔깔하실까, 피곤하실 텐데.' 이런 생각을 하며 그런 모습을 감추는 듯한 선생님의 얼굴에 드리워진 그림자가 제 마음을 더욱 아프게만 합니다. 선생님의 말씀이라면 무엇이든 좋은 제자로서 다하고 싶습니다. 간혹 선생님의 뜻을 모르는 이들을 볼 때면 안타깝기만 하고, 선생님께 작은 어깨가 조금이라도 힘이 되어 드리고 싶습니다.

그래서 전 결정했습니다. 교사가 되어 제 욕심이지만 다시 이 학교에 와서 선생님께 배워 가며 제가 선생님께 받았던 모든 것들을 아이들에게 심어 주며 바른 교육을 하겠다고. 제가 이런 길을 결정하는 데는 너무도 선생님의 영향이 컸습니다. 전 선생님의 헛기침 소리 하나까지라도 놓치지 않고 제 삶의 도움으로 삼아 왔습니다. 그러나 이젠 선생님의 말씀 전부로써만 제 삶이 좌우될 수 없음을 느꼈고 자신의 확고한 주체적인 가치관을 지니고서 선생님의 말씀을 받아 가고 싶습니다.

혹시 이러한 저희들의 삶이 그릇된 방향으로 갈 땐 옆에서 질책해 주시고 나무라서서 바른길로 가도록 도와주셔야 합니다.

선생님이란 존재는 학생들의 삶에 있어서 너무도 큰 영향을 미치고 있는 것임을 느낀답니다. 그러나 이 영향이 전부이기보다는 학생 스스로가 주체성 있는 가치관을 가질 수 있도록 도와주실 때 참된 교육인 것 같습니다. 마냥 선생님의 말씀에만 의지하면서 살아가다가 진정 스스로 나서야 할 곳에서 나약해져 가는 모습은 싫습니다.

선생님의 말씀은 정말로 제자들이 스스로 서야 할 그 자리에서 나약해져 갈 때 그 나약해져 감을 붙들어 주시고 힘이 되어 주는 그 무엇이어야 한다고 생각합니다.

이제부터의 선생님은 이런 무거운 짐을 지신 것입니다. 어쩌면 그 짐은 선생님이란 굴레 속에 들어 있는 행복한 짐일지도 모릅니다.

선생님의 말씀 역시 제게 크나큰 영향을 미쳤기에 제 자신이 교사가 되려는 마음을 굳히기까지는 많은 생각을 해야 했습니다. 그러면서 선생님을 확실히 믿을 수 있었고, 그 믿음이 더 큰 저의 성숙과 자신감을 가져왔기에 전 선택할 수 있었습니다.

정말 사제지간이란 삶의 선후배로서 서로서로 배우며 도와 가는 가장 아름다운 관계인 것 같습니다. 그리고 가장 숭고한 사랑이 깃든…….

선생님, 이만큼 제 자신이 성숙되고 제 삶의 방향을 선택하는 데 많은 도움을 주신 은혜 영원히 잊을 수 없습니다. 잊는다는 말조차 엄두도 내지 못합니다. 언젠가 제가 원하는 교사가 되어 떳떳하게 이 교정을 다시 찾았을 땐 설사 꼭 여기가 아닌 이 땅의 어느 곳에서라도 선생님과 더불어 교육자의 길을 걷는 입장에서 아이들에게 삶을 이어 주며 배우는 동반자로서 제 인생을 개척해 가고 싶습니다.

비록 저의 작은 소망이지만 어린 제 눈에 비쳤던 사회의 모순과 추함들도 제가 교육자가 되었을 때 맘 놓고 이야기하고, 바르게 전해 주고 싶습니다.

끝으로 "무엇인가를 이루려는 사람은 결코 쓰러지지 않는다."는 말을 기억해 주시기 바랍니다. 특히 그것이 진실된 것일 땐 언젠가 꼭 이룰 수 있다는 것을 확신합니다. 지금 선생님의 고난이 그렇듯이…….

그럼, 이만 줄이겠습니다. 제 이름은 선생님을 존경하기에 밝히지 않겠습니다. 다른 아무런 이유는 없습니다.

1986. 11. 19
선생님의 제자 드림

아이들이 보낸 편지 2

이 선생님께.

선생님께 몇 번이고 썼다가 보내지 못한 편지가 책상 속에 가득합니다. 왜냐하면 선생님께 조금이나마 죄송스러운 마음이 있었기 때문입니다.

선생님, 저의 집이 바로 서면에 있기에 매일 너무나도 뜨거운 광경을 목격합니다. 오늘 밤에도 역시 비가 억수같이 쏟아짐에도 불구하고 데모는 계속되었습니다. 놀라운 것은 밤 12시가 넘은 이 시각에도 아직 밖에는 최루탄 터지는 소리와 학생들이 외치는 구호 소리가 끝나지 않고 있습니다.

선생님. 왜 정치인들의 잘못 때문에, 그들의 사리사욕으로 인해 힘없고 죄 없는 학생들이 저런 고통을 당해야만 합니까. 일은 위에서 저질러 놓고 왜 학생들이 피를 흘리고 있습니까.

전 오늘 사복 경찰들에게 무참히 폭행당하는 대학생들을 직접 목격하면서 공포에 떨었습니다. 지금도 밖에서 간간이 들려오는 연발탄 소리에 아까 그 장면이 떠올라 마음을 가눌 수가 없습니다.

저는 다만 저 냉철한 이성을 가진 대학생들이 무장한 경찰들과 그

무시무시한 백골단의 폭력에도, 마구 쏘아 대는 연발탄의 연기에도 밤낮을 가리지 않고 외쳐 대는 저들의 구호가 정말 헛되지 않도록 진심으로 기도할 뿐입니다. 이 땅이 지금 우리가 살고 있는 땅인지도 믿기지 않습니다.

선생님. 전 하루에도 몇 번씩 숨이 꽉 막힐 때가 있습니다. "외부 상황은 너희들이 지금 알 필요가 없어. 공부나 열심히 해."라는 말로 저희를 설득시키려는 선생님들이 계시기 때문입니다. 저희들에게 개인만을 생각하게 하는 이기적인 사고를 심어 주시는 말이 아니고 무엇입니까. 그나마 "지금 나라가 이러이러하니 너희들이 해야 할 일은 이런 것이 아니겠니." 하고 조금이라도 설득력 있게 말씀해 주신다면 수긍이라도 하겠습니다.

하지만 배움터인 이 학교가 진실을 외면하려고만 하고 정의를 가르치려 하지 않고 도리어 선생님 같은 분의 입을 막으려고 애를 쓰는 것을 보니 이 나라의 현실 상황이 바로 이 조그마한 우리 학교 안에 그대로 축소되어 있는 듯한 느낌입니다.

깨어 있기를 우리에게 바라는 선생님은 한 분이시고, 공부 이외엔 아무것도 하지 못하게 우리를 꽁꽁 묶는 방법만을 연구하시는 분이 대부분의 선생님들이시니, 자연히 깨어 있고 싶어 하는 학생들은 모든 선생님의 눈총을 받아야만 하고 역시 깨어 있기를 가르치시는 그 선생님도 옳지 못한 일을 하는 사람 취급을 당해야만 하니 그 시선을 받아 내기도 힘들 뿐더러 학교 내의 학생들 사이에는 옳은 것, 옳지 못한 것을 판단하는 분별력도 사라지려고 합니다.

저의 담임 선생님께선 무조건 저에게 맑고, 밝고, 아름다운 것만을 생각하는 긍정적 사고를 키우라고 합니다. 과연 그것이 올바른 긍정적 사고의 전부일까요. 그리고 그런 생각 이외에는 모두 부정적인 생각밖에 없습니까? 선생님께선 모든 것을 포용할 줄 알고 받아들이고 순종하는 것도 중요하지만 무엇이 옳고 그른지 비판하고 판단할 줄 아는 것은 더욱 중요하다고 말씀하셨습니다. 그런데 담임 선생님께선 한쪽 면만 보기를 강요하십니다. 지금은 시기가 아니다, 한마디로 능력도 없으면서 그런 쪽의 생각은 네가 충분히 큰 다음에 하라는 말씀이셨습니다. 조금은 긍정이 되었습니다. 지금은 공부나 하고 말입니다. 또한 솔직히 우리 선생님 눈 밖에 나기 싫었습니다. 왜냐하면 선생님을 존경하고 따르는 아이들은 모두 우리 선생님 눈 밖에 난 아이들이기 때문입니다.

선생님, 왜 이렇게 저희들은 선생님들 사이에서 갈등 아닌 갈등을 겪어야만 합니까. 하지만 지금까지 옳지 못한 일에 눈치를 본 제가 한심스럽게 느껴지기도 했습니다. 능력이 없다고 해서 이런 때에도 두 눈 가려진 말이 되고 싶진 않습니다. 이제 저의 선생님의 전근대적이고 보수적인 생각과 공부 지상 제일주의에 진절머리가 납니다. 최루탄 소리에 귀를 막을 수 없는 이 현실 속에서도 끝까지 막아야 한다고 말하실 분입니다.

선생님께 드리는 편지는 죄송합니다. 저의 선생님께 못 할 짓 한 것 같아 죄송하지만 어쩔 수 없었습니다.

선생님.

진실을 배우는 학생들이기 때문에 뜨거운 피 하나만으로 마스크 하나에 의지한 채 이 밤을 가스 연기 속에서 지새우고 있을 언니 오빠들을 생각하니 지금 방 안에 편안히 앉아 있어야만 하는 제가 밉고 또 정치하는 그들이 원망스러울 뿐입니다. 그들이 조금이나마 서로의 마음을 비우고 노력한다면 이런 비극이 일어나지 않아도 될 텐데. 지금 이 시간 밖에서, 아무도 보지 않는 이 어둠 속에서 어떤 비리와 악랄한 행위가 그들에게 벌어지고 있을지.

선생님. 이 어둠이 빨리 지나가고 어서 새벽이 왔으면 좋겠습니다. 제발 언니 오빠들의 그 뜨거운 염원과 함성이 하늘에 닿기를 바라겠습니다.

선생님도 힘을 내십시오.

1987. 6. 20.

선생님을 존경하는 못난 제자 최계원 올립니다.

아이들이 보낸 편지 3

너무 많이 주려다가
빼앗아버린 남의 것

너무 고이 지키려다가
오히려 빼앗겨버린 나의 것

오늘은 유난히
그런 것들이 생각난다

가장 절실한 이 시대의 아픔을 어렴풋이 느끼다가 맞이한
올해는
가장 만족할 줄 알았던
잠시 전의 내 착각 속에서 깨어나
비로소 가린 옷을 벗는다
구구단을 남보다 먼저 외웠다고
설쳐 댄
산봉우리를 남보다 먼저 보았다고
소리친
나의 옷을 벗는다

뭇 아이들도
잠시 후 심심풀이 삼아 다 외워버렸고
어느새 나보다 더 자란 키로
그 뒤에 더 높은 봉우리가 있다고
소리치지 않는가

소리쳐야 할 때 침묵했고
침묵해야 할 때 오히려 소리친
내 교만
그것을 순간순간 느끼면서도
자꾸만 딴 곳으로 걸어간
발자국들이 부끄러워
피해버리거나 윽박지르기엔
이젠 너무 끝에 와버렸다

그러나 불안한 끝에서
또 하나의 시작으로 이어지는 날
내 또다시 바라는 것 있다면
사람을 사랑하는 것
가장 태초의 사람을 깊이 사랑하는 것이다

가장 진실된 것과

가장 허망한 것이
극과 극에 매달려 이루는
저울대 같은 현실의
점점 중심으로 다가가
기쁨의 입맞춤을 하는 길은
오직 너와 내가 깨끗이 벗은
태초의 사람으로 돌아가
서로 사랑해야 함이 아닌가

잠시 후 새날이 밝기 전에
깊어지는 밤을 슬퍼하다
미처 놓친 새벽의 가까움을 깨닫고
이제는 일어서런다

내 사랑하는 이들을 향해

하나의 극이 되어 쉴 새 없이 달리고 계신 선생님께 부끄러운 시를 바칩니다.
사랑이란 것이, 정의라고 하는 것이 길거리 돌멩이처럼 쫙 널려 있는 줄만 알았을 때, 아니 사랑이라든가 정의라는 것을 거의 의식조차 하지 못하고 있을 때 저희들 모두는 커다란 충격으로 선생님을 만났습니다. 그것도 매우 근엄하신 분이 아닌 장난꾸러기,

그리고 정도 많고 감동도 쉽게 하셔서 눈물도 많으신 우리의 아빠, 오빠, 그리고 남자 친구, 애인, 선생님.

저는, 아직도 작년 수업 도중 느닷없는 호출로 교실 문을 나서야 했던 선생님의 뒷모습이 생생합니다. 갑자기 주위의 아무런 소리도 들리지 않았고, 잠시 후 아이들이 하나둘씩 울기 시작했을 때야 그것이 현실이구나 깨달았죠. 우여곡절 끝에 선생님은 저희 곁에 그대로 계시게 되었지만 그때부터 선생님의 존재는 우리에게서 비눗방울과도 같았습니다. 무슨 일만 났다 하면 선생님을 살펴야 했어요. 행여나 터져 버릴까……

선생님. 옆에서 엄청나게 듣고 보고 했으면서도 늘 딴 길에서 서성거렸던 저의 한 해가, 가장 솔직히 '이상석 선생님' 앞에서 제일로 부끄럽습니다.

선생님의 가정에 축복이 있기를 기원하고, 또 그냥 한 해를 넘김이 아닌 미래를 위한 값진 축적이었다고 믿으며 새로운 한 해를 맞으렵니다. 건강하십시오.

고한결 드림

3부

교단,
그 아픔의
자리

동상이몽

 1985학년도, 나는 ㄷ중학교에 4년째 근무하고 있었다. 사립 중학교가 다 그렇듯이 거의 모든 분이 연로하셔서 나는 귀염을 받으며 생활하고 있었다. 특히 우리 부(部) 주임 선생님은 환갑을 넘긴 분으로 아버지 연배였고 나를 아들처럼 아껴 주셨다. 날마다 술자리에 어울렸다. 때로 옛날 얘기 들으며 공감하기도 했으나 대체로 건성으로 그분 말씀에 박자만 맞추고 있어도 술자리가 불편하지 않았다. 처음부터 교육 문제를 두고 얘기 나눌 기대도 하지 않았고, 무엇을 함께할 엄두는 아예 내지 않았기 때문이다.

 그때 나는 혼자서 우리 아이들과 온갖 일을 했는데 누구 한 분 그것에 제동을 거는 일은 없었다. 오히려 격려해 주셨다. 학교가 소란하도록 연극을 한다, 온 교실 벽에 시화를 걸어 두고 잔치를 한다, 방과 후에는 북을 치며 노래한다, 늘 정부 홍보물 일색이던 복도 게시판을 학생들 작품으로 도배한다, 아이들 데리고 바닷가에 놀러 간다 해도 아무 탈이 없었다. 오히려 젊은 교사의 설치는 모습을 기특하게 보아주었다. 교감 선생님이 가끔 걱정하는 것 말고는 아무 간섭이 없는 곳이었다.

그러던 중에 우리 반의 학급 문집 내용이 문제가 된다 하여 교육청에서 조사를 받게 되었는데, 나를 아끼던 주임 선생님들이 징계는 절대 안 된다는 탄원까지 하셨다. 그러나 나는 감봉 처분을 받아야 했고 징계를 받은 교사이기에 학교를 옮기게 되었다. 우리 반 아이들을 졸업시키고 새 학기에 새 학교로 옮기는 일은 나에게 새로운 희망이요 기쁨이었다. 사실은 ㄷ중학교가 우리 재단 다섯 학교 가운데 환경이 가장 안 좋았다. 운동장도 없는 학교는 도로에 바로 붙어 있어 창문을 열고 수업하는 게 어려울 정도였다. 언제나 목소리는 고함에 가까워야 했다. 게다가 남학생과 한 7년 생활하고 나니(ㄷ중학교 이전에 ㄷ공고 야간에서 3년 있었다) 여학생을 가르쳐 보고 싶기도 했다. 내가 전근하게 된 학교는 뜻밖에도 환경이 가장 좋다는 ㅅ여고였다.

더구나 그 학교에는 젊은 교사가 많고 ㄷ중학교 때부터 나와 죽이 맞아 늘 함께 지내던 신 선생이 한 해 먼저 그 학교로 가 있었기에 날 듯이 기뻤다. 이제 그 신 선생과 젊은 동료들과 함께 여태껏 못 한 일을 멋지게 꾸려 보리라. 한마디만 하면 쏙쏙 물 빨아들이듯 말 잘 듣는 여고생과 함께 무슨 일이든 못 하리. 신 선생도 기뻐하며 이미 젊은 교사들에게 내 얘기를 많이 해 두었다고 했다. 내가 처음으로 글을 발표한 〈현장교육〉이란 잡지도 많은 선생님들이 사 보았다고 했다.

그때 나는 부산YMCA교육자협의회 회장 일을 하고 있었는데 늘 회원 늘이기에 안달하고 있었다. '이제 ㅅ여고 가면 그곳 선생님들 다 끌어들여야지. 아! 학교 안에서 소모임을 하고, 그것을 바탕으로 아이들을 가르치고……. 날짜 잡아 모일 필요도 없이 점심시간이나 방과 후가 되면 바로 토론장이 되겠지. 노교사들이 고맙기는 했지만 사실 지겨운 면도 있었어…….'

ㅅ여고는 그야말로 낙원이었다. 도심지에 이런 학교가 있을 수 있나 싶을 정도로 울창한 숲을 이룬 산이 뒤에 있었고, 운동장 둘레에는 아름드리 미루나무와 목련꽃, 장미, 수국, 망초꽃, 개나리가 철 따라 올망졸망 피고, 긴 의자가 놓인 등나무 그늘, 야외 수업하기 안성맞춤인 잔디밭, 플라타너스 우거진 오솔길, 벚꽃이 만발하여 꿈속 같은 동산……. 수업하다 바깥을 보면 다람쥐가 뽈뽈거리며 다니고, 아침이면 미루나무에 둥지를 튼 까치가 날아와 울고, 바람이 부는 날이면 솔잎 사이로 푸른 하늘이 돋보이는 학교.

교사들은 호기심이 가득 찬 눈빛으로 나를 맞았다. '어느 놈이 의식화 교육하다가 징계를 먹은 놈이냐? 말깨나 하는 놈이겠지. 젊다고 하니 우리와 어울리면 재미나겠는데…….' 나는 그런 교사들에게 이렇게 인사를 했다.

"올해로 제 나이 서른다섯입니다. 가장 왕성하게 일할 나이고 삶의 전기를 이루어 낼 가장 중요한 시기라 생각합니다. 이때야말로 자기 삶에 온전한 책임을 지고 무엇인가를 이루어 쌓아 나가야 할 때이기 때문입니다. 이런 나이에 이 학교에서 여러분과 함께 일하게 되어 너무나 기쁩니다. 제 모든 정열을 바쳐 일하겠습니다. 잘 부탁합니다."

아, 그러나 우리는 전혀 다른 방향으로 '일'을 생각하고 있었으니……. 나는 입시 경쟁 교육을 어떻게 극복할까 하는 것이 '일'이었고 딴 분들은 어떻게 한 명이라도 더 대학에 입학시킬까 하는 것이 가장 큰 '일'이었으니……. 교사들은 박수를 치며 첫 인사치고 패기가 넘친다는 듯이 나를 맞아 주었다.

아직 볕이 포근히 느껴지는 교실에서 아이들을 보고 섰노라면 가슴이 봄바람으로 부풀어 오른다. 남자 중학교에서는 수업하다 "애들아, 내 말 좀 들어 봐라." 소리를 몇 번이나 해야 했고 바깥의 차 소리, 기계 소리, 심지어 "아저씨, 짜장면 왔심다." 하는 배달 소리까지 겹쳐 교실이 그만 웃음으로 무너져 내리곤 했는데, 여기서는 아무리 창을 열고 있어도 들리느니 새소리뿐이다. 아이들은 내가 무슨 얘기를 할까 뚫어지게 쳐다보고 앉았으니 이 짜릿한 행복을 어디에다 비길까.

게다가 애들은 고등학생들이다. 중학생하고는 다르겠지. 내가 무슨 얘기를 해도 다 알아들을 거야. 첫 단원 시를 가르치면서부터 나와 아이들은 이상화의 '빼앗긴 들에도 봄은 오는가'에 취해

가고 있었다. 눈매가 서글서글한 아이가 망연히 나를 쳐다보고 있다가 내 눈길이 닿으면 생긋 웃으며 눈을 내리까는 모습을 보는 것도 행복했다. 수업 시간이 어떻게 갔는지도 모르게 지나가고 아이들이 국어 시간을 기다리다 내가 교실에 들어서면 환호를 할 즈음부터 내 교무실 책상에는 편지가 놓이거나 꽃병에 꽃이 피어나기 시작했다(물론 다른 선생님들 책상에도 꽃이며 편지가 많이 놓였다). 읽어 보고 답이 필요한 학생에게는 답을 했다.

그러나 이때부터 나는 동료들 눈에 나고 있었다. 나만 그 사실을 모르고 있었다. 아이들에게 지나치게 친절하다, 웃고 박수 치는 소리 때문에 옆 반에서 수업하기가 어렵다, 수업하는 소리가 하도 커서 옆 교실 아이들은 수학 시간에도 국어 공부했다 한다, 아이들이 선생님한테 함부로 대한다, 국어 시간에 버릇을 그렇게 들인다, 이 선생 반 아이들이 너무 건방지다, 담임이 애들 간을 키운다……. 이런 얘기들이 한 다리 건너 내 귀에 들리기 시작했다.

두 달 가까이 지난 어느 날, 시험을 쳤다. 채점이 끝나기가 무섭게 선생님들은 계산을 했다. 나는 아직 학생들 개별 총점도 내지 않았는데 벌써 학급 평균을 내서 들고 온다.

"이 선생 반은 몇 점이요? 첫 시험 보면 올해 재수를 알지. 올해도 내리 꼴찌 하면 큰일인데……."

"아직 시간이 많이 있는데 벌써부터 왜 이러십니까. 난 천천히 하지요."

그래도 성화는 끊이지 않는다. 수업을 하고 오니 어느 선생님이 우리 반 평균을 이미 계산해 두었다. 기다려서 비교해 보려니 안 되겠던 모양이다. 이때부터는 내가 비꼿거리기 시작했다. '높아 봐야 평균 1, 2점 정도밖에 안 되는 걸 가지고 왜들 이럴까. 학급끼리 경쟁해서 어쩌자는 걸까.'

모든 학급의 과목별 평균, 전체 평균, 학급별 등위 그리고 내신 성적 1등급에서 3등급까지 학생들 이름이 적힌 인쇄물이 만들어졌다. 이것을 학급마다 게시판에 붙이라는 교감의 명이 떨어졌을 때 나는 괴롭기 시작했다. 이것을 붙여야 하나 말아야 하나, 하기야 우리 반에만 안 붙인다고 애들이 안 볼 것도 아니다. 조례에 들어가니 애들이 더 성화다.

"선생님, 우리 반 몇 등입니까?"

당연한 조바심인 줄 뻔히 알면서도 부풀었던 가슴에 바람이 조금씩 빠지는 것을 느끼고 있었다.

그러나 그것도 잠시, 아이들과 나는 서서히 하나가 되어 갔다. 내가 그렇게 느꼈다. 그렇지만 선생님들과는 자꾸 멀어지는 것 같았다. 도무지 퇴근 시간을 맞추어 술자리 한번 하기도 어려웠다. 선생님들은 퇴근 시간이 지나도 도무지 자리를 뜨지 않았다. 3학년 담임들이야 늦도록 아이들이 질문지 들고 오면 답도 해 주고 자습 감독도 해야 했지만 1, 2학년 담임들은 별일이 없는데도 제시간에 퇴근하는 법이 없었다. 휴게실에서 바둑을 두다가 자습하는 아이들 둘러보거나, 시험이 끝난 뒤에는 아이들과 성적 상담하느라 여념이 없다. 오로지 아이들을 위해 하루를 다 바치는 모습이다. 저쪽 중학교에 있을 때는 퇴근 시간이면 일제히 일어나 근처 술집으로 가서 피로를 달래기도 했는데 분위기가 영 그게 아니다. 나도 바둑이나 장기에 재미를 붙였으면 그나마 어울릴 수 있겠는데 도무지 취미가 없고 또 그렇게 한가롭게 바둑에 빠지느니 아이들에게 얘기를 들려주거나 Y교협 선생님들과 만나느라 바빴다.

그러던 어느 날 선배 선생님이 날 불러서 봉투를 하나 건네주었다. 이른바 교재 채택료였다. 적잖은 돈이 들어 있었다. 나는 교재를 채택하지도 않았는데 아마 출판사에서 미리 인사조로 건넨 돈일 성싶었다. 햐! 이것 봐라. 이런 잡수입도 있구나. 그러나 이 문제의 심각성을 따져 볼 생각도 하지 않았고 그럴 분위기도 아니었다. Y교협에서 논의하고 실천하고자 하는 교육과 점점 멀어져 가고 있다는 생각을 하면서도 건성 넘어갔다. 그러면서 신 선생하고만 어울리며 아이들 가르치는 재미에 열을 올리고 있었다.

마침 술자리가 마련되었다. 학교 밑 어느 소줏집이었는데 그만 여기서 사달이 났다. 이런저런 잡담 끝에 내가 얘기했다. 교사들이 모여서 교육 문제를 토론하는 마당이 필요하지 않겠는가, 교육 관계 독서 토론회 같은 것도 좋을 듯싶은데 우리도 시간을 그런 식으로 써 보는 게 어떻겠는가, 아니면 아이들과 함께 어우러질 수 있는 방법을 토론해 본다든가, 상담 기법을 논의해 보든가, 학생 문화에 대해 얘기해 보든가 또는 학교 교육의 잘못된 점을 극복해 나갈 일을 한다든가. 그러나 대답은 엉뚱했다.

"우리도 이 선생 하는 일 대강은 알고 있소. 이 선생 쓴 글도 읽어 보았고. 그러나 우리는 교육을 그런 식으로 낭만적이고 부정적으로 하는 것이 아니라 봅니다. 옛날 고입 시험이 있었을 때 우리 학교는 이류였어요. 그러다가 시험이 폐지되고 추첨제가 되었는데 그때도 우리는 성적이 영 안 좋았지요. 아이들이 우리 학교에 배정받으면 울고 바로 옆 ㅂ여고에 배정받으면 기뻐 날뛰었답니다. 그러다가 재작년부터 우리가 ㅂ여고를 따라잡았지요. 그 이전까지야 가정 방문 가 보면 피눈물 나지. 학부모들이 아예 선생을 물로 본다 이겁니다. 촌지가 어디 있어. 욕 안 듣고 나오면 다행이었지. 그런데 이제는 사정이 확 바뀌었지. 그동안 우리 젊은 선생들이 애 많이 썼소. 모의고사만 쳤다 하면 이제 우리 학군뿐 아니라 부산 전체에서도 1등 아닌가배.

이 선생도 여기 와서 정열을 다 바치겠다고 하던데 한번 열심히 해 봅시다. 조만간 고입 시험이 부활된다는데 그렇게만 되면 우리 학교가 일류가 됩니다. 우리 선생들도 한결 편해지지요. 돌대가리들 가르쳐 봐야 본전이나 찾습니까. 그러니 이 선생도 아이들한테 끌려다니지 말고 처음부터 길을 잘 잡으소. 아이들이 이 선생 머리 꼭대기에 앉아 있소.

아이들 말 너무 믿지 말고, 청소 같은 것도 저거들끼리 하도록 하소. 요새 애들이 선생이 청소해 주면 그 본치를 아나. 뺀들뺀들 저거 편한 것만 찾는다니까. 우리도 이 선생 처음 보면서 기대를 많이 했는데 좀……. 허허, 그러니 술이나 한잔하면서……. 자! 우리가 애들 안 위해 주면 누가 위해 주겠소."

그중에 나이가 몇 살 위인 선생님이 기다렸다는 듯이 죽 읊었다. 나는 그만 핏대가 섰다. 애들이 나와 함께 청소를 얼마나 재미있게 하는데, 그리고 얼마나 서로의 마음을 잘 알고 있는데 이렇게 마음대로 판단하다니. 난 무엇보다 아이들과 나를 모독하는 듯한 말에 화가 났다.

"선생님, 1등도 좋지만 그게 교육의 전부는 아니지요. ㅂ여고가 우리보다 나으면 어떻습니까. 다 우리 대한민국의 딸 아닙니까. 그리고 성적 좋고 대학 더 보낸다고 일류가 되는 것도 아니고……."

경쟁을 바탕으로 한 논리 앞에 내 얘기는 이미 힘이 없었다. 그러나 또 덧붙이지 않을 수 없었다.

"선생님들, 우리 애들 중에 일류 대학 가는 애가 몇 명이나 됩니까. 너무 입시 위주로만 치닫다 보면 나머지 애들이 더 소외당하게 되지 않을까요. 교육의 본질은 그게 아니지 않습니까!"

"이 선생은 참 세월 좋은 소리 하시네. 아직 이 선생이 인문계 고등학교 사정을 몰라서 그렇소. 3학년 담임을 한번 해 봐야 알 거요. 막상 대학에 떨어지고 보면 그 애들은 어디 갈 데가 없소. 그런 애들이 얼마나 불쌍하오. 학교 있을 때 어쨌든지 싸잡아 공부시켜 놓으면 한 명이라도 더 불행에서 건지는 것 아니요. 대학에 가면 전부 우리보고 고맙다고 하요.

우리가 하는 데까지 했는데도 못 가는 애들은 어쩌겠소. 할 수 없지요. 그 아이들까지 우리가 책임질 수는 없는 일. 이 선생은 지금 애들에게 달콤한 말 해 주고 좋은 소리 들을라 하지 마소. 지금 욕을 들어도 확실하게 잡아 주면 나중에 고마운 줄 알 거요……."

그날 나는 더 이상 아무 소리도 못 한 채 속으로 그 선생들과 벽을 쌓고 있었다. 아, 그래서 퇴근 시간이 지나도 집에 가지 않고 애들 감독을 하고 있었구나. 거의 모든 선생들이 오로지 학생 감독에 시간을 다 바치면서까지 그렇게 열심이었구나. 그러나 이것은 아니야. 자기 반 애들 이름도 잘 모르는(한 달이 지났는데도 이름을 모르고 있다는 이야기를 공공연히 한다) 이 사람들이 진심으로 아이들을 사랑하고 있을까. 아니면 아이들 입학 성적을 자기 교육열의 잣대로 삼으려는 것일까. 정말 모든 아이들의 장래를 생각하는 사람이라면 소외받는 아이들은 왜 아예 제쳐 두고 있을까. 모두가 미쳐 돌아가는 거야.

나는 내 뜻을 펼쳐 얘기하지도 못하고 무너지는 가슴을 붙잡고 겨우 버티고 있었다. 더구나 첫 만남에서 이런 이야기를 꺼내 놓고 아무 수습도 못 한 채…….

빛나는 봄, 무너지는 가슴

　성모 동산의 봄은 참으로 눈부시다. 아스팔트 위를 달리는 자동차의 무서운 소리, 누구 하나 한가로운 걸음이 없는 거리, 공장에서 나는 쇳소리와 숨을 막는 매연을 바로 아래에 두고도 학교에만 들어서면 별천지가 펼쳐진다. 철쭉꽃이 무더기로 피어 있는 교문에서부터 소나무가 우거진 비탈길, 탱자 가시에 새순이 돋아 연둣빛으로 포근한 담장, 갖가지 색깔로 핀 꽃들이 오밀조밀한 꽃밭, 등나무 이파리가 그늘을 드리운 벤치, 하얀 벚꽃이 바람에 날리는 테니스장, 바람 따라 일렁이는 수양버들과 아름드리 미루나무 세 그루. 그리고 동산에는 복사꽃이 만발하고 물기 머금은 잔디가 파릇파릇하다. 복사꽃 동산은 때로 어지러울 정도로 현란하기도 하고 눈물겹게 서글프기도 했다. 오동나무 잎이 뚝뚝 지는 산허리 풀밭에 앉으면 새소리들이 도심의 기계 소리를 잠재우는데 나는 벌렁 드러누워 하염없이 하늘을 쳐다본다. 고향을 떠나온 뒤로는 자연 품에 안기는 게 어려워 바라느니 푸른 숲이었는데 이제 내가 이런 숲에 둘러싸인 학교에서 생활하게 되었으니 이보다 좋은 일이 없다. 나는 보슬비가 멎고 난 날 동산에 올라 거미줄에 매달린 빗방울에 감탄하고, 보랏빛 수국이 지천으로 피어날 때는 그만 환상의 나라에 들어선 착각으로 그 아름다움에 취하기도 했다.

그러나 꽃보다 새소리보다 더욱 정겹고 아름다운 것은 우리 아이들이었다. 음악실에서 들려오는 합창 소리, 체육 시간에 웃고 떠드는 소리는 그렇게 아름다울 수 없다. 햇빛이 화사한 교실에 들어서면 아이들은 꽃보다 예쁘다. 언제라도 웃을 준비를 하고 있었다는 듯이 까르르 넘치는 웃음을 보고 있노라면 세상 시름은 어디에도 없다.

"선생님, 우리도 동산을 좋아하지만요 선생님은 너무 빠져 있어요. 수업 빌 때도 동산, 점심시간에도 동산, 우리 자습할 때도 동산. 아마 그곳 산신령이 여자인가 봐." 해 놓고 까르르 웃고, "선생님은 우리가 꽃보다 예쁘다고 하셨죠. 그런데 그 꽃이 무슨 꽃이에요. 호박꽃만 본 거 아니에요?" 해 놓고 웃고…….

살아서, 펄펄 살아서 웃음과 사랑이 가득한 교실에서 하는 수업은 언제나 한 편의 감동이었다. 등줄기에 쪼르륵 흘러내리는 땀방울을 느끼며 교실을 나설 때면 나는 세상에 더없는 행복으로 겨웠다.

'여기서, 이대로 평생토록' 살면 얼마나 좋을까. 아무 생각 없이 우리 아이들과 함께 그 사랑에 빠져서.

그러나 세상은 그렇게 살도록 놓아두지 않았다. 아니, 자연의 아름다움도 아이들의 웃음소리도 한 겹만 벗겨 보면 절절한 아픔이 배어 있다. 그것을 외면하고 있을 수 없었다. 바람 푸르고 하늘 맑을수록 5월 광주의 넋들이 가슴을 헤집었다. 넋 놓고 하늘을 우러르다가도 세상 돌아가는 꼴을 생각하면 내 안일함이 아편 맞은 환자 꼴 아닌가 하는 생각도 들었다. 교실이 온통 웃음으로 물결쳐도 그 뒤에 묻어나는 아이들의 아픔이 발목을 잡았다.

유상덕 선생의 얘기가 생각났다. 85년 5월이었다. 전국YMCA 교육자협의회 임원회를 마친 식당에서였다. 늦은 저녁이라 모두 득달같이 밥을 끌어 넣고 있는데 유 선생은 물만 마시고 앉아 있었다.

"아니, 왜? 속이 편찮습니까?"

"……단식 중입니다."

"속병이 단단히 나신 모양이지요?"

"속병이라면 속병이죠……."

유 선생은 80년 5월 이후 해마다 5·18을 전후하여 단식을 한다는 것이었다. 조금이라도 그때의 아픔을 되새기면서 스스로의 삶을 추스르고 반성하는 기회로 삼고 있다는 것이었다. 어느 하루도 헛되게 보내지 않으면서도 단식을 하면서까지 자기 삶을 곧추세우는 모습은 정수리에 찬물을 끼얹는 충격이었다.

나도 단식을 하기로 했다. 5월은 광주의 원혼을 생각하게 하는 달이기도 하고 교육을 다시 생각하게 하는 달이다. 교육 주간과 스승의 날이 있는 이때 교육자로서 내 삶을 반성하도록 하자. 아이들이 달아 주는 꽃 한 송이에 기뻐하고, 학부형이 베푸는 회식 자리에서 형식적인 공치사를 듣고 앉아 있을 수만은 없다. 더 이상 안일에 빠지지 말자.

1986년 5월 10일. 전국YMCA교육자협의회에서는 '교육 민주화 선언'을 했다. 교사로서 스스로를 돌아보며 가장 기본적인 교권이나마 지켜 내겠다는 최소한의 목소리였다. 언제까지나 독재 정권의 꼭두각시로 거짓을 진실이라 가르칠 수 없고, 개인의 성실함으로는 우리 아이들을 고통에서 건질 수 없기 때문이었다. 물론 우리는 정부의 탄압을 어느 정도는 각오하고 있었다. 그러나 그 탄압은 상상을 뛰어넘는 것이었다. 당장 중징계하겠다는 정부 발표가 날마다 대서특필되었다. 사실 우리는 당황하지 않을 수 없었다. 그때 부산Y교협 회장 일을 하고 있던 나는 수업을 제대로 할 수 없을 정도였다. 교육청에서 장학사들이 날마다 들이닥쳐 불러 대고, 재단 이사회에서는 불과 한 해 전에 일을 저질렀던 사람이 또 시끄럽게 군다고 난리였다. 교사위원회에서 당장 해임시키라는 것을 억지로 감봉 처분만 내렸고, 더구나 재단의 교사들이 모두 가고 싶어 하는 ㅅ여고에 발령을 냈는데도 반성하는 빛이 없고 물의를 일으키고 있으니 은혜를 모르는 놈이라고 노발대발한다는 것이었다.

그렇지만 함께 선언을 한 교사들은 억압이 심할수록 더욱 똘똘 뭉치게 되었다. 묘한 오기와 함께 싸우려는 의지가 끓어오르는 것이었다. 날마다 모여 대책을 의논하면서 '어떤 탄압에도 굽히지 말고 더욱 힘차게 부딪쳐 나가자. 해임은 죽는 것과 같은데, 아이고 이놈의 것, 죽기를 각오하면 무슨 일을 못 하겠느냐.' 고 어금니를 사리물었다.

학교는 온통 난리가 났다. 수업을 하다가 불려 나가면 아이들은 엎드려 펑펑 울었다. 복도를 지나치다 만나는 아이들은 그만 걸음을 딱 멈추고 나를 쳐다본다. 그러고는 입술을 깨물며 말없이 성원하고 걱정해 주었다.

"선생님, 좀 더 우리와 함께 계시도록 하세요. 선생님 없으면 우린 정말 길을 잃을지 모릅니다. 그렇게 가 버리시면 우리는 어찌합니까."

"우리가 가만있지 않을 거예요. 그래요. 선생님, 나가세요. 그래서 올바른 길이 무엇인지 친구들이 알게 해 주세요."

아이들은 찾아와서 이렇게 안달하고 격려해 주었다. 아침마다 책상 위에 꽃과 함께 격려 편지들이 수북했다.

나와 수업을 하지 않는 2, 3학년 학생들도 가끔 격려의 글을 보내 주기도 하고 상담 신청도 했다. 몇몇 학부모들은 집으로 찾아와서 격려해 주었다. 현주 어머니는 단식하고 있다는 이야기를 들었다며 복식할 때 먹으라고 전복을 한 상자 갖다 주기도 했다. 나는 정말로 힘이 솟았다. 결코 이 아이들 곁을 떠나지 않으리라. 거적때기를 깔고 교문 앞에 자리를 펴고 앉더라도 아이들은 보고야 말리라.

그때 쓴 일기는 늘 아이들에 대한 사랑 타령이었다.

그러나 그런 소용돌이 속에서도 동료 교사들과는 더욱 멀어지고 있었으니 환장할 노릇이었다. "고생이 많지요?" 형식적으로 건네는 인사가 더욱 가슴을 찔렀다. 조용하던 학교가 선생 한 사람 때문에 수업이 잘 안 된다는 것이었다. 좀 자숙하면서 단계를 밟아 천천히 해도 될 일을 부산에서 스무 명, 전국에 기껏 기백 명 정도밖에 안 되는 선생들이 도대체 뭘 할 수 있겠느냐고 쑥덕거렸다. 그런다고 바뀔 교육 풍토 같으면 우리도 했겠다. 현실을 모르고 너무 이상에 치우쳐 있다.

그때 내가 좀 더 끈질기게 설득해 우리 뜻을 전했어야 했는데. 나는 동료들을 교육 관료들과 똑같이 멀리해 버렸다. 도대체 우리의 진솔한 뜻을 이렇게 왜곡하나 싶어서 말도 하기 싫었기 때문이다.

더욱 난처해진 때는 스승의 날 아침이었다. 새벽부터 등교하는 아이들이 다투어 꽃이며 선물 꾸러미며 편지들을 내 책상에 쌓아 놓았기 때문이다. 직원회의 시간에 임박해서 출근한 나는 동료들의 따가운 눈초리에 피가 날 지경이었다. 옆자리에는 선물이 두서너 개 놓였는데 내 자리에만 책상 아래고 위고 의자에까지 번쩍거리는 꾸러미들이 쌓여 있었으니 옆에서 보는 선생들 마음이 오죽 불편했을까.

교사 사회가 얼마나 미묘한가. 특히 여고에서는 더 그렇다. 아이들과 유별나게 친한 사람이 있으면 미워지기 마련이다. 선물이래야 인형이니 앨범이니 레코드(나는 전축도 없다)니 양말 정도지만, 그것을 마치 존경이나 호감의 척도로 여긴다. 그런 마음이 드는 게 인지상정이기도 하다.

"이 선생, 트럭 불러야겠어." "슈퍼 하나 차리지요." 하는 소리가 또 따갑게 와 박힌다. '아이고, 애들이 사람 골탕 먹이누만.' 생각하면서도 '봐라, 너희가 아무리 날 두고 이렇다 저렇다 해도 아이들이 이렇게 나를 지지한다.'고 하는 경망스런 생각도 했다. 글을 쓰고 있는 지금 생각하니 얼굴이 화끈거린다. "아이고, 이런! 선물 안 갖고 오면 국어 점수 안 준다고 했더니 애들이 바짝 쫄은 모양이지요. 이거 미안합니다. 협박해서 얻은 뇌물이니 공범자가 됩시다." 너스레 한번 떨고 이리저리 나누었다면 얼마나 좋았을까. 허겁지겁 꿍쳐 넣던 내 모습이 지금도 부끄럽다.

그 뒤, 교육 민주화 선언을 한 교사를 중징계하겠다는 방침이 철회되고 가벼운 경고 조처로 일단락되었다. 강고한 단결이 결국 승리를 안겨 준 셈이다.

Y교협은 확실하게 홍보한 덕분에 오히려 회원이 늘어나 성장해 갔다.

아이들과는 더욱 친해졌다. 뺏길 뻔한 선생을 다시 찾은 기분이었을까. 우리 반 애들의 생기는 미루나무 무성한 이파리처럼 한껏 부풀어 올랐다. 수업을 하러 들어가면 곧잘 장난을 해 댔다. 한번은 교실 문을 열자 애들이 모두 일어서서 반장의 구령을 기다리고 있다가 "차렷, 경례!"가 끝나는 순간 무슨 열매를 한 움큼씩 집어 던졌다. 측백나무 파란 열매였는데 맞으니 아프기도 하고 너무 순간적인 일이라 당황하기도 했다. 내가 출석부로 막으며 "왜 이래, 왜 이래." 하는데 아이들은 내 꼴이 우스웠던지 책상을 치며 웃는다. 순간 나는 그 애들이 눈물겹도록 좋았다. 아, 이제 내 권위가 완전히 사라졌구나. 되었다. 이제 정말 너희와 하나가 될 수 있겠다. 이 열매 세례는 그런 너희들 마음이렷다.

"고맙습니다, 여러분. 아냐, 고맙다, 인마들아. 그래, 이제 서로 맞먹자는 얘긴데. 좋아, 제발 그래라. 그래야 마음이 열린다. 마음이 열려야 공부가 잘되고 너희들 정신 건강에도 좋지."

"선생님, 있잖아요. 저희들이 어느 선생님께 이런 걸 던져 보겠어요. 선생님들이 미워서 던져 주고 싶은데 사실 아무한테도 못 던져요. 그래서 선생님한테 던졌죠. 미안해요, 아프시죠?"

그날 수업은 그렇게 진지하고 재미날 수가 없었다. 고등학생쯤 되면 서로의 진심이 통할 나이고 서로가 사심 없이 진심을 이해하고 나면 곧바로 교사와 학생이 하나가 되는 법.

한 해가 다갈 때쯤 '오리까시' 한번 하게 해 달라고 조르기도 한다. 이것은 시간을 몇 분 정해서 아랫사람이 윗사람에게 낮춤

말을 하고 윗사람은 아랫사람에게 높임말을 하는 놀이다. 어디서 배웠는지 이걸 한번 하잔다.

"그게 소원이라면 한번 해 보이소."

잠시 머뭇거리던 아이들이 한 아이의 용기 있는 첫마디에 봇물처럼 터져 나온다.

"상석아, 정말 지금부터 말 놓는대이."

"예, 그러시죠."

"니는 목소리가 너무 크더라. 우리가 귀먹었냐? 시끄러워 잘 수가 없잖아."

"아이구, 그랬습니까. 노환에 귀가 먹으신 줄 알았지요."

그렇게도 재미날까. 아이들은 데굴데굴 구르며 좋아한다. 억눌린 것들이 오죽 많았으면······.

"그라고 상석아, 니 배 한번 찔러 보자. 그 불룩한 것이 딴딴한지 물렁한지 그것이 궁금해 죽겠다."

그러고는 앞에 앉은 놈이 쿡 찌른다.

"얘! 딴딴하다. 돌이다. 돌!"

사실 이럴 때면 나도 내심 당황하기는 마찬가지다. 아이들이 지나치다 싶기도 하다. 그러나 아이들이 먼저 제동을 건다. 어려워서 못 하겠단다. 저희들끼리 너무한다고 눈을 흘기기도 한다.

한번은 이런 수업도 있었다. 늦가을이었다. 그날은 시간표가 어찌 되었던지 한 반에 세 시간이나 들어가게 되었다. 마지막 보충 수업 시간에는 내가 민망할 정도였다. 애들이 얼마나 지겨울까. 그런데 교실 문을 여니 애들이 온통 낙엽 잔치를 벌여 놓았다. 동산의 낙엽을 서너 포대쯤은 실히 주웠을 것 같다. 책상을 뒤로 밀치고 바닥에다가 낙엽을 수북이 깔고는 모두 그 위에 앉아 있었다. 물론 교단에도 낙엽이 수북했다. 나는 탄성을 질렀다. 이 기발한 발상이라니!

"선생님, 보기 싫은 못난이들 하루에 세 번씩이나 보려니까 지겹죠? 우리를 어여삐 봐주십사 이렇게 분위기를 바꾸었습니다. 부디 이번 시간도 재밌게 가르쳐 주세요."

반장 아이 말에 눈물이 핑 돌 정도였다. 나도 털썩 주저앉아 낙엽 속 수업을 신 나게 했다. 목이 깔깔하게 아파도 이야기는 신들린 듯이 풀려 나왔다. 행복했다.

그리고 야외 수업도 가끔 했다. 글감이 될 하늘과 나무와 풀과 꽃과 바람과 새들이 저렇게 우리를 기다리고 있는데 마냥 교실에 갇혀 있어야 할 까닭이 없지.

아! 그러나 이런 수업들이 소문이 안 날 리 없고 그러고 보면 또 선생님들의 불평을 안 들을 수 없었다.

도대체 교사의 권위를 어떻게 생각하기에 아이들과 한통속이 되어 그따위 짓을 하느냐. 자기는 자기 좋아하는 짓인지 모르지만 딴 선생들 생각도 해야 하지 않느냐. 도대체 그런 분위기에서 무슨 수업이 된단 말인가. 아무리 막되었기로 선생님께 반말놀이를 하다니. 한 시간 바쁘게 쪼아 대야 될까 말까 한 수업을 농담 따먹기로 보낼 수 있느냐. 애들 비위나 살살 맞추어 인기나 얻으려고 용쓰고 앉았지. 진정 애들 위하는 짓이냐. 순진한 애들을 이용하고 있다.

나는 이렇게 미운 털 박힐 짓만 골라서 했다. 그러나 나는 동료 선생들한테 아무 얘기도 할 수 없었다. 무너지는 가슴만 부여잡고 있을 뿐이었다.

특활 발표회

　특별 활동은 문예부를 맡았는데 주에 한 번 있는 특활 시간에는 《글쓰기의 이론과 실제》를 공부하면서 솔직한 글쓰기, 좋은 글 감상, 글 합평 들을 했다. 그런데 아이들이 많아서 깊이 있는 공부를 할 수 없었다. 문예부 가운데 열성적인 아이들 열 명 남짓을 모아서 따로 글쓰기 모임을 만들었다. 이 아이들은 거의 날마다 편집실에 모여서 논다. 작은 해방구였다. 독서 토론회, 서로의 글 합평하기, 모둠 일기 쓰기 들을 하며 놀았다. 외부 강사를 초청하여 이야기도 듣고 싶었지만 한 번밖에 못 했다. 외부인 강의는 학교장의 허락을 받아야 하는데 그것을 허락받는 건 사람 하나 새로 낳는 것보다 어려운 일이었다. 아이들은 일취월장했다. 묵은 때를 벗겨 내고 새롭게 태어나듯이 신선한 충격으로 나를 감탄시켰다. 막혔던 물꼬가 트인 듯 열심히 써 대었다.

곧 있을 특활 발표회에 자기들의 작품을 어떻게 내보일까 궁리하고 있었다. 서로 품평회를 하며 이건 어렵다, 이건 너무 관념적이다, 표현이 너무 겉치레에 치중했다며 열심히 얘기하고 있었다. 나는 토요일 정규 토론 시간 말고는 굳이 애들 이야기에 끼어들지 않았다. 그만큼 스스로 계획하고 공부하고 있었다. 옆에서 지켜보는 것만으로도 너무 행복했다.

특활 발표회 날이 잡혔다. 흔히 학예전이나 예술제라고 이름 붙이는 행사를 '특활 발표회'로 바꾼 것은 잔치 분위기를 줄이고 수업의 연장이란 느낌을 주기 위한 것 같았다. 또한 교장의 생각에 따라 행사 규모나 내용이 손바닥 뒤집히듯 바뀌기 일쑤다. 작년 교장은 아이들 모두 참여할 수 있도록 갖가지 내용들을 다 하게 하고 지도 교사들도 격려했다더니, 바뀐 교장과 교감은 아예 없앴으면 좋을 일을 아이들 등쌀에 할 수 없이 하는 듯했다. 가장행렬도 없애라, 창작 무용 발표회도 없애라, 풍물놀이도 없애라, 전시는 저 아래 작은 강당에서 해라, 2층 도서관에서 하면 면학 분위기를 해친다, 수업에 방해 안 되도록 해라, 애들이 들뜨지 않도록 해라. 주문도 많았다. 형식만 갖추자는 얘기였다.

고등학생들은 아마 소풍이나 여행보다 자기들 솜씨를 내보이는 잔치 마당을 더 기다리고 좋아할 것이다. 밤늦게까지 누가 시키지 않았는데도 그렇게 연습에 열중할 수가 없다. 학교 구석구석에서 자기네 발표할 것들을 준비하는 아이들 모습을 볼 때면 비로소 학교가 살아나는 것 같았는데 보는 사람에 따라서는 저러다가 공부 망친다 싶은 모양이다.

하루 종일 교실에 갇혀 숨죽이고 있던 아이들, 성적 안 좋아 언제나 아무 말 못 하고 죽어지내던 아이들이 비로소 웃으며 활기를 찾는데, 그 표현 욕구를 아무 생각도 없이 잘라 버리는 것은 생명력을 억눌러 버리는 폭력과 같다. 결국 몇몇 공부 잘하는 아이들의 면학 분위기를 위해 주눅 들어 살아야 하는 많은 아이들은 또 한번 억눌리는 가슴을 스스로 갈무리해야 했다. 1년에 단 며칠도 배려받지 못하는 가련한 아이들.

평소 의기투합하던 신 선생(미술 담당)과 의논을 했다. 어차피 미전과 시화전이 전시회장에서 중심이 될 테니까 우리 둘만 손잡으면 특활 발표회 성격을 바꾸어 볼 수 있겠다 싶었다.

우리 둘은 애들이 숨통 틀 수 있는 전시회를 열어 보자고 했다. 먼저 미전과 시화전의 결합을 위해 공동 주제를 정했다. 주제는 '어우러지는 삶, 사랑으로 이루어 낼 통일'이다. 글쓰기 모임에서는 이미 이와 같은 주제를 담은 글을 많이 썼고 미전도 이것을 형상화하는 것이 뜻있는 일이라 하여 이렇게 결정했다. 먼저, 시는 출품하고자 하는 모든 학생의 작품을 다 받아들이기로 했다. 특활 시간에 광고를 했다.

"이번 시화전은 문예부의 단독 행사가 아닙니다. 우리 학교 학생이면 누구나 출품할 수 있게 합시다. 그러니 여러분이 반마다 찾아가서서 광고를 하십시오. 내보이고 싶은 글은 무엇이든지 갖고 오라고 하십시오. 우리는 이런 친구들을 위해 뒷바라지를 한다고 생각해야겠지요. 그런데 되도록 주제와 맞는 글이 좋겠지요. 주제에 맞게 쓰는 것은 어렵지 않습니다. 자기의 실제 생활을 소재로 하면 어우러지는 삶에 맞는 시가 될 것입니다. 우리의 생활 하나하나가 어우러지기 위한 삶이기 때문입니다. 또 시야를 좀 넓혀서 우리 민족의 통일을 염원하는 비나리도 좋겠지요. 사실 어우러지는 삶 자체가 통일과도 연관됩니다. 우리 민족이 하나 되어 살기 위해서는 여기 있는 우리가 서로 함께 살아갈 마음과 자세를 가져야 합니다. 서로를 배척하고 무시하고 미워하면서 나만 편하고 귀하게 살고자 하면 우리는 아무것도 이룰 수가 없습니다. 이북에 있는 동포를 생각할 때도 마찬가지입니다."

시에 그림을 곁들이는 것은 하지 않기로 했다. 시는 시로써 전달해 보자고 했다. 모은 시들을 타자로 치고 그것을 세 배 정도로 확대 복사해 코팅했다. 시를 많이 붙이기 위해서는 이 방법이 손쉬웠고 흰 종이에 타자로 정갈하게 쓴 시는 또 다른 맛을 주었다. 그래도 많은 아이들은 화방에 부탁해 자기 시를 갖가지 색깔로 치장해 액자에 넣어 왔다. 그것은 그것대로 좋았다. 미전이야말로 장관을 이루었다. 1, 2학년 전체 학생이 대형 작품을 만든 것이다. 수업 시간에 학생 모두가 토우를 하나 이상씩 만들었다. 갖가지 모양을 한 사람들이 미술실 바닥에 가득하더니 그것들을 우리나라 지도 모형 위에 놓았다. 교실 반쯤 되는 지도 모형 위에 토우들을 놓았는데 마치 우리가 살아가는 모습 같았다.

휴전선 부근에는 미사일 모양의 토우가 빽빽하게 배치되고, 서울 부근에는 사람들이 아귀다툼하듯이 포개어 쌓이고 또 그 옆에는 화려한 인형 몇이 큰 땅을 차지하고 누워 있다. 바다에 떨어져 바둥바둥 뭍으로 기어오르는 토우, 이미 물에 빠진 토우. 농촌 지역은 텅 비어 있었다. 그리고 광주 지역에는 검은 십자가와 촛불이 하나 꽂혀 있다. 북한 쪽 토우들은 한결같이 평양을 향해 일사불란 손을 쳐들고 있었다. 1,500개가 넘는 토우들이 우리 삶을 그대로 보여 주는 듯 앉고 서고 매달리고 누웠는데, 그 지도 모형 주위에는 통일의 비나리를 새긴 비들이 죽 둘러섰다. 한 반에서 하나씩 만들었다고 한다. 토우를 만들 때도 학급별로 모양을 정했다고 한다. 북한 지역에 놓을 토우는 몇 반에서 맡고 서울 지역, 부산 지역, 광주 지역은 어느 반에서 맡고 하는 식으로.

아이들은 지도 모형 곁에 둘러서서 자기가 만든 토우를 찾기 바쁘면서도 하나하나가 모여서 장관을 이룬 그 작품을 보며 이야기가 끊이지 않았다. 시 앞에서도 많은 아이들이 관심을 보였다. 우선 읽고 알아들을 수 있는 시였기 때문이기도 하고 여태껏 보아 온 시들과는 달리 공감할 수 있는 폭이 넓기 때문이었다. 작품을 낸 아이들은 자기 시를 여러 장 복사해서 친구들에게 나누어 주기도 했다.

신 선생과 나는 소주를 마시며 기뻐했다. 예쁜 꽃과 화려한 액자 속의 그림에만 관심을 보이던 아이들이 장관을 이룬 토우들과 소박하게 타자로 친 시에도 관심을 보였기 때문이다. 한 번 획기적인 전시회를 보았으니 다음 해에는 스스로 또 다른 창조물로써 자기를 표현하리라…….

그러나 전시회가 끝나고 달포쯤 지난 뒤 좋지 않은 소문을 들어야 했다.

신 선생과 내가 아이들을 의식화하고 있다는 것이었다. 그런 전시회는 운동권 대학생들이나 하는 짓이지 순수한 고등학생들은 선생의 사주가 아니고서는 도저히 흉내 낼 성질이 아니란 것이었다. 그렇다. 아이들이 주제를 정할 때나 토우를 빚을 때 교사의 뜻이 반영되지 않은 것은 아니다. 그러나 그것 말고는 모두 학생들의 창작이다.

나는 그것이 바로 교육의 힘이라고 생각한다. '순수하다'는 것이 무엇을 의미할까. 자기가 발 딛고 있는 현실에 대해서는 아무것도 모른 채 또는 외면한 채 맑고 고운 별빛만 헤아리고 있어야 한다는 뜻일까. 자기 둘레 사람들의 삶에 관심을 갖는 것이 공부에 방해되는 일이고 또 불순한 생각이라고 여기는 근거는 어디에 있는 것일까. 아이들이 자기 목소리를 가지는 것을 일단 주의를 주어야 하는 일로 여기는 현실이 가슴 아팠다. 그것도 동료들한테서 그런 뒷소리를 들으니 막막하기만 했다.

신 선생과 나는 다시 쓰린 가슴에 소주만 붓고 있었다. 동료 교사들과 발을 맞추기 위해 아이들에 대한 내 교육을 미룰 수는 없다고 마음먹었다. 그러면서도 아이들을 살리는 일은 우리만이

할 수 있다는 오만한 생각을 하고 있었다. 학생들이 깨어나서 도리어 선생들을 깨우칠 거라고 호언장담하며…….

게시판 사건

학기 초였다. 게시판을 '내 어릴 적 그 시절'이란 주제로 꾸미기로 했다. 16절지에 어릴 적 사진을 붙이고 그 사진에 얽힌 추억이나 어린 시절 이야기를 적게 했다. 처음 만나는 아이들이 빨리 친해질 수 있는 좋은 방법이었다.

내의 바람으로 오도마니 문갑에 걸터앉은 사진을 갖다 붙이고는 어릴 때부터 이렇게 야했다고 너스레를 떠는 아이, 시골 우물가에서 놀고 있는 흑백 사진을 붙여 두고 고향 얘기를 빽빽하게 늘어놓은 아이. 이런 이야기야말로 자기의 존재를 다시 한번 인식하게 하고, 그럼으로써 스스로를 귀하게 여기는 마음을 갖게 되리라고 믿는다. 자기 이야기를 하고 있는 아이들을 보면 아이들 성격까지도 짐작할 수 있다. 아이들은 쉬는 시간이면 붙어서서 친구들 추억담을 읽으며 좋아들 한다. 그런데 이것이 문제가 되었다.

반장이 걱정스런 얼굴로 찾아왔다. 힐끔 교감 선생님을 보더니 교무실 밖으로 나가잔다.

"선생님, 어쩌면 좋아요. 우리 반 게시판 다 고치래요. 교감 선생님께서 규정대로 되어 있지 않다고 다시 만들래요……."

"언제 무슨 얘기 끝에 그런 말씀을 하시더냐? 자세히 얘기해 봐."

쉬는 시간에 또 그 게시판에 애들이 몰려 있었더란다. 교감 선생님께서 지나다 교실에 들어오셨다.

"뭣 하느냐? 조용히 앉아 책이나 읽지 않고."

"쉬는 시간인데요……."

"쉬는 시간이 웃고 떠드는 시간이냐? 자리에 앉아 쉬면서 다음 시간 준비나 해라!"

그러고는 아이들 사진이 붙은 게시물을 보다가 반장을 불렀다.

"반장, 이런 것을 게시판에 뭐하려고 붙여 두느냐?"

"서로 잘 모르니까…… 이런 걸 보며 빨리 친해지려고 붙였습니다."

"친해져서 뭐하겠다는 거냐?"

"……?"

"친해지면 얘기가 많아지고, 얘기가 많으면 공부에 방해되는 것도 모르냐. 당장 떼어라!"

"……지금은 안 되겠습니다. 저희 반 전체가 의논해서 한 일인데 저 혼자 함부로 뗄 수가 없습니다."

"이건 규정에 없는 짓이야. 이것 봐라…… 반공란도 없고, 학습란도 없고, 게시판이 너희들 맘대로구나. 다 고쳐라!'

기가 찼다. 그러면서도 내색은 할 수가 없었다. 내가 교감 선생님께 잘 말씀드릴 테니 가 있으라고 했다.

"교감 선생님, 애들 얘기 들었습니다. 뭘 그까짓 게시판을 가지고 그렇게 걱정하십니까. 게시판 정도는 담임에게 맡겨 두도록 하십시오. 애들이 공부는 하지 않고 시끄러운 게 걱정되어 그러셨지요. 제가 잘 지도하겠습니다."

다소 능글맞은 투로 말씀드리니 교감 선생님은 쓰다 달다 말도 없이 공문만 뒤적이고 있었다. 나는 "너무 걱정 마십시오." 하며 돌아서 버렸다.

크고 작은 일로 걸핏하면 교장실에서 토론 아닌 토론을 벌여온 터라 말도 하기 싫은 눈치였다. 나도 그랬다. 더 이상 그 일에 대해서는 말이 없었다.

또 얼마 뒤였다. 〈한겨레신문〉에 처음으로 북한 주민들이 사는 모습을 담은 사진이 실렸다. 그것은 백두산이나 개마고원 사진을 처음 봤을 때의 감정과 사뭇 달랐다. 자연 경치가 아니라 사람이 살고 있는 모습이 보이는 사진은 애틋한 그리움으로 젖게 한다. 눈물이 핑 돌았다. 바로 지척에 우리 동포가 이렇게 살아가고 있구나. 두어 해 전 중학교에 있을 때 한 녀석이 불온 삐

라를 발견했다며 엽서만 한 종이를 들고 왔는데 보니까 평양 시가지가 멀리 보이는 사진이었다. 학생부로 넘기면서도 사람들 모습을 한번 봤으면 했는데, 일간지에 선명한 색깔로 실린 동포들 표정을 보자 마치 고향 사람인 듯 반갑고도 안타까워서 가슴이 저렸다. 그러면서도 이제 조금씩 서로의 문이 열리는구나 싶어 설레기도 했다.

그 사진들을 오려서 우리 반 '말판'에 말없이 꽂아 두었다. 말판이란 게시판의 한 면에다 하고 싶은 얘기를 쪽지에 써서 꽂아 두는 판이다. 사진을 본 아이들의 모습은 내 예상과 너무 달랐다. 김일성대학교 학생들 사진에다 낙서를 해 대었다. 얼굴에 동그라미를 치고는 "아! 잘생겼어. 경미가 찍어 둠." "이 애는 왜 이래 떨빵하게 생겼노." 어느 가정집에서 간식을 먹고 있는 사진 아래에는 "야! 좀 갈라 먹자." 하고 써 두었다. 실망스러웠다. 난생 처음 본 동포의 사진인데 이런 생각밖에 못 할까. 여태껏 내가 해 준 많은 얘기의 결과가 이걸까……. 그런데 이틀 뒤 한 아이가 그 사진 옆에 쪽지를 꽂아 두었다.

"선생님은 참 이상하시다. 무엇 때문에 우리에게 북한 사람 사진을 보여 주는가. 이 사진을 보고 무얼 느끼라는 걸까. 웃고 있는 사람들의 가면 뒤에 숨은 침략 근성을 알고나 있는지. 자꾸 좋게 생각하라고 하는 듯해서 싫다. 사상이 의심스럽다.(K.H.K)"

나는 또 한번 쓴웃음을 지을 수밖에 없었다. 기껏 한다는 소리가 이 정도일까. 화가 났다. 그러나 아무 이야기도 하지 않았다.

분명 딴 이야기가 끼어들 것이므로. 아니나 다를까. 또 딴 아이가 그 쪽지 아래에 얘기를 썼다.

"니야말로 이상하다. 말을 우째 이래 하노. 사상이 의심스럽다? 우리 선생님이 공산주의자라도 된단 말이가?"

다음 날 보니 말판에 말이 왁자지껄하다. 자리가 모자라니 무슨 꼬리처럼 줄줄이 늘어뜨려 붙여 놓았다. 논쟁이 시작된 것이다. "아무리 북한 사람 사진이라도 신문에 난 것을 붙였는데 무엇이 문제가 되느냐?"는 얘기에, "〈한겨레신문〉은 보통 신문하고 다른, 좀 이상한 사람들이 만드는 신문인 줄 모르느냐?"고 반박한 것에서부터 "우리가 북한을 바로 알고 서로 사랑할 수 있도록 해야 통일이 되지 않겠느냐." "우리의 분단이 누구 때문이냐." "이런 사진을 통해 민족 사랑을 배우자."는 얘기에 대해 "무조건 사랑하자고 하다가 또 속으면 어찌할 거냐." "지금같이 사회가 혼란할 때 이것을 틈타 적화 통일 하자고 설치면 좋겠느냐." "나는 통일 안 되어도 좋으니 혼란은 싫다."고 맞선 이야기.

나는 비로소 웃음이 나왔다. 이렇게 자연스럽게 이야기가 무르익어 가니 이젠 내가 얘기해 줄 때가 되었구나 싶었다. 내일 종례 때 시간을 마련하리라 하고 슬쩍 한마디만 했다.

"아이고, 얘들아. 말판에 말이 버글버글하네. 그래, 이래야 된다. 이게 말판이 살아나는 거다. 양쪽 얘기 다 읽었다. 내일쯤 얘기해 보자."

그런데 일은 바로 다음 날 아침에 터졌다. 조례 시간에 들어서니 애들이 인사도 없이 고개를 숙이고 앉아 있고 뒤쪽에는 몇 애가 울면서 엎드려 있다. 웬일이냐고 해도 말없이 더욱 고개를 숙인다. 내가 몰라야 할 일이냐고 해도 말이 없다. 자기네들끼리 문제이면 선생님이 간여할 바가 아니라는 얘기 정도는 할 텐데, 궁금증은 더욱 커졌다.

"얘들아, 말을 해야 알 것 아니야······." 하다가 보니 뒤쪽 말판에 쪽지들이랑 사진들이 사라지고 없었다.

"어? 말판 저것 누가 저랬노. 왜 없애 버렸노? 저것 때문에 이러나?"

아이들이 힐끔거리며 눈치를 살핀다.

"오냐, 알았다 뭔지는 잘 모르지만 얘기는 나중에 저녁때 하자."

우는 애들 등을 토닥거리며 "뭔지 모르지만 울지 마라. 말판 저것 없어진 걸 가지고 뭘 그러노. 괜찮다." 하니 등을 뒤틀며 손 치우라는 짓을 한다. "허, 이것 참, 단단히 일이 났군 그래." 하고 교실을 나왔다. 점심시간에 성격이 괄괄한 장희와 반장이 왔다. 동산으로 가서 하는 얘기는 이러했다.

아침 자습 시간에 조용히 자습하고 있는데 교감 선생님이 뒷문으로 들어오셔서 또 게시판을 살피셨다. 그러다가 말판 앞에 서서는 한참 동안 사진을 보고 글을 보고 하시다가 반장을 불러 교무실 서랍에 있는 돋보기를 가져오라 하셨다. 이번에는 돋보기까지 안경 위에 걸치고 말판 얘기를 하나하나 다 읽으셨다. 한 시간 내내 외울 듯이 읽고 읽다가 아무 소리도 안 하고 나가 버리시더란 것이다. 아이들은 겁이 덜컥 났다. 보통 때 같으면 바로 떼라고 했을 교감 선생님이 아무 말도 하지 않고 나간 것이 더 이상했다. 안 그래도 이것저것 감시받고 있는 우리 선생님인데 애들이 철도 없이 사상이 의심스럽다느니, 공산주의자가 아니냐느니 온갖 얘기를 다 했으니 이 일을 어쩌면 좋겠느냐고 아우성이다. 괄괄한 장희가 '사상이 의심스럽다'고 한 애가 누구냐고 소리쳤고, 그만 그 애는 엎어져서 울음을 터뜨리고 또 한 애는 말판에 붙은 쪽지들을 죄다 찢어 화장실 변기에 갖다 버리고 난리가 났던 것이다.

나는 그만 웃음을 터뜨렸다. 반공 교육이 빚은 또 하나의 웃음거리였다. 종례 시간에 이런 이야기를 했다.

"보자, 이젠 다 울었나? 그래, 너희 마음 안다. 하지만 애들아, 그거 아무것도 아니다. 교감 선생님께서도 아무 일 아니기 때문에 말씀 안 하신 거야. 그런데 생각해 보자. 너희들이 왜 그토록 걱정했겠노. 북쪽 사람 사진 갖다 붙여 놓은 것이 죄가 되지나 않을까, 너희가 사상 의심스럽다 얘기한 것이 증거가 되지나 않을까, 그게 걱정이었지. 참 서글픈 일 아니냐. 고등학교까지 온 우리가 아직도 북한에 대해 뭔가 얘기하려면 겁이 덜컥 나는 이 현실이 말이야. 이것은 아직도 우리 마음 한가운데 무서운 철조망이 가로놓여 있다는 증거야. 철조망은 휴전선에만 있는 게 아니라 우리 교실에도 우리 마음에도 있지. 이것을 걷어 내야만 해. 그리고 말판은 우리가 서로 거리낌 없이 얘기 나누는 자린데 왜 지레 감시당하고 있지 않나 하고 겁을 먹지? 우리에겐 아직 자유가 없을까? 나는 교감 선생님께서 우리의 자유를 구속한다고 생각하지 않아. 오히려 교감 선생님을 구속하게 하는 더 큰 무엇이 있는 것 같아. 잘 생각해 봐……. 그건 그렇고 오늘 안 그래도 말판에서 한 너희들 토론을 보고 이런 시를 읽어 주려고 했어. 한번 들어 봐."

분단의 슬픔
박재삼

지금 남과 북은/ 캄캄한 절벽이어서 소식만이 아니라/ 모든 것이 막히어 있지만/ 또 설령 내가 잘산다면 잘살수록/ 북쪽 동포는 잊고 살기 마련이지만/ 그러나 새들은 그 경계도 없이 넘나들고/ 바람은 거기서 불다 여기로 오는 것을/ 예사로 하고 있다/ 아직 자연만 그전 그대로고/ 인위는 엄청나게 다른 길을 달리고 있다/ 사해동포라고 했는데/ 그냥 좁게는/ 같은 말, 같은 생활을 영위하는 겨레가/ 이렇게 멀리 떨어진 듯이/ 아, 다시 말하면 없어진 듯이 느끼는/ 이것은 정치를 잘못하고 있기 때문이다/ 교육을 잘못하고 있기 때문이다/ 어느 쪽이 경위에 벗어났다 하는 것은/ 역사가 명명백백하게 기록하고 있을 텐데/ 그 현실의 정치권력에 묶여/ 착한 백성은 오늘도 초가처럼 묵묵히 엎드리고 있는데.

이래도 아이들은 걱정이 풀리지 않는 모양이다.

"좋아, 우스운 얘기 하나 더 할게. 도종환 선생 알지? 그분한테 들은 얘긴데 실제 있었던 일이래.

어느 학교 교장 선생님이 말이야, 교실 게시판을 감독하며 돌다가 어떤 반에 아주 저항적인 시를 붙여 놓은 것을 발견하셨대. '햐! 이것 봐라. 지금은 남의 땅 빼앗긴 들에도 봄은 오는가 이런 시를 써서 게시판에 붙여 두다니!' 교장 선생님은 수첩을 꺼내 씨근거리며 막 베껴 쓰시더래.

아이들은 영문을 몰라 가만있었지. 교무실로 간 교장 선생님, 2반 담임을 불렀어. '이 선생, 이런 시를 교실에 붙여 둘 수 있어요? 이 불온한 시를!' 담임은 어이가 없기도 하고 우습기도 하거든. '교장 선생님, 애들이 웃겠습니다.' 하고는 돌아서 가 버린 거야. 교장 선생님은 더욱 화가 났지. 애들이 웃다니? 그럼 2반 애들이 쓴 시란 말이지. 내 당장에! 하고는 교실로 뛰어 올라갔지. 교실 문을 와락 열고 아이들에게 소리쳤어. 이상화 나왓!!"

다음 날 아침 직원회의 시간에 교장 선생님이 말씀하셨다.

"요즈음 통일 논의를 나름대로 해석해서 이야기하는 경향이 있는 걸로 알고 있습니다. 몸조심하도록 하십시오. 교사는 정치나 현실 문제에 신경 쓰기보다는 전문적 교과 지도에만 주력해야 합니다. 모든 사회 문제는 학교 안에서는 다 잊어버리고 학생들에게 정치 이야기를 하지 말아야 합니다. 옛말에 '난세(亂世)에는 정(靜)하고 정세(靜世)에 동(動)하라'는 말이 있듯이 현명한 사람은 난세에는 나서지 않고 평화로울 때 일하는 것입니다. 학생들이 의식화되는 경향이 있어서 학부모들이 상당히 걱정하고 있습니다. 정치나 사상가 같은 교사가 되지 않도록 당부합니다.

그리고 학생들 책 읽는 것 각별히 조심해서 지켜보고 지도해 주십시오."

수첩에 기록하면서도 나는 내심 웃고 있었다. 난세에는 조용히 있으라는 그 말이 교장 선생님의 생활에 참 좋은 울타리 구실을 하겠구나 싶었다.

또 한번은 이런 일이 있었다. 그때도 학년 초였는데 내리 3년을 신입생만 맡다가 처음 2학년으로 따라 올라간 해였다. 아이들은 이미 나를 잘 알기 때문에 게시판쯤은 저희들끼리 만들어도 이미 나와 뜻이 딱 들어맞게 되어 있었다.

"선생님, 이 내용 어때요? 이 정도는 붙여도 괜찮겠죠?"

내미는 자료를 보니 신문을 스크랩한 것인데 '돈 봉투 안 받기 운동 확산'이란 제목의 특집 기사였다. 새 학기 들어 교육계의 병폐인 학부형들의 촌지를 교사 스스로 받지 않겠다는 결의를 하고 그 운동을 확산시켜 나가고 있다. 서울 ○○고교의 경우 상당한 성과를 거두어 학부형·교사·학생 사이에 새로운 인간 관계가 형성되고 있다. 대강 이런 내용이었다. 그때 내가 활동하고 있던 교사협의회에서도 한창 '촌지 안 주고 안 받기' 운동을 하고 있었고 조금씩 확산되고 있는 중이었다.

"그래, 좋지. 너희들이 이런 걸 읽고 집에 가서 얘기 좀 하도록 해라. 도시에서는 이놈의 돈 봉투가 교육을 방해해서 큰일이다."

"우리는 선생님들 좀 보시라고 붙일 참인데예."

"……어쨌거나 이런 운동이 퍼져 나가는 것은 좋은 일이니까. 너희들 좋도록 하렴."

선생님들이 보면 좀 거북하지 않을까 하는 생각을 잠깐 했지만 대수롭잖게 넘겨 버렸다. 사실 나는 학년 초에 학부모들이 담임에게 어떻게 인사를 차릴까 걱정하는 것을 막아 주고 싶었다. 저런 기사를 붙여 놓으면 내가 새삼스럽게 얘기 안 해도 우리 반 아이들이 '담임에게 봉투라도 갖다 드려야 하지 않을까.' 걱정하는 부모들을 잘 설득하겠지.

애들은 뜻밖에 그 기사에 관심을 많이 가지면서 선생님들과 얽힌 돈 봉투 얘기를 하느라 열을 올리는 눈치였다. 신통하게도 초등학교 2학년 때부터 엄마가 돈을 갖다 바치는 일을 알고는 그때부터 선생님을 미워하게 되었다고 얘기하는 애도 있었다. 그리고 며칠이 지난 어느 날 교감 선생이 조용히 불렀다.

"선생님 반에 그 게시판 보았습니다."

"예, 전번 생활 검열 때에도 보지 않으셨습니까?"

"아, 그때는 건성으로 보았지요. 그런데 선생님 반 수업 들어가는 선생님들이 자꾸 가서 한번 보라며 건의가 들어왔어요. 도저히 그 반에 가면 그 기사 때문에 수업이 안 된다는 분도 있어요. '촌지' 어쩌고 하는 기사 있지요. 그것 철거 좀 해 주세요."

아차, 싶었다. 교감 선생에게까지 이야기를 할 정도였다면 많은 교사들이 오래전부터 알고 있었다는 셈인데 어째 그걸 나한테 직접 말 못 했을까. 나는 또다시 저만큼 비켜 앉은 동료 교사들을 생각하며 외로웠다. 이런 사소한 일마저도 그들에게는 수업을 못 할 정도로 불쾌하단 말인가. 운동의 뜻을 전하기는커녕 원수지게 생겼구만 싶었다.

"알겠습니다. 교감 선생님. 당장 떼도록 하겠습니다. 그런데 지금 바로 올라가서 그것만 떼면 애들이 더 이상하게 생각하겠지요. 교감 선생님이 읽고 내려오신 뒤 바로 제가 올라가서 떼면 그것 자체에 큰 문제가 있었을 거라는 오해를 하게 될 겁니다. 내일쯤 그 칸 전체를 제가 바꿔 붙이도록 하겠습니다. 걱정 마십시오."

그런데 다음 날 아침 첫째 시간 시작도 전에 교무실이 온통 수라장이 되어 버렸다. 교도 주임이란 양반이(이분은 우리 반에 수업도 안 들어가는 사람이다) 문제라고 말하는 그 기사를 찢어 들고 교무실에서 고함을 치는 것이었다. 부들부들 떨면서.

"세상에 이럴 수가 있나, 이럴 수가 있어! 이상석 나와! 이걸 그래 애들 보라고 붙여 두었어. 우리 학교 선생을 뭘로 아는 거야!"

나는 아연실색했다. 침을 튀기며 금방이라도 치고 달려들 기세로 펄펄 뛰고 있는 사람은 이미 교사의 모습이 아니었다.

"왜 이러십니까. 고정하세요. 안 그래도 이것 때문에 교감 선생님과 얘기가 있었습니다. 그리고 오늘 점심시간에는 바꿔 붙이려고 딴것도 준비해 뒀습니다. 자, 진정하세요."

억지로 팔을 끌어 앉히려 하니 더욱 기승을 부렸다. 그때 한 교사가 또 고함을 쳤다.

"우리가 이래 가지고 선생질 해묵겠습니까. 애들한테 눈총받아 가면서 선생 하나 때문에 개망신당하고! 우리 학교가 교사협의회 선전장입니까. 여기 한 사람 말고 교사협의회 사람 있습니까. 또 우리 중에 언제 촌지 받아먹고 산 사람 있습니까."

학교만 오면 전화통 붙들고 주식 사고파는 일에 정신이 없던 내 나이 또래 교사의 말에 나는 어떤 대꾸도 하고 싶지 않았다.

또 한 주임이 빈정거리듯 거든다.

"선생님의 권위를 실추시켜도 유분수지. 그래, 아이들이 그런 걸 붙였다고 칩시다. 담임은 뭐하는 사람이요? 그런 것 지도 안 하고······. 애들이 선생님을 어떻게 보겠어요."

나는 그만 울화가 치밀었다.

"아니, 선생님들이 이렇게 흥분하는 이유를 모르겠습니다. 촌지 때문에 멍든 사람이라도 있습니까. 그렇게 성토하고 싶으면 실컷 하시오. 난 수업하러 가야 하니까."

온 교무실이 술렁거리는 것을 뒤로하고 나는 아예 교무실에서 나와 버렸다. 멀뚱멀뚱 바라보던 많은 교사들, 팔짱 끼고 앉았던 교장과 교감, 안쓰럽게 바라보던 몇몇 교사들의 눈빛이 지금도 생생하다.

우리 반 애들은 또 난리 통에 안절부절 못 한다. 괜한 것을 붙여서 선생님이 곤란하게 되었으니 어쩌냐고 훌쩍거린다. 아무리 교감 선생님이고 주임 선생님이라고 하지만 이렇게 마음대로 해도 되느냐고 새파랗게 불을 켜는 아이도 있다. 알고 보니 교감 선생님이 나에게만 그 기사를 떼라고 한 것이 아니었다. 아이들에게 이미 호통을 쳤다는 것이다.

"반장! 저런 걸 누가 붙이라고 그랬어! 너희 반만 유독 저런 걸 붙인 이유가 뭐냐. 너희 담임이 촌지를 많이 받아 챙기는 모양이구나."

"아닙니다."

"그럼 왜 붙였어. 당장 떼!"

"담임 선생님과 의논해서 떼도록 하겠습니다."

교감 선생님은 되도록 나하고 부딪치는 것은 피하고 싶었던지, 아니면 담임의 권위를 존중하기 위해서였던지 바로 부딪칠 일은 잘 하지 않았다. 그런데 다음 날 아침 이번에는 주임 선생님이 와서 불문곡직 와락 찢어 갔으니 아이들이 놀랄 수밖에. 찢어서 내려가는 선생을 뒤따라간 몇 애들은 교무실 풍경을 창 너머로 보았을 테고…….

어른들의 추한 모습을 보이고 만 것이 죄스러웠다. 점심시간에 준비해 두었던 게시물을 붙이려 하니 애들이 안 된단다. 찢긴 그대로 두고 보아야겠다고 했다. 겨우 진정을 시키고 교무실로 오니 칠판에 큼지막하게 '오늘 8교시 후 직원회의, 전원 참석 요망'이라고 쓰여 있었다. 선생님 몇 분이 나를 끌고 가더니 참 안 되었다는 걱정을 하며 "오늘 직원회의가 아마 이 선생 때문에 열리는 것 같아요." 했다.

"그것 참 잘되었습니다. 나도 얘기를 좀 해야겠네요."

"어지간하면 누를 끼쳐 죄송하다 하고 넘어가지요. 어쨌든 이 선생 반에 그런 것을 안 붙여 두었으면 아무 문제도 없었을 것 아니요. 좋은 게 좋다고……. 이 선생, 물이 너무 맑으면 고기가 안 모이는 법이요."

직원회의가 시작되었다. 나는 전의(戰意)가 스멀스멀 기어오르는 것을 느꼈다.

"오늘 아침, 교무실에서 다소 불미스런 일이 있었습니다. 이 문제에 대해 의견이 있으신 분 말씀하십시오."

교도 주임이 비장한 모습으로 마이크를 잡았다. 나는 기선을 제압할 양으로 똑바로 시선을 주며 한마디 빠짐없이 기록할 자세를 잡았다.

"이상석 선생님은 나와 참으로 친밀한 사입니다. 형님, 아우 하며 지냈습니다. 나는 이 선생을 존경하는 면도 있습니다……."

엉뚱한 이야기를 계속 늘어놓았다. 그럴수록 볼펜 소리를 딱딱거리며 하는 얘기를 받아 적었다. 조용한 교무실에서 볼펜 딱딱거리는 소리를 낸 것은 나도 이 일을 그냥 넘기지 않겠다는 각오를 보여 주기 위해서였다.

울먹이듯 절절한 목소리로 연설이 계속 이어졌다.

"교사는 아이들에게 절대적으로 존경받아야 합니다. 학생들이 촌지를 받는 교사를 상상한다고 해 보십시오. 그런 곳에서 무슨 교육이 되겠습니까. 촌지를 받지 않아야 하는 것도 중요하지만 받았다고 해도 아이들에게는 모르게 해야 하는 것이 중요합니다. 옛날엔 스승의 그림자도 안 밟았습니다. 요즈음도 착한 아이들은 초등학교 때까지 선생은 변소도 안 간다고 알고 있습니다. 그런 아이들이 보도록 돈 봉투 얘기를, 그것도 공적인 내용만 게시하는 게시판에다 붙여 놓을 수 있습니까? 신성한 교실에 그런 것을 붙여 놓을 수 있냐 이겁니다. 나는 오늘 교사인 나 자신이 너무 부끄러워 고개를 들 수가 없습니다. 아이들이 우리 교사를 뭘로 보겠습니까. 그리고 그 촌지 문제를 공개하는 것은 일부 극소수 교사들이 모인 무슨 교사협의횐가 하는 곳에서 하고 있는 일입니다. 왜, 자기네들끼리 할 것이지…… 우리 학교에서는 그것을 용납할 수 없습니다. 자기네들끼리 촌지 안 받으면 됐지 그것을 외고 펴고 하는 저의는 무엇입니까……."

그리고 몇 사람이 이와 비슷한 이야기를 더 했다. 분위기는 이미 긴장감도 없고 사람들도 지겨워하는 듯했다. 사실 논쟁을 벌이거나, 징계 요구를 하거나, 무엇을 결정해야 할 일도 없었던 것이다. 나도 처음의 전의가 많이 사라져 버렸다.

"말씀을 다하셨으면 저도 한 말씀 드리겠습니다. 저는 아직도 몇 분 선생님들이 그토록 흥분하신 이유를 잘 모릅니다. 사실 촌지 문제는 입에 올리기 거북할 정도의 치부라고 생각합니다. 그것에서 저는 해방되고 싶었습니다. 저도 촌지를 받은 적이 있습니다. 저 혼자 깨끗한 체하려고 한 것이 아닙니다. 오히려 깨끗하지 못해 괴로워서 그런 운동에 가담하고 있는 것입니다. 그리고 이런 문제를 무조건 숨긴다고 해결되는 것이 아니라고 봅니다. 아이들은 아마 우리보다 더 심각하게 생각할 겁니다. 그만큼 마음이 맑다는 뜻도 됩니다. 그리고 우리 아이들도 곧 어머니가 될 것입니다. 그때 또다시 어른들의 잘못을 답습한다면 우리는 바른 교육을 못 한 것입니다.

아까 주임 선생님께서 말씀하신 대로 봉투를 주고받는 일이 옳지 않다면 오늘 이 일을 계기로 봉투를 갖다 주지 못해 걱정하는 가난한 학부모도 생각해 보기를 바랍니다."

오히려 내가 사뭇 훈계조로 얘기하고 앉아 버렸다. 교장 선생은 끝내 아무 소리도 하지 않은 채 회의를 마쳤다. 회의가 끝나자 식당에 간단한 술이 준비되어 있으니 다 내려오란다. 오래간만에 직원회의를 했으니 술이나 한잔하도록 서무실에서 준비했단다. 무슨 꿍꿍인지 알 수가 없었다.

술자리에 억지로 앉으니 또 그 소리다. 마지막까지 가시를 가지고 이야기할 게 뭐 있었냐는 것이다. 건성으로 흘려들으며 부어 주는 술만 마셨다.

Y교협 사무실에 와서 하루 일을 푸념하니 날보고 눈치가 없다고 난리다. 그 기사를 붙인 게 문제가 아니라 그것을 빌미 삼아 교협 활동을 위축시켜 보려고 했는데 그것이 잘 먹혀들지 않

왔나 보다고 했다. 가만히 보니 그런 것 같기도 했다.

우리 교실에 수업도 없는 교도 주임이 득달같이 달려오고 고함을 친 것 하며, 난데없이 술을 준비한 것 들이 석연치 않았다. 그러고 보니 괜히 아이들만 또 희생당한 꼴이다. 사람 서리에 넌더리가 났다.

눈물로 춘 어깨춤

"선생님, 이번엔 저희들이 일본 아이들에게 뭔가를 보여 줄 거예요. 우리 대한의 딸들이 얼마나 신 나게 놀 줄 아는가 보여 줄 거예요. 북, 꽹과리 들고 한판 치면서 전교생이 운동장에서 춤을 추면 그 애들도 놀라겠지요. 우리가 시시하게 나긋나긋한 부채춤만 추고 있는 게 아니란 걸 확실히 보여 줘야겠어요."

연일이와 시진이는 사뭇 흥분해서 얘기했다. 어디서 얼마나 연습을 했던지 엄지손가락 안쪽에는 물집이 생겨 껍질이 벗겨져 있었다. 일본 학생들에게 보란 듯이 우리의 신명을 자랑하겠다고 벼르고 있었다. 2학년 학년장인 연일이, 전교 부회장인 시진이는 1학년 때부터 나와 퍽 가까이 지냈다. 2학년에 올라가서는 저희들끼리 몇 명 모여서 모둠 일기를 쓰고 독서 토론도 하는 눈치였다. 민중 문화를 내세우는 단체의 문화 공연에도 가끔 구경을 가기도 했다. 이른바 의식이 깨인 학생들이었다.

"학교 허락은 받았나?"

"예, 무용 선생님한테 허락받았어요. 그날 무용부 학생들 춤 마치면 이어서 사물이 등장하게 되어 있어요. 우리가 사물을 치며 운동장을 돌면 애들이 자연스럽게 나와서 춤을 추고, 그 춤이 바로 대동놀이로 이어지면 되겠죠. 놀이를 이끌 수 있으면 이끌고, 못 하면 무조건 어깨춤만 덩실거려도 되지요, 뭐. 일본 애들 끌고 나와서 같이 춤추면 더 좋겠지요. 그럼 우리는 우리 문화를 하나 더 그 애들에게 보여 주게 되고……. 신 나겠지요?"

"그런데 너희들 북채를 잘못 잡았다. 어째 손들이 그렇게까지 되었노."

"아이고, 선생님…… 두 시간만 쳐 보세요. 물집 안 생기는가. 이건 우리 악기를 사랑한 훈장이라고요, 훈장!"

애들이 믿음직스러웠다. 공부하느라 바쁜 틈에도 저렇게들 신 나게 준비하는 당찬 모습이 보기 좋았다. 그러나 모든 학생들이 그 애들 같지는 않았다. 한나절 머무는 일본 학생들 안내를 위해 일본어 연습하는 아이들도 있었고, 단순히 다른 나라 아이와 인연을 맺는 기회에 들떠 있는 아이들도 있었다.

우리 학교와 자매결연 한 일본의 어느 여고생들은 해마다 우리 학교 축제에 맞추어 여행을 왔다. 축제의 한 부분이 자매 학교와 함께하는 프로그램으로 짜였다. 그러나 나는 그 모든 것이 탐탁지 않았다. 수학여행을 외국으로 오는 부자 나라의 팔자 좋은 아이들에 비해 우리 아이들이 초라해 보이기도 했고, 결연이라고 해 봤자 어차피 우리는 전체 학생이 일본에 가는 일은 거의 불가능한 처지에 있으니 상호 혜택을 못 받는다는 생각도 있었기 때문이다. 더구나 일본과의 문화 교류는 상호 교류가 아니라 한쪽으로 쏠리는 현상으로 나타날 텐데 그것이 우리에게 미치는 영향을 생각하면 섬뜩하기도 했다.

그즈음 전북의 어느 여고에서는 일본의 남자 고등학교와 결연을 맺었는데 일본 학생들을 위해 우리 아이들이 한복을 차려입고 시내 관광 안내를 해서 물의를 빚기도 했다. 아무리 안내도 좋지만 그 무슨 망측한 꼴이람. 영호남의 자매결연은 생각지도 못하고 한일 사이의 자매결연을 권장하고 있는 문교부 처사에도 어처구니없었던 터였다. 그런 와중에도 아이들은 스스로 어기찬 모습을 보여 주겠다고 벼르고 있으니 기특하기 짝이 없었다.

행사 날이 되었다. 마중을 나간 학생 대표들의 안내를 받으며 들어서는 일본 아이들은 말만 한 처녀 모습이었다. 파마머리를 한 애들이 많아서일까, 교복을 입긴 했지만 제각기 모양을 낸 머리 때문에 훨씬 나이 들어 보였다. 인사할 시간이 되자 책임 교사인 듯한 나이 든 여교사가 일본 말로 인사를 했다. 쨍쨍한 일본 말이 마이크를 타고 교정에 울려 퍼지자 나는 또다시 섬뜩했다. 운동장 귀서리에 화사하게 피어오른 벚꽃마저도 그날은 무섭게 느껴졌다. 구두 끝으로 흙을 파 대며 초조함을 감출 수가 없었다.

이어서 일본 학생들이 기모노로 갈아입고 게다를 신고 나와 자기네들 민속춤을 선보였다. 몇 명이 나와 추는 것이 아니라 모든 학생이 다 나왔다. 운동장 가득 원을 그리며 서서 야릇한 몸짓으로 춤을 추었다. 바람에 기모노 자락이 날리자 맨살의 허벅지가 언뜻언뜻 내비친다. 그 선정적인 모습이 민망스럽고도 매혹적이었다. 우리 아이들도 몇이 그 대열에 끼어 흉내를 낸다. 스탠드에 앉아 구경하던 아이들도 더 크게 박수를 치며 좋아한다. 경쟁심이 발동했으리라. '봐라, 조금만 있으면 저것보다 더 좋은 우리 사물놀이가 펼쳐질 거다. 그때는 너희들 다 나가서 춤을 추렴.' 짐짓 태연히 앉아 있으면서도 사물놀이 패를 기다리고 있었다.

그러나 부채춤이 끝나고 다시 일본 애들의 에어로빅 시범이 끝나 가도 사물놀이 패는 나타나지 않는다. 아이들은 일본 애들의 유연한 에어로빅 동작에 탄성을 지른다. 기모노 춤보다 더욱 선정적이다. 나는 화가 났다. 사물놀이를 학교에서 못 하게 한 것이로구나. 교무실로 가 보았다. 아니나 다를까. 연일이가 학생부 선생에게 꾸중을 듣고 있고, 시진이는 막 교무실을 뛰쳐나오고 있었다. 학생부 선생에게 왜 그러느냐고 따지며 참견하기도 어려운 일이라 짐짓 못 본 채, 쓰라린 가슴만 억누르며 교무실을 지나쳐야만 했다. 그러면서도 아이들이 내게 와서 그렇게 자랑을 했는데 그 아이들 편이 되어 한마디 얘기도 해 주지 못하고 자리를 피해 버리는 나 자신이 미워서 울화가 치밀었다. '내가 너무 민감하게 반응하는 건 아닌가. 손님 접대하는 뜻으로 일본 춤 보았으면 된 것이고, 우리도 부채춤 추었으니 다한 것 아닌가. 학생들은 아무런 거부감 없이 즐겁게 지내고 있는데 내가 괜히 혼자 안달하는 것 아닌가.'

사실 그렇기도 했다. 아이들은 사물놀이가 프로그램에 있는 줄도 모를 뿐 아니라 기다리지도 않았다. 이어서 점심시간에는 가수 소방차 노래가 운동장에 울려 퍼지고 이따금 일본 노래도 섞여 나왔다.

무거운 마음으로 뒷동산으로 올라갔다. 점심 먹을 입맛도 없었다. 의자에 앉아 있으니 사물놀이 패들이 올라왔다. 그 애들도 나와 똑같은 마음이리라. 나를 보자 달려와 옆에 앉으며 이럴 수 있느냐고 울먹인다. 어찌 된 일이냐고 물으니 더욱 울먹이며 하는 얘기는 이러했다.

행사 하루 전까지 열두어 명이 패를 이루어 연습을 했다. 학교 동산에서 하자니 시끄럽다고 할까 봐 학교 밑에 있는 문화 운동 단체 연습실을 빌려서 열심히 두드렸다. 그런데 하루 전날 무용 선생님이 사물놀이가 취소되었다고 알려 왔다. 아이들은 바로 교장 선생님을 찾아가서 하게 해 달라고 애원을 했다. 바쁜 교장 선생님은 미리 계획한 것이 아니니 안 된다고만 하시며 돌려보냈고, 아이들은 다시 교감과 학생 주임을 찾아갔다.

"너희들은 어째 시키지도 않은 일을 그렇게 잘하느냐. 사물놀이를 꼭 해야 되는 이유가 뭐냐, 민속춤인 부채춤을 선보인 것으로 되지 않느냐. 시끄럽고 고상하지 못한 사물놀이가 꼭 우리 문화의 전부냐. 더더구나 그런 놀이는 운동권 대학생들이나 노동자들이 데모할 때 선동하기 위해 하는 것이고, 우리 고유의 농악에서 변질된 것이다. 너희들은 순수한 마음으로 이러는 줄 알지만 불순한 사람에게 이용당하게 될지도 모른다는 걸 모르느냐. 아예 할 생각 마라."

아이들이 몇 번 더 애원했고 오늘 다시, 연습한 것이 아까우니 잠시라도 하게 해 달라고 했다가 꾸중만 덤으로 얻어먹었다고 했다.

"그래, 나도 마음이 안 좋다. 신명 나게 춤 한판 추려고 했는데……. 애들아, 우리끼리라도 여기서 한판 추자. 점심시간에 우리끼리 신명 한번 돋우고 나면 기분도 풀어지겠지. 얘 현정아, 그렇게 울상만 짓지 말고 상쇠 잡아! 한판 놀자구."

머뭇거리던 현정이가 캐캥캥캥 앞을 잡아 나가자 모두들 자기 악기를 잡고 치기 시작했다. 동산에 오른 애들이 서서히 우리를 둘러싸고 나는 덩실덩실 춤을 추었다. 그러자 애들이 좋아라 박수 치며 같이 손 맞잡고 춤을 추기 시작했다. 삽시간에 아이들이 몰려들었고 춤판이 벌어졌다.

좋구나 좋다. 얼쑤 좋다. 눈물을 훔치며 북을 쳐 대는 연일이와 시진이. 숫제 울면서 장구를 치는 미애. 꽹과리를 잡은 현정이는 설움도 잊고 신들린 듯 자진모리, 휘모리 장단으로 판을 끌어 나갔다.

나와 아이들은 고래고래 추임새를 넣으면서 땀을 뻘뻘 흘리며 어리얼쑤 춤을 추었다. 일본 아이들도 신기한 듯 둘러섰다가 잡아끄니 좋아라 춤을 춘다. 점심 끝내고 산책 나오신 선생님 몇 분도 판에 어우러졌다. 동산 가득 춤판이 벌어졌다. 흐드러지게 한판 춤이 끝나자 상급생 미애가 주위에 둘러선 아이들에게 이야기했다.

"여러분, 사실 오늘 저희들은 아까 운동장에서 이렇게 한판 놀려고 했습니다. 그러나 사정이 여의치 못해서 그 자리에서 밀려났습니다. 대신에 동산에서 이렇게나마 한을 풀어서 다행입니다. 우리와 함께 놀아 주신 이상석 선생님께 감사드립니다."

이어서 애들은 목메인 소리로 내 노래를 채근했고 나는 어설프게 '상주 모심기' 노래를 했다. 하면서도 목이 메어 나중에는 땀인지 눈물인지 모를 눈물을 훔치면서 꺼이꺼이 노래했다.

북, 장구 소리는 교무실에까지 들렸을 것이다.

'결국 저것들이 저희들끼리 저렇게 소란이구나, 못된 것들. 뭐 선생도 같이 춤을 춘다고? 애들 꾀어서 잘하는 짓이구먼. 아, 지금 못 하게 해 봐야 시끄러워져. 내버려 두지 뭘. 참…… 선생이나 애나 똑같이. 선생이 저러니 애들이 기가 살아서 교감 선생님한테까지 대든다니까. 아까 그 연일이 보라고. 못 하게 하면 말 것이지. 고개 쳐들고 왜 안 되냐고 따지는 꼴이라니…….'

동료들 이야기가 귀에 선했다.

그 뒤 교무실에서는 또 하나의 소문이 돌아 내 가슴을 찔렀다.

이 선생이 애들에게 장학금 줘 가며 풍물을 배우게 한다더라, 풍물을 이용하여 의식화 교육을 시킨다더라.

그날 안내를 맡은 아이들 가운데 몇 명은 일본 학생들과 헤어지면서 많이 울었다는 얘기를 들었다. 서너 시간 동안 함께 있었지만 그만 정이 들 대로 들어 버렸다고 했다. 일본 아이들은 정말 예절 바르고 무엇보다 공중도덕을 잘 지키더라고 했다. 조상들의 얼룩진 아픈 과거는 우리 세대가 풀어야 한다고도 했고, 이때까지는 일본에 대한 선입견이 매우 안 좋았는데 이번을 계기로 그런 부정적인 생각을 씻을 수 있어 좋았다고도 했다.

짓밟힌 과거는 그렇게 쉽사리 사라지는가. 우리 아이들이 세련된 용모와 예절이 몸에 배인 그 아이들 모습을 보며 오히려 한 핏줄인 이웃 아이들을 촌스럽다고 업신여기는 마음을 갖지는 않았을까. 학교에서는 올해부터 선후배 자매 맺기 제도도 없애 버렸는데 그 까닭을 알기나 할까. 선후배의 교류가 아이들에게 부정적인 영향을 끼친다고 생각한 관리자의 발상. 학교가 옛날 같지 않아 선후배들의 교류가 잦을수록 학교에 대한 불만이 늘고 무엇인가 단체 행동의 조짐이 엿보인다고 판단한 그 치밀성. 학생회가 학교끼리 교류라도 할라 치면 공권력까지 동원해 짓밟아 버리는 이 땅에서, 딴 나라 아이들과 맺는 우의는 어쩌면 그렇게 순수하고 인간적인 모습으로 장려하는지……. 남북의 장벽은 고사하고 동서의 장벽 또한 안타깝기 짝이 없는 이 땅에서 동서 화합을 위한 결연 운동을 해 볼 생각이나 하는지…….

외톨이가 되어서

 신 선생은 아이들한테서 절대적인 믿음과 지지를 받고 있었다. 나는 보통 그리기나 만들기 같은 걸로 미술 수업을 한다고 생각했는데 신 선생의 수업을 보며 그 생각을 바꿔야 했다. 사물을 보는 눈, 진정한 아름다움의 의미, 생활 속 그림 문화, 세상을 바로 보게 하는 의식의 깨우침. 도대체 아이들이 왜 그렇게 미술 시간을 기다리는지 궁금해서 빈 시간에 가끔 수업을 받아 보았는데, 아이들을 감동시키는 이야기에 나도 그만 학생이 되어 빨려 들곤 했다. 신 선생은 어떤 관념적 이론도 모두 재구성해서 구체적인 형상으로 나타냈다. 형상화시키는 능력은 천재로구나 싶을 만큼 탄복이 터져 나온다.
 반 아이들에게 별로 관심을 갖지 않는 듯하면서도 애들 한 명 한 명의 사정을 세세히 꿰뚫고 있었다. 언제 어떻게 알고 있었는지 신기할 노릇이었다. 교실 출입문에 달마다 바꿔 붙이는 시도 아이들의 생각을 일깨우고 정서를 안정시키는 데 큰 몫을 하고 있었다. 그러나 신 선생도 흠이 있었다. 교장과 교감이 부당한 지시를 하면 조목조목 따져서 항복을 받아 내고야 마는 일이다. 내가 앞뒤도 없이 울컥 화를 내며 항의를 한다면, 신 선생은 조용조용히 집요하고 꼭닥지게 따지고 들었다. 이러니 관리자가 마음 편할 리 없다. 꼬투리를 잡아 꾸중하고 싶어도 그런 빈틈이 없다.

우리 둘은 늘 붙어 다녔다. 딴 사람은 안중에도 없었다. 도무지 이야기가 재미없고 한가하게 잡담을 나누는 것도 아까웠다. 그저 둘만 앉아야 아이들 이야기, 교육 이야기, 서로의 삶에 대한 이야기로 밤을 새울 수 있었다. 아이들에게도 짐짓 둘만의 우정을 자랑했다. 국어와 미술 시간에 하는 이야기가 착착 박자가 맞아떨어졌다. 내가 속사포처럼 쏘아붙인 이야기가 미술 시간에 구체적으로 형상화되어 아이들을 감동시켰다. 우리가 늘 수업 내용을 공동으로 계획했기 때문이다. 이러니 동료 교사들이 좋아할 리가 있었겠는가.

이 학교에 근무한 지 3년째 되던 해 신 선생은 ㄷ여중으로 전출을 당했다. 아직 근무 햇수도 남았고, 전출할 상황도 아니었다. 분명히 부당 전출이었다. 그도 그럴 것이 학기 말에 교장은 나를 불러서 전출될지 모른다는 이야기를 전했다. 그때 나는 2년째 근무하고 있었다. "만약 그런 부당한 전출 명령을 내리면 저는 승복하지 않겠습니다." 그리고 부탁도 했다. "저는 이 학교가 너무나 좋습니다. 생각 같아선 평생 여기서 아이들과 함께 살았으면 좋겠습니다. 재단에서 전출시키려 해도 교장 선생님께서 막아 주셔야 합니다." "그건 내 소관이 아니라서……." 하더니 느닷없이 신 선생이 전출을 당하게 된 것이다. 둘을 어떻게 하든 떼어 놓아야 했나 보다.

"우리는 선생님이 학생들을 위해 수업도 열심히 하고 학급 운영도 잘하고 있는 줄 충분히 압니다. 그러나 이곳 선생님들은 교장인 나보다도 더 보수적일 때가 있습니다. 선생님은 뭔가 새롭게 아이들을 가르쳐 보고자 하지만 그리고 나도 찬성하는 부분이 있지만, 우리는 더 많은 사람들의 사기를 생각하지 않을 수 없습니다."

두어 해 전에도 교장의 불의에 대 놓고 항의하던 교사가 졸지에 재단 사무국으로 대기 발령이 난 일이 있었다. 전출이란 무기로 교사들을 위협하는 재단은 정말 하느님의 뜻을 받들기 위해 학교를 세웠는지 의심하지 않을 수 없었다. 재단은 성직자들로 이사회를 꾸렸는데 양심과 정의를 바탕으로 행정 일을 하기보다는 오히려 그런 행정에 너무 무지해 어찌할 바를 모르고 있지 않은가 의심스럽기도 했다. 성직자는 세속 업무에 초연해야 한다는 생각을 갖고 있어서인지 학교 안의 현실 문제에는 별 관심을 보이지 않았기 때문이다. 학교를 세웠으면 그야말로 아이들에게 예수의 정의로운 삶을 배우게 해야 할 것이고 몸소 정의를 실천

해야 할 일 아닌가. 기도만이 유일한 구원이라고 믿는 모습에 울화가 치밀었다.

신 선생의 전출 소식이 전해지자 온 학교가 난리가 난 듯했다. 미술실에는 애들이 끊이지 않고 찾아들어 눈물 바람이었다. 여학생의 극성도 작용했겠지만, 가져다 놓은 편지와 선물들을 옮기는 데 열댓 명의 손이 필요할 정도였다. 그러나 그것이 극성 때문만은 아니었음을 알 수 있었다. 고한결이란 학생이 신 선생을 위해 작사 작곡한 노래를 드렸는데 그 노래가 아이들의 입과 입을 통해 불리는 것을 보면 알 수 있었다.

신 선생이 한번 학교에 놀러 온 적이 있었다. 토요일 오후 자습 시간이었다. 마침 쉬는 시간에 신 선생이 현관을 들어섰는데 이걸 본 아이들이 강둑이 터지듯 몰려 내려와 겹겹이 신 선생을 에워싸고 울고불고 난리였다. 어떻게 그리 쉽게 눈물이 터지는지. 2, 3층 교실 창문마다 애들이 매달려 있었다. 눈물을 찍어 내며. 내가 봐도 샘이 날 정도였다.

자습 감독 선생이 흥분해 아이들을 내쫓고 있었다. 회초리를 휘두르며 이년들이 미쳤냐고 고함을 지르면서. 신 선생은 그날 또다시 딴 교사들에게 상처를 준 꼴이 되고 말았다(주고 말았다).

"누가 존경받을 줄 몰라서 못 받나. 나도 아이들에게 오냐오냐 좋은 소리만 할 수 있다고. 선생이 자기 페이스를 지킬 줄 알아야지. 애들 비위만 맞춰서 어떻게 하겠다는 거야."

그 뒤, 나는 혼자가 되어 갔다. 방과 후에는 주로 '국어 교육을

이 별

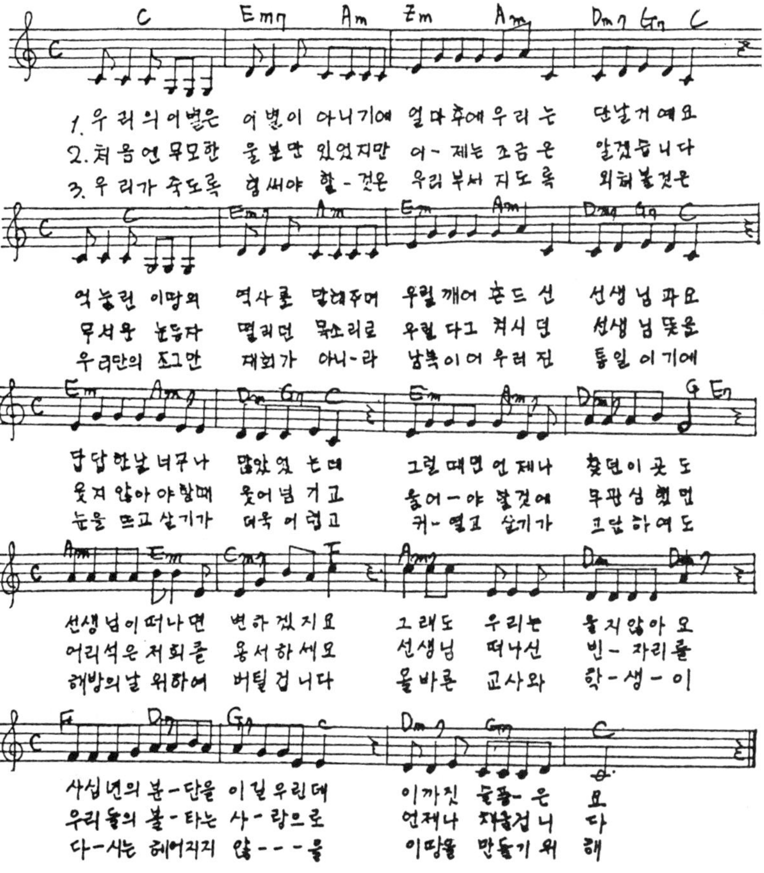
C Em7 Am Em Am Dm7 G7 C
1. 우리의 이별은 이별이 아니기에 얼마후에 우리는 만날거예요
2. 처음엔 무모한 울분만 있었지만 이-제는 조금은 알겠습니다
3. 우리가 죽도록 힘써야 할-것은 우리 부서지도록 외쳐볼것은
억눌린 이땅의 역사를 말해주며 우릴 깨어 주드신 선생님과요
무서운 눈동자 떨리던 목소리로 우릴 다그쳐시던 선생님 뜻을
우리만의 조그만 재회가 아니-라 남북이어 우리 진 통일이기에
Em Am Dm G7 C Em Am Dm G Em
답답한날 너무나 많았었는데 그럴때면 언제나 찾던이곳도
웃지 않아야할때 웃어넘기고 울어-야 할것에 무관심했던
눈을 뜨고 살기가 더욱 어렵고 귀-열고 살기가 고단하여도
Am Em Cmaj7 F Amaj7 Dm Dm7
선생님이 떠나면 변하겠지요 그래도 우리는 울지않아요
어리석은 저희를 용서하세요 선생님 떠나신 빈-자리를
해방의날 위하여 버틸겁니다 올바른 교사와 학-생-이
F Dm7 G7 C Dm7 G7 C
사십년의 분-단을 이길우린데 이까짓 슬픔-은 요
우리들의 불-타는 사-랑으로 언제나 채울겁니 다
다-시는 헤어지지 않---을 이땅을 만들기 위 해

위한 교사 모임' '민주교육추진 교사협의회'에서 일하느라 바빴지만 학교에서는 자상하게 이야기를 나눌 사람이 없었다. 대신 학생들에게 더욱 빠져들어 갔다. 아이들만 있으면 교사로서의 삶은 부족한 게 없지 않은가. 바깥 모임이 없는 날은 늦도록 아이들 곁에서 이런저런 상담도 하고, 모둠 일기에 얘기도 써 주고, 이야기 수업 자료도 찾고, 아니면 도서관에서 아이들과 함께 책도 읽었다. 그러나 알지 못할 외로움이 밀려왔다. 교무실에서 너스레를 떨고 농담을 해도 절해고도에 앉아 있는 것 같은 아픔을 느껴야 했다.

"학교 분위기가 너무 달라졌어. 애들이 옛날 같지 않아. 걸핏하면 민주니 자율이니. 애들이 뭘 안다고 그래. 애들은 선생이 길들이기 나름인데. 안 그렇소, 이 선생."

"작년(87년 6월)에 ○○공전 애들 데모하는 것 봤어요? 돌대가리들. 꼴에 데모한다고? 싹 쓸어다가 바다에 처넣어야지. 요새 애들이 그 본보고 복도에다가 건의문을 써 붙이질 않나, 교장한테 투서를 하지 않나, 요샌 수업 들어가면 애들 꼴도 보기 싫다니까."

"작년에 ○○○ 선생 있을 때는 얼마나 잘 돌아갔노. 그 성님이 애들한테 욕 들어가면서도 분위기를 꽉 잡았지. 자습 시간에 어디 애들이 얼씬거리기라도 했나. 요샌 이것들이 자율 학습인데 왜 이러냐고 대든다니까. 세상 참 많이 좋아졌지."

술자리에서 내뱉는 말이라도 이런 말을 듣고 있기는 예사 고

역이 아니었다. 그렇다고 생각이 잘못되었다고 얘기하는 것도 엄두가 나지 않았다. 반박하는 말들이 뻔하기 때문에.

아예 담을 치고 혼자 살기로 했다.

'애들 앞에 선 교사가 어떤 모습이어야 하는가를 몸으로 보여 주겠다. 교사는 교장이 그 가치를 평가하는 것이 아니라 아이들이 평가하는 법. 당신들의 무지함을 아이들이 깨우쳐 주리라.'

나는 오직 내 수업과 우리 반 운영에만 골몰했다. 그럴수록 동료들은 더욱 멀어졌다. 혼자만 잘났다는 비아냥을 받아 가며. 나와 친하게 지내던 글쓰기 모임 아이들, 그리고 자주 나에게 찾아와 고민을 털어놓던 아이들을 딴 선생들이 주목하고 있는 게 눈에 띄었다. 심지어 반을 나눌 때도 명단을 만들어 그 학생들을 요주의 학생으로 분류해 학급 편성을 조정하고, 담임이 그 아이를 책임지도록 하는 일까지 벌어지기도 했다. 기가 찰 노릇이었다. 아이들만 아픔을 이중으로 겪는 꼴이 되었다.

신임 교사가 오거나 몇몇 젊은 여교사가 나와 얘기를 오래 나누면 당장 은밀한 주의를 받는다는 이야기를 들어야 했다.

"이 선생과 가까이 하지 마세요. 어제는 무슨 얘길 그렇게 재밌게 했지요?"

교육 실습생을 위한 강연회에 가서 강연은 했지만 정작 교생들이 우리 학교로 실습을 오면 아예 인사하기가 서로 겁이 났다. 맨 먼저 주의할 일이 나와 접촉해서는 안 된다는 것 때문에. 신문에 칼럼을 하나 써내도 말들이 많았다. "개인적인 얘기나 할 일이지 왜 자꾸 학교 얘기를 하느냐. 아니 제목이 '폭력 교사'가 뭐야. 교사들을 모두 깡패로 보는 거야!" 내용과 전혀 상관없는 얘기로 빈정거릴 때 나는 아무 말도 할 수가 없었다.

한번은 텔레비전 방송국에서 내 수업을 찍겠다고 왔다. 내가 낸 책을 보고 실제로 아이들과 사는 모습을 찍어 가겠다는 것이었다. 학교에서는 온통 비상이 걸려 우리 반 근처에는 카메라가 얼씬도 못 하게 했고, 나는 다시 동료들로부터 "잘났어! 정말."을 들어야 했다.

"누가 책을 못 내서 못 내는 줄 알아. 그 정도는 나라도 내겠다. 그러나 젊은 교사가 어찌 함부로 책을 낼 수 있어. 적어도 60이 넘어 확실한 평가가 내려지고 난 후면 몰라도……."

교협에서 나오는 신문 한 장, 민주화를 위한 유인물 한 장도 돌려 읽지 못했고, 교육법 개정을 위한 서명 하나 받지 못했다. 유인물이나 서명하는 일에 전혀 관심이 없는 것도 아니겠으나 내가 하는 일은 좋아도 하기 싫다는 눈치였다.

내가 전교조 문제로 징계위원회에 넘겨졌을 때 학생들은 징계 반대 서명, 징계위 개최 저지 싸움으로 온통 그 여름(89년 7, 8월)을 뼈아프게 보냈다. 하지만 동료들은 한 명도 '선처를 바란다'는 서명에 동참하지 않더라고 새로 전근 온 교사가 서명을 받으려다가 그만두게 된 사정을 이야기해 주었다. 나는 당연한 결과라고 생각했다. 어쩌면 우리는 동료가 아니라 적이었다. 그렇게 된 데는 내 책임이 크다는 것을 학교를 떠난 지 일 년이 되어

서야 깨달았다.

나는 분명히 인간관계의 미숙함을 반성하지 않으면 안 된다. 사랑과 인내력도 없었고 개인주의 성향에서 벗어나지도 못했다. 그리고 내 소심함도 함께. 교육관이 서로 다른 것인데 상대를 이해해 보려는 마음을 먹지 못했다. '좋다. 누가 옳은지 학생들한테 평가받아 보자.' 이런 생각만 했다.

'한 사람이 백 걸음 앞서는 것보다 백 사람이 한 걸음 앞서는 것이 더 값지다.'는 말을 수도 없이 하면서도 나는 혼자만 달려 나가려 한 것이다.

나는 동료 교사들이 나만큼 정성을 갖지 않을 때 내가 유별나다고 생각하기보다 그들의 모자람을 탓하기에 급급했다. 나를 아끼던 노교사가 정년 퇴임을 하며 나에게 당부하시던 말씀이 있었다. "이 선생, 물이 너무 맑으면 고기가 모이지 않는 법이오." 그러나 그때는 '맑아야 할 물은 어떤 일이 있어도 맑아야 하고, 흐린 물에 모일 고기라면 받아들이지도 않겠다. 청정한 물에 사는 고기만 모여도 일은 다 할 수 있다.'고 생각했다. 그러나 아니다. 지금은 아니다. 아이들에게 열 가지 줄 것을 다섯만 주고 동료들에게 나머지 다섯을 주었더라도 아이들은 나한테 받는 열 가지보다 훨씬 많이 받았을 것이다. 진정으로 아이들을 위한다면 동료들과 함께 참교육의 길을 가야 한다. 내가 하는 참교육을 자랑만 할 것이 아니다.

돌아보면, 나는 동료들을 사랑하지 않았다. 아이들에게는 '더 붙어 사는 삶'을 가르치면서도 나는 사랑을 나누지 못했다. 내가 아이들을 사랑하듯이 그렇게 동료를 대했더라면 이렇게 혼자 뒤늦게 후회하지는 않을 것인데……

교육의 비리 앞에는 한 발짝도 물러설 수 없지만 동료의 잘못은 이해하고 설득하며 때로는 함께 허우적거릴 수도 있어야 할 것이다. 그리고 내가 하는 실천만이 최고로 가치 있다는 착각부터 버려야 할 것이다. 진정 내 실천이 바른길 위에 서 있는 것이라면 그 자체로도 동료들을 설득할 수 있어야 한다. 그때라야 가치를 지니게 된다. 내가 한 교육 활동도 따지고 보면 순수한 헌신이 아니라 욕구 실현을 위한 몸부림이 아니었을까 반성한다.

복직되면 참말로 잘할란다.

4부

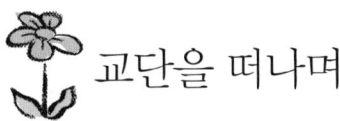
교단을 떠나며

생이별, 그 살점 뜯기는 아픔

갑자기 방학이 하루 앞당겨져 1학년 교실에서는 환호성이 터져 나오고 있었다. 임시 직원회를 소집한 교장과 교감은 사뭇 긴장한 모습으로 사태를 설명하고 서둘러 학생들을 귀가시키란 지시를 했다.

"지금 일부 2, 3학년 학생들이, 아시는 바와 같이 우리 학교 단 한 분 선생님 문제로 집단행동을 계획한 듯합니다. 대다수 학생들은 모르고 있으니 날씨가 너무 더워 방학을 하루 앞당긴다고만 하십시오. 되도록 빨리 귀가시켜야 합니다. 아, 숙제니 통신표는 뒤에 서신으로 보내면 됩니다……."

이미 학생부 교사 몇 명은 자리에 보이지 않는다. 요소요소에서 아이들을 통제하고 있는 모양이다.

1989년 5월 28일 전국교직원노동조합(전교조)을 결성할 때,

나는 부산지부 부지부장을 맡고 있었다. 정부는 전교조를 불법 단체로 규정하고 조합원 모두를 중징계하겠다고 하더니, 7월 말 방학이 다가오자 이때를 틈타 징계위원회를 열어 우리를 쫓아낼 형식적 절차를 밟고 있었다. 나는 파면당할 것이 거의 확실했고, 그런 만큼 방학 전 한 주일은 내게 가장 소중한 시간이었다. 이 아이들을 마지막 본다는 생각으로 한 시간 한 시간의 수업에 온 열성을 바쳤다. 그리고 3월 첫 시간 때처럼 아이들 이름을 차례로 불러 보았다.

"얘들아, 방학 동안 못 볼 텐데 인사나 서로 해 두자. 내가 이름을 부르면 너희는 나와 눈을 맞추는 거야. 그리고 너희가 하고 싶은 얘기가 있으면 해. 할 말이 없으면 눈으로만 말해도 되겠지. 자…… 정지영!"

방학이 되면 어찌 될 것인지 아는 아이들은 구석구석 눈물을 찍어 내기도 하고 아예 고개를 파묻고 우는 아이들도 있다. 가슴이 저며 와서 목울대가 따가워도 끝까지 이름을 불렀다.

"선생님, 저희들이 지켜 드릴 테니 힘내세요."

"선생님을 존경해요. 제가 시집갈 땐 선생님 같은 사람 만날 거예요."

"2학기에도 꼭 우리와 수업할 수 있도록 빌겠습니다."

그러나 정작 우리 반 아이들에게는 이별의 내색을 할 수가 없었다. 종업식 날 방학 잔치를 열자며 떡쌀까지 마련해 두었는데……. 이별의 아픔을 애써 감추고 있었다. 엄청나게 아플 생이

별을 아이들이나 나나 현실로 받아들이려 하지 않았다. 서슬 퍼런 억압이 목을 눌러 와도 우리 반 아이들을 만나면 도무지 상상이 안 되는 이별이었다.

그런데 아무 준비도, 마무리도 못 했는데 생이별의 순간이 다가온 것이다. 교무실 동료들도 슬금슬금 내 눈을 피하며 총총히 자리를 뜨고 나는 그저 막막한 가슴으로 교실로 향했다. 교실은 이미 긴장과 아픔으로 깊은 바닷속 같은 침묵이다.

"얘들아, 방학이 하루 앞당겨졌단다……." 채 말이 끝나기도 전에, "선생님 그건 안 돼요. 절대 안 돼요." 상희가 울부짖으며 소리치자 그만 교실이 울음으로 와르르 무너진다.

"안 돼요, 선생님. 이럴 순 없어요……."

나는 뭔가 이성을 찾아 이야기하고 싶었지만 걷잡을 수 없는 눈물 때문에 말을 이을 수가 없었다. 딴 반 학생들도 복도에 빽빽이 서서 나를 지켜보고 있다. 마냥 이러고 있을 수 없다 싶어 교실을 나서려는데 아이들의 처절한 울음이 발목을 잡는다. 몇 번이고 멈칫거리다가 교무실로 돌아왔다. 내가 없어야 진정이 될 것 같았다. 곧이어 한 아이가 달려왔다.

"선생님, 반장이 쓰러졌어요."

경희는 나를 데리러 나오다가 복도에서 실신해 버렸다. 수족을 주무르고 있는데 연이어 옥경이가 쓰러지고, 은정이가 쓰러지고, 지이가 쓰러지고, 보경이가 쓰러지고, 복독에 섰던 딴 반 학생인 경령이까지 쓰러졌다.

"도영아, 물 좀 떠 오너라. 선옥이는 양호실 가 봐. 청심환 같은 거 없나……."

더위로 숨이 턱턱 막히는 교실에서 이 아이 저 아이를 흔들어 깨워 보았지만 아! 나도 손이 떨려 오고 정신이 아득해 아무것도 할 수가 없었다.

아수라장이 된 교실에서 나는 그만 꺼이꺼이 통곡을 하고 말았다.

도대체 이게 무엇인가. 무엇이 우리를 이토록 아프게 만드는가. 이 아이들의 충격과 고통은 어찌할 것인가. 6천 명, 8천 명, 2만 명까지도 전교조에 가입한 교사는 모두 파면시키겠다는 정부의 발상은 이미 아이들에 대한 애정이 털끝만큼도 없음을 드러낸 것이다. 저들은 교사와 학생이 얼마나 살뜰한 사랑으로 맺어져 있는지 모르는 모양이다.

방학 중에 징계를 끝내고, 빈자리는 수두룩한 미발령 교사로 채우면 아주 깨끗이 문제가 해결된다고 보는 모양인데……. 방학을 끝내고 돌아온 교실에 새 담임이 서 있다면 애들이, '아, 우리 선생님 갈렸구나. 그럴 테지…….' 하고 받아들일 것 같은가. 어처구니없는 이별, 영원히 각인될 충격과 그 상처에서 아이들은 무엇을 배울까.

교직에 몸담은 뒤 10여 년을 지내 오면서 해가 거듭될수록 교직에 대한 애정이 절실해졌고, 온몸 바쳐 아이들을 사랑하며 살고 싶었다. 또 그렇게 살아왔다고 자부한다. 그러나 사랑도 '과

유불급(過猶不及)'인가. 이것 때문에 교직에서 쫓겨나게 되었다. 동료의 말대로 내가 너무 우직하고 약지 못해서인지, 여론의 비난을 받으며 살점이 뜯겨 나가는 아픔으로 내 아이들과 생이별을 하게 된 것이다.

선생님, 꼭 그렇게 하셔야 합니까? 저는 모르겠습니다. 제 생각이 너무 좁고 소견이 없는 탓인지도 모르지만 지금 가시는 선생님을 잡고만 싶습니다. 그러나 선생님, 언제나 그러셨듯이 저희들은 선생님을 믿습니다. 선생님, 어떠한 역경과 고난이 닥치더라도 절대로 흔들리지 마세요. 저희들이 늘 뒤에서 선생님을 지켜보고 있습니다. 이별의 순간은 슬프지만 더 큰 만남을 위하여 오늘의 슬픔 꾹 참으렵니다. _ 김옥길

선생님께서 하시고자 하는 일들 자세히는 모르지만 대강은 알고 있습니다. 제 나름대로 생각해 볼 때 좋은 점도 있겠지만 안 좋은 점이 더 많은 것 같습니다. 1교시 수학 시간에 이 생각 때문에 수학 선생님의 질문에 대답도 못 하고 수업도 하는 둥 마는 둥 했습니다. 용기를 가지고 선생님께 가서 말려야겠다고 마음먹었지만 결국 아무 말 못 했습니다. _ 김도영

지금 저로서는 선생님이 처한 상황을 잘 알지는 못합니다. 그러나 선생님의 마음을 조금은 이해할 수 있다고 감히 말합니다. 선

생님, 정말 주님께 기도드리고 싶습니다. 이것이 선생님의 마지막 '스승의 날'이 안 되도록 말입니다. 선생님! 절대 꺾이지 마셔요. 저희들이 너무 힘이 없는 것이 안타깝습니다. _ 권희영

선생님, 전 참 이기적인 아이인가 봅니다. 선생님께서 우리를 너무도 사랑하시기 때문에 그러신다는 거 알면서도 자꾸 말리고만 싶었습니다. 붙잡고만 싶었습니다. 텔레비전 뉴스, 신문 보도를 볼 때마다 제발 제발 하는 마음만 생겼습니다. 선생님 마음 알면서도 우리 곁을 떠나실지도 모른다는 생각에 눈물부터 왈칵 쏟아져 나오고 그냥 선생님이 밉기도 했습니다. _ 여근아

선생님, 힘내세요. 원래 정의를 위한다는 건 고통이 따른다고 하셨잖아요. 그 때문에 정의를 가슴에 품은 이는 많지만 실행에 옮기는 이는 얼마 없지요. '정의로운 삶=고통'이라는 이 모순된 현실이 언젠가 바뀔 날이 올 수 있기 위해서도. _ 김승남

선생님! 저희들에게 과감하게 요구하세요, 저희들이 선생님께 요구하는 것처럼. 그까짓 공부 후딱후딱 해치워 버리고 과감하게 열심히 해치워 버리고 우리 같이 민주 교육 위해 싸우자고, 소극적인 사사로움 정도는 떨쳐 버리고 우리 함께 땀 흘려 힘껏 일하자고 우리에게 말해 주세요. 미처 깨닫지 못하는, 미처 행동하지 못하는 저희들에게. 교육의 주체는 선생님들만은 아니잖아요.

선생님! 정말 참교육을 받고 싶어요. 서로 믿고 사랑하는 세상에서 살고 싶어요. 저는 지금 미칠 듯한 감정을 억제할 수 없어요.
_ 서금숙

이같이 어려운 상황에서 누군가의 희생을 바탕으로 해야 함을 알고 있고, 저희 역시도 그런 희생하는 삶을 살고 싶지마는 막상 이런 일이 닥치고 보니 정신이 없습니다. 사람 좋으라고 하는 일에 왜 이렇게 사람이 희생되어야 하는가 하는 해결되지 않는 물음만이 맴돕니다. 선생님께선 아이들 없이는 하루도 못 사실 분이신데. _ 이수미

지난번 저희 반에서 "민족을 이야기하고 통일을 이야기하는 것이 의식화 교사의 모습이라면 나는 백 번이고 천 번이고 의식화 교사이어야겠습니다." 하시면서 눈물을 그렁거리실 때 정말 땅이 꺼져 버리는 것 같았어요. 선생님, 학교를 떠나시는 건 아니지요. 저희들만 남겨 놓고 가시진 않으실 거죠. 저희는 선생님을 보내지 않을 거예요. _ 강영진

하루라는 시간이 갈수록 초조해집니다. 선생님과의 이별이 기다리고 있기 때문이겠지요. 선생님의 마음과 결심을 알면서도, 이해하면서도, 찬사를 보내면서도 마음 한구석에선 '아니'라고 부정하고 싶고, 또 선생님이 야속해지기도 합니다. 이런 이별은 감

당하기 힘들기 때문입니다. _ 조인숙

선생님, 저희들은 걱정하지 마세요. 이런 때일수록 더욱더 당차게 일어서는 저희들이 아닙니까. 선생님께서 하시는 일에 저희들에 대한 걱정이 조금이라도 방해가 된다면 그 힘의 소모마저도 참교육의 교단 위에 던져 놓으십시오. 그리고 힘껏 싸워 주십시오. 커다란 신념으로 마음을 다지고 하늘을 다져 온 나날들이 오늘로 귀결이 되는 듯합니다. 제가 교단에 설 때쯤에는 선생님 같은 여러 선배분들의 희생으로 교단은 분명, 통일된 조국 · 참교육의 실천 현장이 되어 있겠지요? 아이들과 마음 놓고 우리가 사는 조국에 대해서 이야기를 나눠도 창문을 꼭꼭 걸어 잠그지 않아도 되는 그런 때가 꼭 오리라 믿습니다. _ 심미경

1989년 5월 15일, 스승의 날 아침. 내 책상 위에, 의자 위에, 책상 아래, 의자 아래 수북수북 쌓여 있던 꽃다발과 편지들. 한 장 한 장 뜯어 읽으며, 눈물을 흘리고 어금니를 사리물고 한숨을 쉬며 마음을 다잡았다. 아이들은 이미 전교조 결성을 위한 발기인 대회(89년 5월 13일), 준비위원대회(89년 5월 14일) 들을 알고 있었다.

수업에 들어가면 교실은 긴장감으로 팽팽했지만 억지로 바깥일에 대해서는 서로 입을 열지 않았다. 수업 내용 하나하나가 마지막 이야기가 될지도 모른다는 생각에 학생이고 교사고 한마디

도 예사롭게 할 수 없었다. 마지막까지 충실하게 수업하는 것만이 가장 중요한 일이라고 생각했다. 준비위원회 부위원장을 맡고 있던 나는 징계를 받을 수밖에 없는 처지라 각오하고 있었다.

"이 땅의 교육 민주화를 위해 분연히 떨쳐 일어난 교육 동지 여러분. 지금 우리의 일을 너무 크게 생각지 맙시다. 지금 우리는 60년대 교원 노조 이후 30년 만에 교사로서 최소한의 양심선언을 하고 있을 뿐입니다.

해직의 공포? 너무 심각하게 생각하지 마십시오. 해직의 영광이 발기인 여러분 모두에게 돌아가지는 않습니다. 영광은 여기 단상에 앉은 회장단만으로도 충분합니다. 정부가 아무리 부도덕하기로 전국에서 250명, 아니 200명이 넘는 교사를 잘라 내지는 못할 것입니다. 분서갱유는 2천 년 전 진시황 시대 일이지 요즈음 같은 명색이 민주 공화국 시대에 있을 수 있는 일은 아니잖아요. 우리 준비위원회에서는 이미 3억 가까운 기금을 마련해 두고 있습니다. 이것으로 해직당한 사람들은 살림 걱정 안 해도 될 겁니다. 너무 가슴 졸이지 말고 의연하고 용감하게 전교조의 깃발을 드높입시다. 앞장은 저희 회장단이 서겠습니다."

발기인 대회에서 나는 너스레 삼아 자신 있게 이런 말을 했다. 그러면서도 혼자서 해직 각오를 할 때면 자꾸 뒤가 켕기기도 했다. 이것이 예삿일이 아니고, 그 이후 감수해야 할 아픔도 보통 일이 아니란 걸 알고 있었지만 무엇보다도 아이들과 함께하지 못할 일이 가장 아프고 무서웠다. 그렇지만 아이들은 나보다 더 큰 아픔을 감당하면서도 끝없이 나를 격려해 주고 있으니……. 힘이 솟았다.

방학이 되면 바로 징계위원회가 열릴 줄 알고 있는 아이들은 방학이 가까워 오자 안절부절못했다. 그러나 정작 징계 이야기는 한마디도 나오지 않고 수업에 들어가는 선생님마다, "너희들이 왜 과민하게 신경을 쓰느냐. 이 선생은 괜찮다. 우리 재단이 다른 재단처럼 사람을 쉽게 자를 것 같으냐. 천주교 재단은 안 그렇다." 하니 또 그런 줄로만 알고 있는 아이들도 많았다.

다음 이야기는 해직 1년 뒤, 그때 3학년이던 졸업생들을 만나 들은 이야기다. 나는 학생들의 겉으로 드러난 행동들만 보았지 이런 아픔을 참고 나를 위해 일한 것은 모르고 있었다. 고맙고도 부끄럽다.

기숙사에서 생활하는 시내는 그날 저녁 새삼스레 학교 둘레를 샅샅이 익혀 두었다. 내일 아침 아이들이 등교하면서 읽을 수 있도록 대자보를 학교 들머리에 붙이기 위해서이다. 내용이야 우리 교육을 바로잡으려는 선생님을 결코 보내지 말자는 것, 그러기 위해 전교생이 모두 관심을 가지고 이번 사태를 지켜보자는 것이었지만 발각되면 당장 징계를 당할지도 모를 일이니 하루 종일 가슴이 콩닥거렸다.

'하필 내가 왜 일을 떠맡았지. 기숙사에 있게 된 게 죄지. 그냥 안 하면 안 될까.'

수업을 마치고 기숙사에서 시간을 기다렸다. 새벽 3시쯤 학교 근처에 사는 진숙이가 풀을 끓여 학교 앞으로 오기로 했다. 시내는 겨울에 입었던 까만 티셔츠를 꺼내 입었다. 어둠에 드러나지 않도록.

교문에는 수위 아저씨가 자고 있으니 담을 뛰어넘어 나가야 한다. 무슨 큰 죄를 짓는 것처럼 다리가 후들거렸다. 어둠에 익숙해지자 담을 넘기는 어렵지 않았다. 그러나 탱자 가시에 긁히고 구덩이에 발을 헛디디기를 몇 번. 온몸이 굳어 버릴 듯이 겁이 났다. 담을 돌아 교문 앞 오솔길에 이르니 진숙이가 오들오들 떨며 기다리고 있었다.

진숙이는 풀만 전해 주고 가야 한다고 발을 동동거렸다. 새벽에 풀을 끓이다가 어머니에게 들켰다고 했다.

"뭐라고? 선생님 구하자고 벽보 붙인다고? 그런 걸 왜 이런 한밤중에 난리냐? 들키면 퇴학? 아이고 안 된다. 선생 구하는 것도 좋지만 왜 이 일을 네가 하냐? 약속? 그렇다면 나하고 같이 나가자. 풀만 전해 주고 오면 되잖아. 붙이는 건 개 혼자 붙여도 된다."

그래서 엄마가 저 골목 밖에서 기다린다는 것이다.

시내는 풀 통과 전지에 쓴 대자보를 들고 후들거리며 자리를 찾았다. 학교로 꺾어지는 벽과 시멘트 길바닥에 붙이기로 했다. 풀칠도 그리 쉽지 않았다. 손으로 풀을 떠서 종이에 벽에 풀을 칠했다. 눈물이 솟구치고 턱이 덜덜 떨렸다. 당장 뒤에서 누군가 덜미를 잡을 것 같았다. 누구에게인지 모를 원망이 끓어오르며 얼굴이 화끈거리도록 열이 올랐다. 전지 여섯 장을 다 붙이고 나니 희뿌옇게 날이 밝아 왔다. 교문이 열리기 전에 서둘러 담을 넘어 기숙사로 돌아갔다. 방에 와 보니 온몸에 풀이 묻었다. 바짓가랑이는 흙투성이에다가 밤이슬에 젖어 있었다. 온몸에 힘이 빠지며 참았던 울음이 봇물처럼 터져 나왔다. 이불을 뒤집어쓰고 소리 죽여 흑흑 울었다.

들키면 어떻게 될까. 담임 선생은 가련한 듯 나를 훑어보겠지. 아, 그냥 비라도 와 버렸으면. 붙여 둔 종이가 차라리 빗물에 씻겨 버렸으면 좋겠다. 우리가 아무리 이래도 이 선생님은 결국 쫓겨나고 말걸. 괜히 우리까지 다치지 않을까. 부모님은 아무것도 모르고 지금쯤 새벽밥을 하고 있겠지…….

한방에 자는 아이는 아는지 모르는지 자고 있어 다행이다. 아침도 먹지 못하고 내처 누워 있었다. 열이 펄펄 나기 시작했다. 친구들이 시내가 앓고 있다는 소리를 듣고 찾아왔다. 찬 수건으로 이마를 덮어도 소용없다. 결국 시내는 친구들 부축을 받으며 집으로 가야 했다. 나오면서 교문 앞을 보니 새벽 내내 붙였던 대자보는 군데군데 자국만 남았을 뿐 다 뜯겨 나가고 없었다. 차라리 다행스러웠다. 이 선생님은 우리의 이 아픔을 알고 있기나 할까…….

그날 새벽 인숙이와 수정이는 교문이 열리자마자 학교에 들어섰다. 아직도 어둠이 다 가시지 않은 복도를 지나 화장실마다

손바닥만 한 스티커를 붙였다. "우리는 이상석 선생님을 보낼 수 없습니다!" "민주 교육 하자는데 파면이 웬 말이냐!" "불룩한 배 검은 테 안경 그 사람을 아십니까!" "자주학생회 만들어서 학교 민주화 이룩하자!" "교육의 주체는 교사·학생·학부모!" 이런 내용을 쓴 스티커를 화장실 벽마다 붙였다. 교무실 앞에도 붙였다. 그러나 이것들도 새벽에 출근한 선생님들이 뜯어 버렸다.

인숙이와 수정이도 시내처럼 똑같이 가슴을 졸였다. 대자보는 학교 밖에 붙은 것으로 보아 졸업생들 짓이라 여겼는지 별일이 없었으나, 스티커를 붙인 인숙이와 수정이는 결국 덜미를 잡히고 말았다. 교감 선생님이 두 아이를 불렀다.

"너희들이 뭘 안다고 이 난리냐. 학교 민주화? 지금 우리 학교가 독재를 하고 있냐? 교육에 무슨 문제가 있느냐?"

"교감 선생님은 스스로 목숨 끊는 학생들이 한 해에 100명이 넘는다는 사실을 모르십니까. 어찌 문제가 없다고만 하십니까?"

"전국에 100명이 죽었다고 하자. 학교가 전국에 몇 개냐. 한 학교당 한 명도 안 되는 숫자다. 이것을 문제라고 생각하는 너희들 생각이 더 문제다. 우리 학교에서 죽은 애가 있느냐(어찌 이런 말을 할 수 있을까 싶은데 사실이라고 한다)? 이 어려운 상황에서 우리 학교만 이상 없이 잘되면 됐지, 너희들까지 나설 이유가 뭐냐. 그건 그렇고 한 해에 100명이 죽어 가느니 어쩌니 하는 걸 어떻게 알았느냐?"

"〈한겨레신문〉에서 봤습니다."

"〈한겨레신문〉이라니. 누가 그런 신문을 보라고 했냐. 여하튼 너희들 부모를 모셔 와야겠다."

그때 나도 학교에 있었는데 스티커라고는 한 장도 보지 못했다. 대자보가 붙은 줄도 몰랐다. 아이들은 아이들대로 열병을 앓고 있었고 나는 나대로 앓고 있었다. 나는 오직 아이들 한 명 한 명을 눈 속에, 가슴속에 새겨 두기에도 바빴다.

"선생님, 그때를 생각하면 참 우스워요. 난생 처음 대자보를 붙여 봤어요. 병이 날 정도로 떨었다니. 요샌 제가 자보 붙이기 전문이죠. 고등학교 때는 학생부 쪽을 쳐다만 봐도 오금이 저렸는데……. 그때 제가 자보 붙이는 일이라도 하지 않았으면 더 큰 병이 났을지 몰라요. 그때는 선생님을 위해 뭔가 해야 한다는 생각밖에 없었어요."

아이들이 대수롭지 않게 말해도 그때는 얼마나 감당하기 어려운 아픔이었으랴.

졸업생은 졸업생대로 대책위원회를 꾸려서 찾아왔다. 주로 나와 수업을 같이했던 88학번, 89학번이 중심이었다. 재단에 탄원서를 내고 징계 철회 서명 운동을 벌였다.

탄원서

신부님께 드립니다.
저희들은 ㅅ여고 졸업생들입니다. ㅅ여고를 다니면서 비록 신자는 아니라 할지라도 가톨릭 신앙이 전해 주는 '사랑'을 배울 수 있었습니다. 저희가 배웠던 사랑은 성서 속에 머무는 것이 아니라 구체적 실천을 통해서야 밝은 빛을 내는 것이 아닐까요.

이번에 5월 28일 전국교직원노조 결성을 계기로 교원노조의 물결이 이는 것을 보고서 문교부와 전교조 그 어느 쪽의 잘잘못을 가리기 이전, 한 가지 분명한 확신으로 와 닿는 것은 '사랑의 구체적인 실천'이라는 것이었습니다.

저희 ㅅ여고에서는 비록 한 분이지만, 이상석 선생님께서 교원노조에 몸담으신 것을 알고 반가움과 함께 걱정이 앞섰습니다. 날로 심해 가는 교원노조에 대한 탄압, 구속 또는 해직되시는 선생님들을 지켜보면서 결코 그분들이 개인의 이익을 위해 교원노조를 결성한 것이 아니라 교육에 대한 뜨거운 열정들이 교원노조란 형태로 나타난 것임을 알 수 있었습니다.

그러나 가슴이 아파 오는 것은 아이를 잘 가르치겠다는 교사, 사랑을 더욱 적극적으로 실천하겠다는 교사, 그런 교사들을 더욱더 감싸고 지켜 주어야 할 가톨릭 재단에서 과연 지키고자 하는 노력을 얼마나 했는지 여쭙고 싶습니다. 하느님의 정의, 성모님의 사랑이라는 종교적 입장에 서야 할 가톨릭 재단이 혹 정부나 문교부 입장에 서서 그 본래의 뜻을 잃으면 어쩔까 걱정스럽기도 합니다.

지금까지 저희는 한국 가톨릭교회가 온갖 사회의 불의에 맞서 대항해 왔던 정의의 실체임을 알고 자랑스럽게 생각해 왔습니다.

그렇기에 저희들은 ㅅ여고의 이상석 선생님을 더욱더 신부님께서 보호하고 지켜야 한다고 마땅히 생각합니다.
존경하는 신부님.
가톨릭 재단에 몸담고 계신다는 것을 인식하시기 이전에, 더 궁극적이고 본질적인 가톨릭 신앙의 사랑과 정의에 입각하여 이번에 저희가 요청하는 일을 처리해 주시길 바랍니다.
저희 졸업생들은 이상석 선생님을 지키기 위해 앞으로도 계속적인 노력을 다할 것을 다짐하며 이 글을 올립니다.

1989. 7. 18.
이상석 선생님 부당 징계 철회와 전교조 탄압 저지를 위한
ㅅ여고 동문 대책위원회

졸업생들은 조급하고 답답해하며 나를 찾아와 발을 동동거렸지만, 나는 오히려 공으로 제자들을 많이 만나게 된 것이 즐거울 정도였다.

하루 앞당겨 방학이 시작되었다. 아이들은 방학 중에 학교로 모이기로 했다 한다. 그러나 학교 앞에서, 버스 정류장에서 내몰림을 당했고, 그 아이들이 한곳으로 모이게 되니 자연히 가두시위가 되어 버렸다. 신문에는 우리 학교뿐 아니라 많은 학교가 날마다 시위에 참여하고 있다는 기사가 실렸다. 전교조 사무실에도 아이들이 구름처럼 모여들었다. 사무실 벽에는 격려하는 글

이 빽빽하게 붙기 시작했다. 그런 모습을 보며 우리들은 쓰린 가슴으로 눈물만 삼키고 있었다. 학생을 교육의 주체로 내세우던 우리들도 아이들이 다칠까 봐 그것만 걱정하고 있었다. 물론 아이들이 나서서 우리의 억울한 사정을 대변해 주기를 바라지 않은 것은 아니나, 막상 경찰차가 학교 앞에 진을 치고 있다거나 징계 위협이 있다는 소리를 들을 때마다 우리 때문에 아이들이 피해를 입어서는 안 된다고 자제하라고 부탁하지 않을 수 없었다.

"이건 우리 어른들 일이니 너희는 공부나 하고 있거라. 우리가 다 알아서 할 테니 너희들은 마음이 아프더라도 참고 기다려야지……."

방학 사흘 만에 징계위원회가 열렸다. 비가 부슬부슬 내리고 있었다. 난감했다. 분명히 애들이 재단 사무실 앞에 울며불며 모여 있을 텐데. 그 아이들을 두고 징계위에 어떻게 들어간담. 며칠 전 교실에서 헤어질 때 실신하던 아이들을 생각하면 불쌍하고 원통하다. 아이들은 지금 무얼 생각하고 있을까. 자기들이 날 끝까지 붙잡고 늘어지면 재단에서 함께 있도록 해 주리라고 믿고 있는 걸까. 아니면 정들었던 선생에 대한 인정의 표시로도 모여야 한다고 여기는 걸까. 교육 주체로서 정당한 항의 표시를 해야 한다고 여기는 걸까. 귀옥이도 경희도 자기 집에 감금됐다고 하던데 오늘은 더하겠지. 3학년 애들은 날 원망도 하겠지. 바쁜 때에 보충 수업도 못 받게 되었으니.

가지 말까. 그건 안 되지. 당할 때 당하더라도 분명히 내 뜻을 밝혀 두어야 해. 왜 내가 전교조에 가입했는지를. 언젠가 역사가 심판할 거야. 내가 안 가면 영원히 죄인이 될지도 몰라. 선생들은 또 어떻게 할까. 설마 오늘 같은 날에야 자기들도 모른 체하고 있겠지. 아니야, 아이들과 싸우고 있을지도 몰라. 등교도 못 하게 막았으니 재단 이사들 앞에서는 더 설쳐 댈지도 몰라. 은총을 입어야 하니까. 아! 만약 아이들이 나를 에워싸고 선생들이 그걸 뜯어낸다면? 그걸 어떻게 보고 있지. 그 처참한 모습. 아이들과 선생들 가슴에 피멍 들 일이야. 그런 모습을 볼 수가 없어.

그런데 정말 내가 아이들과 헤어지는 건가. 교직 10년이 오늘로 일단 끝나는 걸까. 이제 거리의 교사가 되어 반교육의 벽과 직접 맞닥뜨려 싸우게 되는 걸까. 내가 안 벌면 살림살이가 어려워질 텐데……. 한 일 년 버티면 복직될까. 일 년이야 퇴직금으로도 버틸 수 있겠지. 심장병으로 고생하시는 아버지. 말씀은 안 하셔도 더욱 병이 악화되겠지. 큰아들은 별 탈 없이 가정을 지켜 주리라 여기셨을 텐데. 아들들이 다 온전한 생활을 못 하게 되었으니 오죽하실까. 지금이라도 무슨 묘수가 안 나올까. 감봉도 중징계에 속한다던데 사립에서는 감봉이나 정직 정도로 그치지 않을까. 그렇게만 되면 더 바랄 게 없는데……, 되지도 않은 소리. 내가 지금 사태를 이렇게 낭만적으로 보고 있으니 동지들에게 무르다고 욕을 듣지.

그러나저러나 아이들 보는 게 큰일이네. 이 땅에서는 교육을 바로 하기가 이토록 힘드는 것일까. 내가 무엇을 어떻게 했기에. 자기들도 액자에 "전인 교육" "창조적 교육" "민주 정신 함양" 잘도 써 붙이더니 정작 그런 일을 실천하고자 하니 목을 자르겠다고 덤벼든다. 이게 무슨 꼴인가. 그래, 맞닥뜨려 보자. 내가 아이들만 생각하고 있다고 해결될 일이 아니야. 저들의 허구를 벗겨 내고 우리 아이들을 살리는 교육을 해야 해. 결코 물러설 수 없어. 평생 두고 할 교육인데 지금 내가 사사로운 정에 얽매일 수는 없지. 반드시 햇살 환한 교실로 돌아가고 말 거야. 아! 그때 그 가슴 터지는 행복을 위해서 가자! 돌진 앞으로!

재단 사무실 앞에 이르니 징계위 시간이 거의 한 시간 가까이 지나 있었다. 계단이고 문 앞이고 빼곡하게 들어차 있을 아이들을 생각했는데 아무도 없었다. 선생들도 보이지 않았다. 아, 아이들은 다 가 버렸구나. 아예 안 왔을지도 모르지. 몇 명 왔다가 전경차를 보고는 무서워 돌아들 갔겠지. 서운하고 외로운 바람이 차갑게 가슴을 쓸어내렸다. 전경 대원 몇이 방패를 들고 건물 주위에 서 있었다.

사무실이 있는 8층 복도에 들어서니 졸업생 셋이 눈물을 그렁거리며 사무실 문 앞에 버티고 서 있다. 내가 들어서자 갑자기 분주해지기 시작했다. 독실한 가톨릭 신자로서 재단에 자주 드나드는 ㅂ 선생은 고함을 내질렀다.

"애들이 어떻게 생겨 먹은 거야. 내가 가르칠 때 이렇게 가르쳤어? 선생 앞에 눈 딱 뽈시고 서서 징계위를 못 연다니. 누구 맘

대로! 어디서 데모 짓이나 하고 돌아다니다가 여기가 어디라고 행패야. 이제 나와! 이 선생 왔으니 들어가도록 길을 비켜. 내가 끌어내려면 못 끌어낼 줄 알아. 그래도 너희들 인격을 봐서 참는 거야. 빨리 나왓!"

참으로 난감했다. 내가 어떻게 행동해야 할까. 엉거주춤 서 있는데 또 한 교사가 투덜거리며 내뱉는 말.

"애들이 이런다고 문제가 해결될 줄 아는 모양이지. 아무것도 모르는 애들 선동해 가지고 사람을 괴롭혀, 괴롭히긴. 새벽부터 이게 무슨 꼴이람. 너희들은 이리 나와. 당사자가 오셨으면 비켜야 될 게 아니야? 이미 징계위원은 사무실에 다 모였어. 이 선생이 안 들어간다고 징계위가 안 열리는 것도 아니야. 궐석 재판도 몰라? 뭘 좀 알고나 해. 화염병을 들고 오지 그랬어!"

내가 나서야 할 것 같았다.

"명희하고 필수로구나. 너희들에겐 참, 할 말이 없다. 내가 죄가 많구나. 너희들 마음 안다마는……. 나오너라. 내가 징계위에서 할 말은 분명히 해야지……."

"안 돼요. 선생님께서 들어가시면 바로 파면시킬 거예요. 안 돼요, 선생님. 저기 밑에 있는 학생들을 대표해서 저희들만 올라왔어요. 부당한 징계위는 열 수 없어요."

"그렇다고 너희들이 징계위를 저지할 수도 없잖니. 너희들은 다만 오늘의 이 사실을 잘 지켜보고 있으면 된다. 무엇이 어떻게 돌아가는지……."

옥신각신하다가 징계위에 참석했을 때는 온몸에 힘이 빠져나가고 없었다. 징계위원회가 열렸다.

"딴것은 얘기 않겠습니다. 지금이라도 이 선생께서 탈퇴 각서를 쓰시면 저희들이 문제를 원만히 해결할 수 있을 것 같습니다. 저희들도 나름으로 노력해 온 사실, 이 선생께서도 잘 아실 것입니다. 어떻습니까. 사태가 이 지경까지 왔는데 이 선생께선 심경에 변화라도……."

"제 각서가 문제 해결에 전혀 도움이 안 되는 줄 압니다. 개인적 신변 문제는 해결될지 모르나 교육의 근본 문제는 오히려 더욱 어려워질 것이기 때문입니다. 징계위원 여러분을 원망하는 마음은 없습니다. 사람 쫓아내는 일을 맡게 된 것에 오히려 위로를 드리고 싶습니다……."

내가 해야 할 이야기, 하고자 한 얘기는 아무것도 생각나지 않고 이런 얘기만 주절거리고 있었다. 지금도 내가 그때 무슨 이야기를 어떻게 했는지 생각나지 않는다. 고개만 숙이고 앉았다가 만 꼴이었다.

그 순간은 학교 행정을 맡은 신부가 참으로 나를 위해 할 수 있는 배려를 한 것처럼 여겼다. 발기인 대회 이후 나를 불러서는 징계 요구가 떨어지면 재단에서도 징계를 아니 할 수 없으니 휴직을 해 버리는 게 어떻겠느냐는 제의를 했는데 그것을 참 고맙게 여긴 터였다. 휴직 상태로 운동을 하는 것은 분명하게 한계가 있을 것이고 또한 타협하는 꼴이 되기 때문에 거부했지만, 고맙다 싶은 생각이 들기도 했다. 그러나 휴직 상태에서 전교조 운동을 했을 때도 가만히 있었겠는가. 어림없는 일이다. 결국 재단은 관용을 베풀었지만 당사자는 그 은혜도 모르고 설친 꼴이 되었을 것이다. 전교조 운동을 근본적으로 거부하고 있는 이상 어떤 타협이나 관용도 기만이라는 사실을 그때는 몰랐다.

징계위는 10분도 되지 않아 끝나고 나는 막막하면서도 텅 빈 가슴으로 허우적허우적 건물을 나섰다. 조합원들에게 징계위 모습을 이야기한다면 얼마나 나무랄까. 나무라는 소리가 훤히 들렸다.

"부지부장님, 이것은 투쟁입니다. 개인적인 문제가 아니잖아요. 피아를 분명히 구분하고, 적은 적으로서 대해야 한다 이겁니다. 그런다고 형량이 가벼워질 것도 아니고. 싸움은 확실히 해야지요. 재단의 부당성, 교육 관료의 비교육적, 비인간적 행태를 폭로하고 우리 교육의 구조적 모순을 정확히 밝혀 두지 않으면 안 되는 것, 모르십니까? 우리가 무슨, 죄를 지은 것이 아니잖아요. 우리는 지금 징계 투쟁을 하고 있는 겁니다."

그날 나는 사무실로도 가지 않고 무역 회사에 다니는 선배를 찾아가 곤죽이 되도록 술을 퍼마셨다. 끝내는 꺼이꺼이 울면서 우리 반 애들 이름을 부르며…….

뒤에 안 일이지만 징계 당일 아이들은 여간 고통을 당한 게 아니었다. 아침 일찍부터 재단 건물 앞으로 모이다가 아이들보다 먼저 대기하고 있던 선생들한테 모두 쫓겨났던 것이다. 아이들은 안 되겠다 싶었던지 아예 멀리 떨어진 어느 백화점 앞에 모여 어깨동무를 하고 재단으로 밀고 올라가려고 했다. 그런데 이번에는 전경들에게 제지를 당했다. 방패를 들고 저벅저벅 걸어오는 전경들이 얼마나 무서웠을까. 하지만 아이들은 밀려 넘어지면서도 엉겨 붙어서 행진을 계속했다. 그때 선생들이 달려들어 아이들을 떼 내고 더러는 때리기도 하고.

"같은 선생님끼린데. 어째 선생님들은 선생님 구하고자 하는 우리를 돕지는 못할망정 우리에게 이러실 수 있는 겁니까!" 악을 쓰다가, "너희들이 지금 누구에겐가 이용당하고 있는 줄 모르느냐?"는 선생들 말에, "우리도 바보는 아닙니다. 이용당하는 건 선생님들입니다."고 되받으며 울었다고 한다. 비가 추적추적 내리는 거리에서 아이들은 그렇게 밀고 밀리다가 어느 선생이 "이미 징계위원회는 끝났다."고 하는 말에 울면서 울면서 헤어졌다고 한다. 사실 그때 징계위는 열리지도 않았다.

"그때 선생님이 한 번이라도 우리 앞에 나타나 주셨으면 저희들이 얼마나 힘을 얻었을까요. 대표로 올려 보낸 선배 언니들도 연락이 없지, 선생님은 도무지 보이지도 않지, 딴 선생님들만 오셔서 우릴 보고 온갖 욕을 하지. 정말 그때는 내가 이런 학교 다니면 뭐하노 싶었어요. 허무합니다. 징계위원회는 이미 끝났다 그러고. 결국 우린 선생님을 위해 어떤 것도 할 수 없었어요. 우린 도무지 왜 선생님이 저희들 곁을 떠나야 하는지 이해할 수 없었어요.

학생들이 그렇게 원하는 선생님을 악착같이 내모는 이유가 뭘까요. 저희들은 이번에 똑똑히 보았어요. 불의가 정의를 억누르고, 무력이 사랑을 짓밟고 있다는 것을요. 그리고 우리를 원수처럼 때리고 밀어내던 선생님들도 똑똑히 보았어요. 도대체 그렇게까지 하시는 이유가 무엇인지. 이젠 학교에서 더더욱 우릴 억압하겠지요."

"선생님, 그날 금숙이가 당장 죽어 버리겠다고 설친 것 아세요? 막 울면서 죽겠다고 뛰어나가려 하잖아요. 전 아무것도 못하고 금숙이만 잡고 달랬지요. 그날 금숙인 정말 죽을 것 같았어요."

출근 투쟁

그해 여름은 그렇게 아프고 무겁게 깊어 갔다. 방학 초부터 시작된 징계의 칼바람은 방학 내내 그치지 않았다. 갖은 탄압과 왜곡 선전에 맞선 싸움은 캄캄한 벽을 맞닥뜨린 듯이 참담했고 폭포를 거슬러 오르는 듯이 힘겨웠다.

탈퇴 각서를 받기 위한 온갖 음모는 그중에서도 가장 비열했고, 그러는 사이에 분열되어 가는 동지들 때문에 더 큰 아픔을 겪었다. 아버지가 딸의 발에 수갑을 채워 두고 대신 탈퇴 각서를 냈다는 이야기, 농약을 앞에 두고 아비의 죽음이냐 탈퇴냐를 강요받았다는 이야기, 학생들이 보는 앞에서 머리채를 휘어 잡힌 채 끌려 나갔다는 이야기, 육성회 학부모에게 멱살 잡힌 채 봉변당한 이야기, 결국 한 교사의 아버지가 분에 못 이겨 스스로 목숨을 끊었다는 이야기…….

또 한 가지는 아이들의 고통이었다. 선생님을 돌려 달라며 허공에 몸을 던진 아이, 징계위가 열리는 곳에 몰려와서 울며불며 선생님을 빼앗지 말라고 오열하던 아이, 집에 찾아와서는 말도 없이 펑펑 울던 아이, 결국에는 스스로 자퇴서를 던지고 학교를 떠나 버린 아이……

이런 가운데도 모임 때마다 동원되어 우리 앞에 불가사의한 힘으로 버티던 전경대, 백골단. 자고 나면 구속되어 버리던 동지들, 제삿날에도 집에 들어가지 못하고 숨어 다녀야 했던 동지들, 수도 없는 파면과 해임으로 상처 입은 동지들, 각서를 내고 그 자괴감에 몸살 앓던 동지들…….

그리고 개학 날이 되었다. 개학이 되자 본부에서 통신문이 왔다. 해고 조합원들은 각자 자기 학교에서 출근 투쟁을 하라는 것이었다.

방학 중 시험을 치르는 소집일 학교에 간 일이 있었다. 그날이 바로 징계위원회에서 해임 결정이 난 날이었다. 그날 나는 가슴 찢기는 아픔만 안고 내려와야 했다.

교무실에 들어서니 동료 교사는 슬금슬금 내 눈을 피하고 학교는 온통 긴장감만 감돌았다. 직원회의 시간이 되어도 교장과 교감은 나타나지 않고 학생부 교사들도 자리에 없었다. 나는 눈을 어디 둘 줄을 몰라 담배를 피우다가, 낙서를 끼적거리다가, 그래도 안 되어 아예 눈을 감고 팔짱을 낀 채 앉아 있었다. 그때의 적막감은 참기 어려운 고통이었다. 순간 2층에서 '스승의 은혜' 노래가 터져 나왔다. "스승의 은혜는 하늘 같아서……." 교사들은 용수철에 튕기듯 뛰어나갔다. 뒤이어 들리는 고함 소리.

"안 들어가? 이년들이……. 들어가, 교실로 들어갓!"

아이들이 시험을 거부하고 복도에 나앉은 모양이었다. 피눈물이 흘러내렸다. 저 아이들을 어찌할꼬.

우리 반 애들이 사무치게 보고 싶었다. 끌어안고 펑펑 울고 싶었다. 자리에서 일어나니 교감과 윤리 주임, 교도 주임이 앞을 막았다.

"못 갑니다. 교무실에서 한 발도 나갈 수 없습니다. 아이들 하교시킨 후에 나가십시오."

우리 반 애들하고 인사라도 해야 할 게 아니냐니까 막무가내였다.

"인사는 방학하는 날 하지 않았소."

"그때는 징계위도 열리기 전이었어요. 오늘은 꼭 우리 애들 봐야겠어요."

"안 됩니다. 절대 안 됩니다. 절대 안 됩니다!"

그 완강한 태도는, 당장 몸싸움을 할 기세다. 그 짓은 할 수가 없다. 나는 그냥 앉아 있어야만 했다. 그날 결국 나는 아이들이 돌아가고 한참 뒤에야 우리 교실에 가 볼 수 있었다.

아이들이 없는 텅 빈 교실. 내가 집에서 가져다 걸어 둔 달력. 정성을 쏟았던 게시판. "더불어 사는 삶을 위하여" 또박또박 쓴 급훈. 아침저녁 짚고 서던 교탁. 그 교탁에 누군가 "우리 사랑으로, 우리 선생님을"이라고 써 놓았다. 입술이 떨리며 눈물이 솟아올라 앞이 흐려졌다. 책상을 굽어보니 금방 아이들이 달려 나올 것만 같다. 책상 하나하나 아이들 이름을 불러 본다. 지영이, 옥경이, 동영이, 아리, 명련이, 경희, 난경이, 은정이, 현선이, 희진이, 탱금이, 혜진이, 영미, 은희, 갱남이, 금주, 양은이, 임순이, 지이, 낭자, 건희, 선옥이, 성희…… 그리고 저 맨 뒤에 귀옥이, 그 옆에 근아, 건너서 상희, 그 옆에 48번 선희.

교실 뒤쪽에는 종업식 때 해 먹으려고 준비한 떡쌀 포대도 그대로 있다. 쭈그리고 앉은 모습이 차마 못 가고 남은 아이들 모습 같다. 청소 시간이면 들고 때를 빡빡 닦아 내던 대걸레. 이제 이 대걸레는 누가 들고 청소할까.

"야들아, 청소는 즐겁게 하재이. 자, 세영아, 이것 같이 좀 들자. 교탁 밑을 싹 닦아야 개운하제. 어이차차……."

손길 닿지 않은 곳이 없는 교실이었다. 운동장 미루나무가 물끄러미 나를 굽어보고 있었다.

그날 나는 집에 오자마자 오한을 느끼며 드러누워야 했다. 학교는 당분간 안 가기로 마음먹었다. 그런데 또 출근 투쟁이라니?

나는 도무지 그렇게 할 엄두가 나지 않았다. 해직 뒤 혹 학교 앞으로 버스를 타고 지나도 가슴이 에이고, 우리 학교 학생을 지나치다 만나도 가슴부터 철렁 내려앉는 판인데 다시 학교로 올라가서 자리를 지키라니. 출근을 막기 위해 교문 앞에 늘어서 있을 교사들과 용원들을 생각하니 앞이 캄캄했다. 용원들은 그래도 나와 퍽 친하게 지냈는데……. 교사들도 사실은 원수진 일도 없는데…….

그런데 그들의 저지를 뚫고? 안 될 일이었다. 더구나 학부모가 막는다면? 여태껏 예의를 갖추어 조심스레 얘기를 나누던 그들에게 어떻게 싸움으로 맞설 수 있을까. 도저히 못 할 일이었다. 그러나 안 갈 수도 없는 노릇이었다. 내 개인 사정만으로 주어진 일을 마다할 수 없는 일. 그러고 보니 아이들과 제대로 인사도 나누지 못했다. 최소한 아이들과 정식으로 인사라도 해야 한다. 이럴 줄 알았으면 방학 때 짐을 챙겨 오지 않는 건데. 그랬다면 짐 챙길 명분도 하나 더 있을 텐데……. 그렇다. 아이들과 인사를 해야 한다고 요구하자.

날을 잡았다. 그즈음 학교마다 교문을 걸어 잠그고 육성회와 새마을어머니회 학부모를 동원해 아예 처음부터 싸움을 건다는 소문도 들렸다. 나는 점심시간쯤에 올라가기로 했다. 끝내 학부형들과 맞닥뜨릴 용기가 나지 않았기에. 예상대로 교문은 텅 비어 있었다. 수위 아저씨가 달려 나와 눈시울을 붉히며 손을 잡아 주었다.

"아저씨, 너무 염려 마이소. 잘 안 되겠습니까. 아저씨 나가시기 전에 내가 다시 돌아올 겁니더."

"하모, 그래야지요. ……그런데 오늘 아침에도 선생들이 말캉 여 나와 섰습디더. 학부형도 오고, 육성회장도 오고 해 쌓더마는…… 안죽(아직) 안 갔을 깁니더……."

청소를 하던 애들이 와르르 달려왔다가는 쭈뼛쭈뼛 다가든다. 나도 딱히 무슨 할 말이 없다. "잘 있었나?" "선생님은예?" 이것이 고작이었다. 바로 교실로 가려다가 그래도 예가 아니다 싶어 교장실로 갔다. 교장 선생님은 화들짝 놀라며 나를 맞는다.

"나는 안 오실 줄 알았더마는…… 웬일인교?"

"교장 선생님 보고 싶어 안 왔습니꺼."

"허허……."

"교장 선생님, 십 년을 드나들던 학곤데 어쩨 이래 학교가 낯이 섭니까. 오늘 여기 오기도 예삿일이 아닙니다. 교장 선생님도 절 보니 마음이 불편하시죠. 우리가 무엇 때문에 이래야 하는지……."

"글쎄 말이요."

사실 교장도 이런 사태를 퍽 안타까이 생각하는 듯했다. 교장실 앞이 와자해졌다. 아이들이 몰려온 것이다. 창 너머로 들여다보며 "어머, 이상석 샘. 이상석 샘." 폴짝거리는 애들도 있었다. 곧 학교 전체가 술렁거리는 듯했다. 뒤이어 육성회장, 교감, 주임들이 들이닥쳤다. 학부모 몇도 뒤따랐다. 그중에는 1학년 때 내 반이었던 현주 어머니도 있었다. 이분은 내가 단식 중일 때 전복을 가져다주며 복식할 때 먹으라고 한 분이다. 현주 어머니는 내 옆에 앉더니 그만 눈물을 찍어 내며 팔을 잡고 흔든다.

"이 선생님이 와 이랍니꺼. 우리 애들이 그렇게 좋아하는데 와 씰데없는 짓을 해 가지고 얼라들 가슴에 못을 박습니꺼. 내사 모르겠습니더. 와 이캅니꺼. 이 선생님, 지금이라도 각서 쓰면 안 됩니꺼. 선생님이 지독시리 각서를 안 써서 이래 됐다민서요. 예, 선생님……."

들었던 정을 치면 누님 같은 분이었다. 나는 아무 말도 못 한 채 손만 꼭 맞잡았다. 육성회장이 뒤로 기댄 자세로 입을 열었다. 건설 회사인가를 갖고 있는 회장은 일개 선생이 자기 회사 과장쯤으로도 안 보일 것이다. 말은 굽실거렸으나 늘 그런 태도였다. 더구나 회장은 자기 딸이 나를 무척 따르고 있다는 사실을 불쾌하게 여기는 눈치였다. 그날은 노골적이었다.

"나는 이 선생을 그렇게 안 봤는데……. 영 실망했습니다. 뭐 하려고 이렇게 올라왔습니까. 이제 조금 마음잡고 공부하려는 애들한테 평지풍파만 일으키고……."

"평지풍파는 제가 일으킨 게 아니라 독재 정권하고 그 하수인들이 일으켰지요."

회장의 말하는 품에 나는 그만 부아가 끓어올랐다.

"말씀을 그렇게 어렵게 하시면 안 되지요. 우린 그래도 교육위원회에서 학교 출입을 막아 달라고 부탁해도 아예 도서관에 피해 있었습니다. 이 선생하고 관계를 생각해서 말입니다. 좋게 이야기하고 끝냅시다. 아, 그럴 게 아니라 점심이나 하며 얘기하지요. 나갑시다."

"나는 여러분들과 점심 먹기 위해 온 게 아닙니다. 그리고 여기는 교장실입니다. 육성회장께서 간여할 일이 아니니 나가 주시지요. 얘기를 해도 교장 선생님과 할 겁니다. 나가시지요."

몇 마디 더 가시 돋힌 말을 주고받다가 학부모들은 나가 있기로 했다. 나는 꼭 학생들에게 인사말이라도 해야겠다고 버텼다.

"교육 실습생이 왔다가 갈 때도 인사를 합니다. 하물며 삼 년을 넘게 몸담아 온 학굡니다. 어찌 인사도 못 하게 합니까. 오늘이 어려우면 날을 잡아 주시든지, 내일 하든지. 여하튼 저는 애들에게 간다는 얘길 해야겠습니다."

"이 선생, 이 학교에서 나가게 된 걸 모르는 학생이 어딨습니까. 억지 부리지 마시고 그만 돌아가십시오."

교감이 옆에서 거들었다.

"지금 저는 교장 선생님과 얘기하는 중입니다, 교감 선생님."

"거참, 이 선생은 내가 말만 꺼내면 그렇게 고성이요." 하며 교감이 일어서 나가 버렸다. 한 시간여 실랑이 끝에 인사를 하게 해 주겠다고 했다.

"단, 방송실에서 인사하도록 하십시오. 모든 학급에 전원을 넣겠습니다. 1학년은 선생님과 수업을 안 했으니 빼고."

운동장에 모아 달라, 안 된다, 얼굴을 보고 인사해야 할 게 아닌가, 애들이 모이면 또 무슨 짓을 할지 모르는데 이건 인사하자는 게 아니라 선동하겠다는 것 아니냐. 또 한 시간 가까이 실랑이를 하다 결국 방송실에서 하기로 했다.

두 시간쯤 삭막한 입씨름을 하고 나니 마음은 마른 나뭇가지처럼 푸석푸석해져 버렸고 막상 파란 불이 반짝거리는 기계 앞에 앉으니 아무 말도 생각나지 않았다.

 교장과 주임들은 내 등 뒤에 서 있다. 엉뚱한 이야기가 나오면 마이크를 낚아챌 기세였다. 그때야 내가 얼마나 바보 같은 타협을 해 버렸는가 후회가 되었다. 무슨 말을 할까 막막하기만 한데 학교는 쥐 죽은 듯 고요하다. 열어 둔 스피커에서 나오는 얕은 잡음이 온 학교를 휩싸고 도는 듯했다. 이럴 줄 알았으면 원고를 써 오는 건데……. 입이 바싹바싹 말랐다.

 "여러분…… 지금 창밖에 일렁이는 미루나무를 보십시오. 저 무성한 이파리들도 얼마 안 있어 다 떨어져 내릴 것입니다. 그러나 우리는 저 나무를 죽었다고 생각하지는 않지요. 내년 봄에 다시 돋아날 이파리를 믿기 때문입니다(이런 유치한 비유라니)……. 나는 비록 지금 여러분 곁에서 쫓겨나지만…… 반드시 돌아옵니다…….

 우리는 헤어지는 것을 슬퍼할 게 아니고 잊히는 것을 슬퍼해야 합니다. 잊히는 사람만큼 불행한 사람은 없지요(이런 패배적인 생각하고는. 내가 지금 무슨 말을 하고 있지)……. 여러분, 준비하지 못한 인사라(그럼, 뭐하려고 인사하겠다고 우겼어) 그저 막막하기만 합니다……. 부디 자신에게 주어진 일에 성실하십시오(아, 이런 말 말고 더 절실한 말이 있을 텐데. 흔한 시 구절 하나도 이렇게 생각이 안 나지)……. 그리고 언제나 당당하고 꿋꿋이 살아가십시오. 저는 여러분을 잊지 않겠습니다……. 안녕히 계십시오(아, 그만 마지막 말을 해 버렸구나. 이런 식상한 인사를 하려고 오늘 그토록 승강이를 했단 말인가)."

뒤이어 누군가가 마이크를 잡았다.

"이어서 바로 선생님들은 수업을 계속해 주십시오. 학생들은 조용히! 수업에 차질이 없도록!"

가장 귀하고 소중한 말을 남겨야 할 인사를 생각도 없이 주절 거리다가 떠밀리듯 방송실을 나올 때의 그 참담함. 이미 아이들 과는 완전한 이별을 선언해 버렸고 명실공히 학교를 쫓겨나게 되었다. 기다렸다는 듯 육성회장은 나를 자기 차 속으로 밀어 넣 었고 나는 온몸에 힘이 빠진 채 생각도 없이 의자에 몸을 기댔 다. 큰길까지 나왔을 때야 정신이 들었다. 여기서 내려야겠다며 술이나 한잔하러 가자는 회장의 손을 뿌리치고 나서야 따가운 햇볕 아래 혼자 서 있는 나를 보았다. 뒤돌아 학교 쪽을 보니 학 교는 이미 저만큼 먼 곳에 있었다.

요즘은 마음이 너무 허해서 견딜 수가 없다. 오늘처럼 이렇게 조용히 혼자 있을 땐 더 그렇다. 누구에게 보이진 않았지만 혼자 가치 없는, 정말 아무짝에도 쓸모없는 눈물이나 흘려 댄다. 꿋꿋하게 일어서 살아갈 자신이 없다. 다른 사람의 눈엔 어떻게 비쳤는지 모르겠으나 난 바보다. 누구보다 더 여리고 약한 바보다. 아파서 못 견디겠다. 미치겠다.

지금 내 주위에서 일어나고 있는 모든 것들을 실감할 수가 없다. 선생들에 대한 마지막 존경의 끈이 끊어져 버렸다. 온갖 추악한 모습을 다 갖고 있는 게 선생이다. 그러고도 자기 입으로 교직을 성직이라고 하는 자들의 입을 틀어막아 주고 싶다. 이 한 해가 나에겐 너무나 큰 상처를 남길 것 같다. 사랑하는 사람과 헤어진다는 건 너무 가슴 아픈 일이다. 선생님이 그러셨다. "이별을 슬퍼할 게 아니고 잊히는 걸 슬퍼해야 한다." 그래 난 잊지 않을 거다, 결코. 하지만 아무리 생각해도 너무하다, 이건. 지금 상태에서 내가 할 일이 뭔가 잘 모르겠다. 선생님은 우리들을 위해서 자기 몸을 그렇게 희생하셨는데 난 정말 얼마만큼 선생님을 위해 드렸는가 자책해 본다. 난 선생님을 지켜 드리지 못했다. 그러나 나, 박○○ 그 돼먹지도 못한 인간의 얘길 들으며 생각한 게 하나 있다. 만약 이 모순된 땅이 민족의 교사를 의식화 교사, 좌경 의식을 가진 빨갱이로 몰아서 교단에 서지 못하도록 막는다면, 끝까지 인정해 주지 않는다면 일단은 우리 선생님을 민족의 교사로 내드리기로 했다.

그래, 난 민족의 교사로 선생님을 내드려야 한다. _ 신귀옥

만나면 차마 아픔을 말 못 하는 아이들도 혼자 돌아앉으면 비어 있는 담임의 자리 때문에 얼마나 가슴 쓰렸을까. 열여덟 어린 마음에 났을 칼자국 같은 생이별의 상처는 누가 치유해 줄 수 있을까. 아이들은 자기가 존경하는 교사를 매도하고 있는 딴 선생들을 보면서 무엇을 어떻게 판단하고 있을까. 옛 담임을 만났다고 폭행하는 교사, 이런 어른들 모습을 보며 자란 아이들. 그 아

이들 가슴에 꽂힌 불신의 비수는 누가 빼 줄 수 있을까.

해직된 교사야 복직만 하면 보상을 받는 것이다. 그러나 아이들의 상처는 지울 수가 없다. 이 땅의 도덕성을 회복하기 위해서 우리 어른들이 할 일은 무엇인가.

귀옥이 일기를 읽으며 생각한다. 아이들이 나를 민족의 교사로 내주었듯이 나도 그에 값하는 삶을 살아야 한다. '미치고 싶도록 아픈' 그 마음을 달래고 마침내 정의가 상식으로 통하는 세상을 만들어야 한다고 다짐한다.

선생님, 보고 싶어예

비록 교단에서 직접 아이들을 가르치진 못해도 아이들과 맺은 인연을 끊고 살 수는 없다. 적어도 우리 반 아이들만이라도. 모둠 일기장을 두 벌씩 준비하기로 하자. 2주일에 한 번씩 모둠 일기장을 모아서 내게 갖다 주면 나는 그것을 읽고 이야기를 쓰고, 그러는 동안 아이들은 다른 일기장에 계속 생활을 기록해 두었다가 2주일 뒤에는 내가 갖고 있던 것과 바꾸어 쓰고, 이렇게 하면 수업은 못 해도 이야기 통로는 언제나 열려 있겠다 싶었다. 그리고 가능하면 한 모둠씩 돌아가며 찾아와서 얘기도 직접 나누고. 이런 내 생각을 찾아온 애들 몇에게 얘기했더니 좋다고 하면서도 조금 애매한 표정을 짓는다. 내가 너무 욕심을 부리는 거냐고 물었더니 조심스레 고개를 끄덕인다. 늘 쓰던 모둠 일기인데 내가 없어도 계속 써야 할 것 아니냐고 했더니 쓰는 것은 좋은

데 자꾸 선생님을 의식하고 쓰는 게 불편하다고 했다. 그리고 사실은 아이들이 너무 많이 지쳐 있어서 차라리 지난 일은 잊어버리고 빨리 새로운 분위기에 적응하고 싶어 하기도 한다고 했다.

"그렇더라도 우리의 모둠 일기는 중단할 수 없다고 생각해. 굳이 내 생각하면서 쓸 건 없잖아. 처음 우리가 쓰고자 한 그 뜻대로 계속하면 되겠지. 정 힘들면 쓰고 싶은 사람이라도 계속하도록 해. 이건 정말 나로서는 양보가 안 되는 일이야. 너희들이 친구들을 잘 설득해 봐. 모둠 일기마저 끊어져 버리면 난 너희들을 모두 잃을까 싶어 겁이 나는걸……."

이래서 모둠 일기는 명맥을 이어 갈 수 있었다.

1989년 9월 5일 화요일. 날씨 : 됴타. 정희
화요일 첫째 시간. 시간표에는 "국(상)"이라고 적혀 있다. 한 달 전만 해도 우리 선생님이 조례를 마치고 바로 첫째 시간 수업을 했다. 그러나 지금은 아니다.
백만규 선생님이 들어오셔서 조례를 하고 구청수 선생님이 첫 시간에 들어오신다.
……그리고 할 말이 없다.

정희의 일기는 짧게 끝나 있었고 여백에는 아이들이 꼬리를 물고 쓴 글들이 어지럽게 이어지고 있었다.

지금 이 상황에서 선생님께서 진정으로 원하시는 건 뭘까? 선생님께선 비록 우리 곁을 떠나셨지만 우리가 참교육을 받고자 하는 의지를 가진다면 선생님은 꼭 승리하고 돌아오시겠지. 그런데, 사랑하는 우리 반 친구들의 반응에 무척이나 놀랐다. _ 여근아

어떤 면에서? _ H.K

왠지 난 빨리 마음을 정리할 수 없었다. 노력은 하지만 모두 다 나 같으리라 생각했는데 생각보다 우리 반 친구들은 빨리 마음을 정리한 것 같아 보였다. 물론 아픔은 있겠지만 속으로만 삼키고 있는 것이겠지. 그것이 왠지 놀랍기도 하고 서운도 하더라는 말이다. _ 근아

개학하기 전에 나는 과연 새 담임을 맞아야만 할까, 이상석 선생님이 아닌 딴 분을 '당연'한 듯이 맞아들여야 하는가 하는 생각에 괴로웠다. 그러다 개학은 찾아왔고 나는 그때까지 아무런 판단이 서질 않았다. 막상 개학이 되어 친구들을 만나고 선생님들을 만났지만 아이들은 이제 다 포기했다는 듯이 아무런 표정도 없이 앉아 있었고 몇몇은 선생님 얘길 하고 있었다.
난 솔직히 말해, 친구들의 그런 모습이 못마땅했다. 하다못해 선생님 이름을 부르며 눈물이라도 흘릴 줄 알았는데……. 그치만 또 한편으론 친구들도 모두 속으로 선생님을 그리워하고 있을 거

란 생각도 든다. 우리 2학년 5반 친구들 모두는(57번 이상순 포함해서) 서로 사랑하며 살았음 좋겠다, 부디……. _ ○○○

이 세상에서 가장 사랑하고 또 가장 얄미운 2학년 5반 가스나들아! 아침, 저녁, 수업 시간…… 기분이 어떻노. 서로 모두들 이런 얘기는 피하려고 애쓰는 것만 같아 가슴이 아프다. 우리 왜 당당하게 '참교육'과 '교원노조'에 대해서 질문을 할 수 없을까? 아니, 왜 안 할까? 우리 가슴속에 깊이 새겨져 있는 '이상석'이란 이름은 모래 위에 그려 놓은 게 아닌데. 왜 이리 허무하게만 느껴지는 걸까? 눈꼽만치도 잊고 싶지 않은 우리의 진정한 담임 선생님의 미소는 한낱 비누 거품 방울에 지나지 않았던가. 절대로 아닐 거야!

우리가 큰 상처를 안게 된 걸 모두 알고 있을 거야! 너무도 큰 아픔을……. 우리, 우리 선생님을 위해서라도 열심히 되새김질해 보자. '헤어지는 것이 슬픈 게 아니라 잊히는 것이 슬픈 거라'는 말을 말이다. _ 서노기

난 뭐라고 말해야 할지 잘 모르겠다. 한 가지 확실한 것은 우리 담임은 이상석 선생님뿐이란 것. 그 사실 이외의 모든 것들은 전부 믿고 싶지 않다. 우리 반이 풀이 죽고 수업 시간마다 들어오는 선생님에게 통곡을 할 줄 알았는데……. 의외로 더 명랑해 보였다. 그 점에 대해 야속하고 원망스러웠다. 하지만 좋게 해석할 수도

있겠지. 오기로 그럴 수도 있겠지 하는 생각은 들지만 왠지 서운하다. 그리고 우리 반 친구들이 불쌍한 생각도 든다. 하지만 언젠가는 지금 일어난 일이 엄청나게 큰 잘못이라는 걸 밝힐 날이 올 것이라고 믿겠다. 힘내자. _ 상희

참으로 용기 없는 내 자신이 밉다. 소위 교원노조를 좌경 용공으로 매도하시는 다른 샘들을 대할 때 그냥 뒤에서 구시렁구시렁 나 혼자 욕설을 퍼붓고 그냥 그것으로 끝이다. 참교육이 필요하다는 것과, 부당하게 당신께서 사랑하는 교단을 떠나게 되었다는 것을 알면서도 그저 어두운 곳에 혼자 남아 아픔을 감당해 나가고 있다. 난 참 어리석은 사람이다. _ 알

선생님의 그 포동포동한 모습. '씩' 웃으시던 얼굴 볼 수가 없어 허전하다. 참말로 허전하다. 요새는 참 한숨을 많이 쉰다. 텔레비전, 특히 부산, 경남 뉴스에서 간간이 우리 선생님 모습을 본다. 그래도 좋다. _ 검주

가져온 모둠 일기를 읽으면서 나도 모르게 아이들이 나를 얼마나 생각하고 있는지 점검하느라 바빴고 잊지 않고 있다는 것에 안도하고 있었다. 혹시 전혀 엉뚱한 이야기를 쓴 일기를 보면 안달이 나기도 했다. 이래선 안 되는데 싶으면서도 쫓겨난 자의 서럽고 소심한 마음을 이겨 낼 수 없었다. 아, 정말 이렇게 되면

모둠 일기는 나를 위한 세레나데밖에 안 되는데……. 평상심을 되찾기 위해서는 많은 노력이 필요했다.

그러던 어느 날이었다.

"선생님, 지난 종업식 때 떡 해 먹으려고 모았던 쌀 있잖아요. 그걸 선생님이 안 계셔서 그대로 두었어요. 그걸로 이번 생일잔치 때 떡 해 가지고 선생님한테 갈게요. 전교조 사무실에서 9월 생일잔치해도 되지요? 체력장 하는 날 우리 놀아요, 그때 갈게요."

해직 교사가 모여 일하는 사무실에는 저녁 무렵만 되면 수업을 마친 아이들이 잃어버린 선생님을 찾아 하루에도 백여 명씩 붐빈다. 근처 대학교 강의실을 빌려서 수업을 하기도 하고 운동장에서 대동놀이를 하며, 해직 교사들은 두고 온 아이들과 회포를 푼다. 우리 반에서는 달마다 그 달에 생일 든 아이를 위해 잔치를 벌였는데 2학기부터는 내가 있는 사무실에 와서 하겠다는 전화였다.

오랜만에 반 아이 거의 모두를 보니, 꼭 옛 애인을 만난 듯이 반갑고도 서먹서먹하다. 애들도 눈길이 마주치자 활짝 웃으면서도 이내 고개를 숙여 버린다. 아물지 않은 상처에서 피가 내비치듯 다시 아파 왔다. 애들은 용하게도 잔치를 즐겁게 이어 갔다. 해 온 시루떡 위에 양초를 꽂고 노래를 부르며 박수를 친다.

"햇빛처럼 찬란한 냇물처럼 드맑은…… 당신의 생일 축하합니다."

생일을 맞은 아이들은 선물을 받고 내 축하 인사를 받자 그만 눈물을 글썽인다. 축가를 부르던 한 아이는 노래를 끝내지 못한 채 눈물을 삼킨다.

"애들아, 잔치 자리에서 울면 쓰나. 보다시피 나는 이렇게 잘 있지 않느냐. 너희들 못 보는 게 좀 안됐지만 요새야말로 살맛이 난다……."

내 말이 떨어지기 무섭게 애들이 되받는다.

"선생님, 선생님은 바보라예. 오늘 우리 반 애들 중에 안 온 애들도 있어예. 왜 안 온 줄 압니까. 우리가 전교조 사무실로 간다니까 순수한 생일잔치가 아니라면서 반대했어예. 담임 반 애도 못 챙기면 우쩝니까."

"선생님 나가시고 난 뒤 학년별로 강당에 모아 놓고 교장 샘, 주임 샘, 번갈아 가면서 아주 노골적으로 선생님 욕을 해요. 전교조는 죽은 아이들을 이용해서 자기들 이익을 챙기는 사람들이라는데 진짭니까. 사장 배때기를 칼로 찔러 버리겠다는 시를 애들에게 가르치는 게 전교조래요."

"선생님이 선배 언니들한테 장학금 주면서 풍물을 배우게 했대요. 정말 그랬어요? 애들은 사람 이름까지 들먹이니까 그런 줄 믿어요."

"선생님 나가고 나니까 애들도 불만이 터져 나와요. 있을 때는 선생님 말이 다 옳은 줄 알았는데, 딴 샘 얘기 자꾸 들어 보니까 선생님 생각이 잘못된 줄 알겠대요. 전교조는 사회 전복을 노리는 불법 단체라는데 그 뜻이 뭐예요?"

"전교조 교사들이 참교육, 참교육 하는데 그럼 우리는 거짓 교육만 했냐고 수업 시간 들어오는 샘마다 다 그래요. 너희 반 급훈이 '더불어 사는 삶을 위하여'라는데 너희 담임은 무엇을 더불어 살았냐. 우리와는 왜 더불어 못 사는고? 나도 만약 책 몇 권 더 읽고 그들과 이야기한다면 충분히 그들 의견쯤은 반박할 수 있다. 그리고 너희들을 내가 의도하는 쪽으로 만들 수 있는 능력도 있다. 시답잖은 책 한 권 냈다고 훌륭해 보이나. 나도 그 정도는 쓸 수 있다. 안 쓰는 것뿐이다. 그런데 너희는 우리와 얘길 안 하려 한다. 이건 너희 담임이 애들을 비밀 결사대로 만들 생각으로 가르친 것 아니냐. 막 이래요."

"선생님과 친했던 선배치고 성적이 안 떨어진 사람이 없고, 대학 가서도 데모만 한대요. 그럼 우리는 뭐예요……."

"선생님, 사회 샘이 그러는데요, 교원노조는 밑바탕에 계급투쟁론을 깔고, 그들이 원하는 통일이란 적화 통일을 의미하는 것이래요. 정말 그래요? 아이들을 이용해서 학교 자체를 혼란스럽게 한 죄는 씻을 수 없을 거래요."

끝도 없이 쏟아지는 얘기를 들으며 벌써 한 직장 동료들과 이렇게 깊은 골이 생겼구나 싶어 가슴 답답했다. 조목조목 따져 사실을 밝히기도 싫었다.

"얘들아, 그만해라. 왜 내가 전교조에 가입했고 전교조가 왜 필요한지, 모여서 무엇 하자는 것인지 밝힌 내 글이 있다. 복사해서 읽어 보면 알 거다. 오늘은 잔칫날이니까 한판 놀지 그래."

우리는 사무실 옆 부산여대 운동장으로 자리를 옮겨 이런저런 시름을 지워 버리고 손 맞잡고 뛰놀았다. 놀이를 끝내고 교문을 나설 즈음, 아! 우리 학교 교사들이 무슨 형사들처럼 이곳저곳에서 감시를 하고 있지 않은가. 교감을 중심으로 눈에 띄는 교사가 한두 명이 아니었다. 얼굴을 맞닥뜨린 교사들과는 어색하게 악수를 했지만, 나는 이 참담한 모습을 더 보고 싶지 않았다. 애들만 내보내고 한참 뒤에야 사무실로 돌아왔다.

정류소로 가던 아이들은 선생들을 보자 도망을 쳤고, 닥치는 대로 버스를 타고서 줄행랑을 놓았다는 것이다.

"너희들 여기 뭐하러 왔어. 이리 와 봐!" 하는 소리를 떨치며 달아나는 아이들 모습, 이것이 현실이어야 하는지…….

문제는 다음 날 더 심각하게 커졌다. 마침 내 글을 복사해서 갖고 가려던 아이 둘이 복사집에서 잡혔다는 것이다. 교감과 새로 우리 반 담임을 맡은 ㅂ 선생은 불온 문서를 복사한다고 윽박지르며 따귀를 때리고 발로 차면서 애들을 학교로 끌고 갔다. 그날 아이들의 모둠 일기에 이렇게 쓰여 있었다.

1989년 9월 7일 목요일. 희영이가 띄운다.
야들아! 무슨 말부터 써야 할지 모르겠다. 눈물밖에 안 나온다. 자꾸 눈물만 나온다. 너희들 보고 싶다. 다들 무사히 집에 갔는지. 난 무사하지 못했다. 우리가 다 헤어지고 나서 선생님이 쓰신 글 복사하려고 근처 복사집에 갔다. 경화랑. 거기서 일이 터졌다. 세

부를 복사해서 챙기는데 ㅂ 선생님이 왔다. 무작정 경화랑 나랑 나오라는 것이다. 나는 좀 챙기고 나간다고 하니까 샘이 복사한 거랑 책이랑 압수하고 발로 내 다리를 찼다. 내가 우리 선생님 만나는 게 뭐 잘못했냐고 말하니까 책으로 내 뺨을 세게 때렸다. 교감은 내 가방을 뒤지기 시작했다. 내가 왜 남의 가방을 함부로 손대느냐 하니까 "이 자식 봐라." 면서 선생님 책, 전교조 홍보물 36장(이것은 우리 성당 애들하고 보려고 사무실에서 챙긴 것이다), 〈참교육〉이란 책, 《해법 수학》, 연습장 다 가져갔다.

ㅂ 샘, ㅈ 샘, 교감, 경화, 나 이렇게 학교까지 갔다. 그때 한 8시가 되었다. 오는 도중 누가 우릴 따라왔다. 교감이 자꾸 뒤로 돌아보았다(외국 기자였으면 좋겠다. 온 세계에 폭로되게!). 교무실로 오자마자 부모님 오셔서 데려갈 때까지 못 간다고 했다. 집에 전화하라고 했다. 전화하니 아무도 안 계셨다. 경화는 자꾸 운다. 경화한테 정말 미안하다. 괜히 나 때문에. ㅂ 샘은 날더러 말할 가치가 없다고 한다. 넌 퇴학이라 하면서, 네가 이 학교를 떠나든지 내가 이 학교를 떠나든지 하자고 하면서 내가 뭘 말하려면 미리 막아 버린다. 그리고 또 발로 내 다리를 찼다. 정말 참을 수 없었다. 내가 왜 이리 맞아야 되는지, 뭘 그리 잘못했기에. 집에 또 전화를 거니 어머니가 받으셨다. 어머니가 학교에 못 온다는 식으로 말하니까 ㅂ 선생이 하는 말이 고래고래 고함을 지르면서 "부모가 그러니까 자식이 이렇다. 자식은 부모가 말하는 대로 되지 않고 행동하는 대로 된다."는 등 온갖 말을 다했다. 그리고 다시

내게 말했다. "이 애는 말할 가치도 없다. 사람이 사람이라고 해서 다 사람인가. 사람다워야 사람이지. 너는 퇴학이다."

조금 있으니 어머니께서 오셨다. 어머니에게 다짜고짜로 화를 내면서 고함을 지르면서 야단이었다. 이것 좀 보세요. 이런 걸 복사해 다닌다. 이게 될 말이냐 등등……. 우리 엄마는 아무 말도 못하고 가만히 계신다. 집이 어렵다고 우리 선생님이 학비 감면시켜 준 것까지 들고 나오니 어머니는 "내가 뭘 압니까?"라고만 말씀하신다. 화가 난다. 엄마가 무슨 죄를 지었기에…….

교감은 자꾸 나더러 잘못한 점을 잘 생각하고 내가 이용당했다는 식으로 매도한다. 난 잘못한 게 없는데, 내가 뭘 잘못했지? 너희들은 내 잘못 알겠나?

엄마에게 정말 죄송스러웠다. 엄마에게는 다시는 선생님 만나지 않겠다고, 공부 열심히 하겠다고 했다. 언니랑 얘기하면서는 같이 울었다. 내가 학교 가기 싫다고 하니까 언니가, "네 마음 다 안다. 알지만 이대로 물러난다면 너는 지는 거다. 만약 네가 퇴학당한다면 이상석 선생님은 얼마나 마음 아파하시겠노." 하고 말했다.

얼마나 울었는지 모른다. 책상에 앉아서도, 밤하늘의 구름만 보고 있어도 눈물이 났다. 솔직히 학교가 너무 싫다. 멀리멀리 어디론가 멀리 가고 싶다. 자퇴서를 내고 싶다. 이곳을 떠나고 싶다.

아! 그러나 감정적인 차원에서 처리할 문제가 아닐 성싶다. 이겨 내어야지. 이겨 낼게, 애들아. 그렇지만 아침 조례 시간에 ㅂ 선생님 말을 들으니 구역질이 날 것 같았다. 저 뒤에 숨겨진 모습을 너희들이 똑바로 볼 수 있었으면 좋겠다. 그래도 우리를 맡아서 수고한다고 생각할 수도 있을 것이다. 그러나 자기 뜻대로만 우리를 끼워 맞추려 한다. 이건 독재다. 독재 안에 살 순 없다. 얘들아, 우리 진짜 선생님 진짜 진짜 잊지 말고 선생님이 베풀어 주셨던 사랑 고이고이 간직하여 분열되는 우리 반을 하나로 뭉치자.

아그들아 ㅂ 샘이 이렇게 치사하고 악랄할 수 있어? 으악! 화난다. 지가 뭔데. 우리 진짜 선생님 따로 있어! _ 아리

우리한테는 지금 대학이 더 중요하다. ㅂ 샘은 우리를 위해서 그러는 거라고 나는 생각한다. ㅂ 샘 욕하지 마라. _ 연희

그래 맞아. 고작 18년 살았으면서 40년을 넘게 산 ㅂ 선생님께 무슨 말을 하노. 우리는 갈수록 독선적이고 건방져지는 것 같다. 내 말은 안에 넣어 두고 아무래도 나보다 오래 사신 분들의 말을 듣는 게 도리 아닐까. 18년의 경험과 지식이 40여 년의 경험과 지식, 고통보다 얼마나 잘난 것일까. 어른은 어른이다. _ 복희

어른이 어른이면 다 어른인가. 어른이 어른다워야 어른이지! 아무리 40년이라고 해도 쓸모없고 바르지 못한 경험, 지식이라면 그게 무슨 소용이냐. 네가 희영이처럼 두드려 맞고 엄마 욕먹게 해 봐라. 이런 소리 할 수 있냐. _ 선옥

애들아, 여긴 우리들의 순수한 마음을 적는 곳이다. 선생님 욕을 하려고 쓰는 일기장이 아니잖아. _ 경자

경화가 한 말씀! 이 글을 읽으니까 어제 일이 생생히 기억난다. 진짜 억울했다. 정말 우리 말은 하나도 안 들어 주고 무조건 자기 말이 맞다고 우겼지! 우리는 이용당하고 있는 거라면서. 그게 아니라고 하면 전학 가라고 하고, 퇴학시키겠다고 하고……. 어제 교무실에 10시까지 잡혀 있었다. 정말 엄마한테 죄송스럽더라. 그런데 ㅂ 선생님께도 쪼매 미안하더라. 우리끼리 생일잔치한 것 아시고 무척 괴로워하시는데……. "내가 너희들한테 어떻게 해야 되겠노." 하고 하소연까지 하시더라. 어제 ㅂ 선생님 술 드셔서 술김에 못 할 말도 많이 하셨다. 밉긴 밉지만 우리 너무 노골적으로 표현하지 말자, 응.

그 뒤 학교에서는 전교조 사무실에 드나드는 걸 금지시켰고, 내가 아이들과 함께 꾸몄던 게시판 체제도 바꾸고, 급훈에 대해 시시비비가 있었고, 모둠 일기도 쓰지 못하도록 했다 한다.

"너희들이 지금 얼마나 바쁜 상황에 있는 거 알제? 그런데 이 일기를 쓰면, 쓰고 읽고 하는 시간조차 공부하는 애들한테는 얼마나 부담스럽겠노. 또 일기에다 솔직하게 모든 것을 다 쓰면 아이들 사이도 더 안 좋아진다. 사람이란 원래 알파가 있어야 한다. 그 사람에게서 알파가 없어지고 모든 것을 알게 될 때는 그

사람을 경멸하게 된다. 또 이 모둠 일기란 걸 이상석 선생님이 제일 먼저 쓴 줄 알제? 아니다. 모둠 일기는 공단에 있는 노동자들 알제? 그 노동자들이 먼저 쓰기 시작한 거다. 하루의 노동을 끝내고 자기의 아픔 같은 것을 털어놓고 서로 아파하고 그러면서 서로 단결하게 되는 거다. 노동자들이 왜 단결하려고 하는지 아나? 투쟁하려고 그러는 거다. 서로 단결해서 자본가와 투쟁하기 위해서. 그래서 모둠 일기를 쓰는 거다. 그런 모둠 일기를 교실에까지 끌어들인 의도가 어디 있겠노. 그래서 나는 너희들이 더 이상 모둠 일기를 안 썼으면 좋겠다. 만약 쓰려고 하면 니 혼자 써라. 다른 애들보고 쓰자 말자 얘기하지 말고."

모둠 일기장을 모아서 내게 갖고 왔던 아이가 눈물을 훌쩍거리며 이런 이야기를 내게 전해 주었다. 모둠 일기가 노동자들이 쓰기 시작한 것인지 어떤지는 모르겠으나 이런 턱없는 얘기로 그나마 뚫려 있던 숨통을 막아 버리려는 의도는 무엇이었을까.

말하자면 해직 교사의 흔적을 깨끗이 씻어 내고 한 사람 때문에 흔들린 면학 분위기를 다시 잡아서 명문 여고의 모습을 갖추고자 한 것이다. 우리 반 아이들은 갈등이 심했으리라. 마치 못 갈 곳에 몰래 숨어드는 사람들처럼 사무실에 들르는 아이들은 반이 옛날 같지 않아서 못 살겠다고 아우성이다. 자기네들끼리도 편이 갈린다는 것이다.

모둠 일기가 중단된 것은 할 수 없는 일이라고 쳐도 아이들끼리 옛날 담임파와 새 담임파로 편이 갈려 알게 모르게 갈등이 생긴다는 이야기는 도저히 두고 볼 수 없는 일이었다. 아이들이 불쌍하고 가련해서 이 일을 우짜꼬 눈물을 글썽이다 쓰라린 마음으로 편지를 썼다.

애들아. 잠시 짬을 내서 급하게 쓴다. 내 편지 기다리고 있을 너희들에게 내가 못 할 짓 하는구나. 교실이 시끄럽고, 이상한 앙금이 가슴에 남아 껄끄러울 것이란 걸 알면서, 정말 정신없이 바쁜 나날에 차분히 앉아 너희들 생각할 겨를이 없었다. 차 속에서, 길을 가다가, 회의를 하다가, 문득 한 대 피워 물다가 너희들 생각에 망연자실하기도 하지만 밀리는 일에 꼼짝없이 허둥대야 했다.
모둠 일기 안 쓴다는 말 들었다. 너희들끼리 싸웠다(?)는 말 들었다. 말없이 가슴으로, 마음으로 금이 가서 그 좁은 교실에도 분단의 벽 높아 간다는 얘기 들었다.
안 될 일이다. 정말 안 될 일이다.
분명히 얘기한다. 내 문제로 교실에 금이 가고 가슴에 상처 생긴다면 차라리 나를 잊어버려라. 괜찮다. 나로 인하여 반목과 질시가 생긴다면 잊히는 슬픔 나 혼자 감당하고 싶다. 세상이 어떻게 돌아가는지, 옳고 그름이 무엇인지 혼란스러워할 너희들 생각하면 가슴 찢긴다. 너희들의 눈을 가리고 끝없이 굴종의 늪으로 빠뜨리는 교육을 바르게 고쳐 보고자 학교를 떠나온 교사들은 헤어진 슬픔이 아픈 게 아니라 바로 이런 가치의 혼돈에 가슴을 친단다. 자칫하면 너희 가슴에 증오가 생길까 두렵고, 자칫하면 몽매에 빠져 허우적거리게 될까 겁이 난다. 그러나 언젠가는 내 진정을 알아줄 것이라 믿는다. 내가 진실로 너희를 사랑했으니까.

보아라, 얘들아.

너희 56명 마음이 똑같을 수 없다. 최소한 우리가 처음 만난 동산에서 '돌림 악수' 할 때의 정성과 사랑으로 다시 손 맞잡아라. 내가 장학사에게 조사를 받느라 불려 갔을 때, 또 줄다리기에 지고 와서 "선생님." 하며 울던 그 순한 마음 어디 갔느냐. 우리 헤어지던 날 쓰러져 울던 마음 어디 갔느냐. 내가 없음으로 해서 가슴에 난 생채기도 억울하고 원통한데 이제는 나 때문에 이리저리 파가 갈린다니 될 말이냐. 차라리 나를 잊어버리는 것이 훨씬 낫다.

"선생님 보러 가자는데 왜 반대하지?" 하고 얘기하는 아이들도, "지금은 만나기 싫다."는 아이들도 다 한마음이다. 말을 못 해 속으로만 앓는 아이, 실제로 나 때문에 피해를 본다고 생각하는 아이, 하루에 몇 번씩 나를 생각하며 가슴으로 우는 아이, 내가 없어져 홀가분한 아이…… 모두 모두 똑같다. 2학년 5반 담임하다가 그만 쫓겨나야 했던 한 사람이 있었다는 그 사실 잊지 않고 있는 것 똑같다. 그 사실 하나가 어떤 모양으로 너희 마음에 열매로 맺힐지, 그것은 기다려야 한다. 부탁한다. 1학기 때처럼 하나 되어 다시 잘 살아가거라. 급해서 이만 쓴다. 거듭거듭 잘 있거라.

1989년 9월 30일
담임 이상석 씀

지금도 내 책상에는 쫓겨나던 그 해의 교무 수첩이 가장 손 잘 닿는 곳에 놓여 있다. 아이들 사진이 하나하나 붙어 있는 수첩에는 상담 기록들이 적혀 있는데 여백이 많은 칸이 있다. 두 번째 상담을 하다가 미처 다하지 못하고 말았기 때문이다. 하루에 한두 명씩 데려다가 학교 동산을 거닐며, 운동장 귀퉁이 벤취에 앉아 때로는 텅 빈 교무실에서 나누던 이야기들. 아이들은 얼마나 그 상담을 기다렸던가.

"오늘은 희진이하고 만나는 날이제. 그런데 우짜꼬, 오늘은 내가 우리 교사 모임에 급히 갈 일이 생겨서……. 희진아, 내일 좀 하제이."

"아이고, 선생님. 오늘 희진이가 머리도 감고 무슨 얘길 할 거라고 점심시간에 연습도 했는데 바람을 맞히면 우짭니꺼. 희진아, 안됐다. 내일 하루 더 머리 감아야 되겠네……."

아이들은 먼저 상담하고 온 아이에게 "뭘 묻데? 뭐라 하시데? 니는 무슨 얘기를 그래 오래 했노? 얘기하고 나니 속이 시원하제? 나도 선생님하고 이야기가 통해서 살맛이 난다." 이렇게들 좋아했는데 그 상담을 다 못 하고 말았다.

이야기를 자주 해야겠다고 표시해 둔 아이, 자기 학습 계획을 나와 둘이서만 약속해 둔 아이, 보충 이야기를 다시 한번 해야겠다고 표시해 둔 아이, 친구를 소개시켜 주어야겠다고 표시해 둔 아이……. 그 아이들 한 명 한 명에게 해 줘야 할 일이 이렇게 많은데 나는 그들의 마음 한구석에 깊디깊은 상처만 남기고 이렇게 떨어져 나와 있다. 이성적으로 생각하면 더욱 확실히 만나기 위해서, 더 큰 교육 모순을 극복하기 위해서 하는 일이라지만 지금의 이 아픔을 감당하기 어렵다. 수시로 수첩을 펼쳐 들면 아이들이 오도마니 나를 쳐다보며 말하고 있다.

"선생님은 가서서 선생님 하고 싶은 일 하시니까 괜찮지예. 그치만 선생님 쫓겨난 자리에 고이는 우리 눈물은 우짤 겁니꺼. 보고 싶어예, 선생님……."

아저씨, 누구세요?

내가 해직당한 학교가 있는 동네인 양정을 지날 때면 헤어진 애인의 동네에 온 것처럼 마음이 얄궂다. 애인을 만날까 두렵기도 하고, 그렇지만 한번 만날 수 있었으면…… 설레기도 하고, 얼른 지나쳐 버리고 싶기도 하고, 그러다 괜히 서성거리고, 그래서 괜히 허둥거리게 된다.

바로 우리 학교 위에 있는 대학에 초청 강연을 간 날이었다. 택시를 타고 올라가려다가 걸어가기로 했다. 낯익은 상점들, 낯익은 사람들. 우리 아이들과 자주 사 먹었던 풀빵 굽는 아줌마가 반색을 하며 빵 하나 먹고 가라 그러고, 꽃집 아저씨도 쫓아 나와 애들이 꽃 사러 왔다가 내 얘기 많이 한다며 소식을 전하고, 복사집 아저씨, 책방 아주머니 두루두루 인사를 했다. 날마다 지나칠 때는 몰랐던 정이 참 이렇게도 절실하구나 싶어 그분들 손

일일이 잡고 인사를 나눴다. 그런데 정작 보고 싶은 아이들 모습은 씻은 듯이 없다. 지금쯤 집에 돌아가는 시간일 테고 3학년이 자습을 한다고 해도 저녁 시간이라 학교 앞에 애들이 붐빌 듯도 한데. 강연장에 가면 우리 반 애들 몇은 그래도 와 있겠지.

거리에는 내 사진을 넣은 큼지막한 포스터들이 붙어 있고 내 이름 넣은 현수막도 걸려 있어 애들이 모를 리가 없다. 그러나 강연장에도 애들은 그림자조차 보이지 않는다. 야속하고 허전해서 마음이 쓰리다. 아이들 만나면 잠시라도 얘기 나누려고 시작 시간보다 일찍 서둘렀던 내가 한심스러웠다. 애들은 이렇게 금방 잊고 마는 것을…….

강연장 베란다에 나가 보니 내가 몸담았던 학교가 환히 내려다보인다. 바로 아래 내가 그토록 좋아하던 야트막한 동산에는 누군지 모를 아이들 서넛이 무심히 산책하고 있고, 멀리로 불이 빤한 교실에는 아이들이 올망졸망 모여 앉아 있다. 수족관의 예쁜 고기들처럼 꼼지락거리고 있는데, 아무리 애들을 불러도 소리가 되어 나오지 않는다. 담배를 거푸 두 대나 태우며 하염없이 아이들을 보고 있었다. 저게 우리 반 교실이구나. 창밖을 내다보는 모습이 이쪽 나 있는 곳을 바라보는 듯도 하고 자기네들끼리 이야기를 나누고 있는 듯도 하고…… 쟤가 누굴까. 아리 같기도 하고 성은이 같기도 하고, 아냐 지영인지도 몰라. 주책없이 또 코끝이 아린다.

그때 대학생 두어 명이 옆에서 담배를 피우고 있다가 하는 말

"와…… 저것들 봐라. 돈 덩어리다 돈 덩어리. 한 차씩 싣고 가서 내다 팔면, 햐……." 그러면서 키득거리는 것이었다. 나는 그만 내 딸아이를 능욕한 불한당을 잡은 듯이 와락 달려들었다.

"너 이 새끼. 방금 뭐라고 했어? 말이면 다하는 거야, 인마! 세상이 막되 가기로 명색이 대학 공부 한다는 녀석이 그따위 말을 해. 너 이 새끼 오늘……."

나는 초청받은 강사의 체통이고 뭐고 없이 고함을 치며 멱살을 잡고 흔들어 댔다. 학생들은 너무나 갑작스레 독 오른 독사처럼 달려들어 목을 비트니 "잘못했습니다."를 연발한다. 나는 베란다 아래로 밀어 떨어뜨릴 기세로 몰아붙였다. 마침 주최 쪽 학생들이 뛰어나와 말리는 통에 일이 그 정도로 끝나기는 했지만 좀처럼 분을 삭이지 못했다.

강연을 시작하자 다시 울화가 치밀었다. 말하고자 한 내용을 접어 두고는 그 학생들 얘기를 하면서 흥분으로 떨었다. 세상이 이렇게 살벌해져서 너도나도 인간성을 잃어버렸노라고, 괜히 모였던 학생들만 강연이 아니라 꾸중을 듣고 앉은 꼴이 되고 말았다. 정신을 수습하고 본 강연으로 돌아가는 데 20분 넘게 걸렸을 것이다.

집에 오니 애들의 전화가 빗발쳤다. 오늘 갑자기 학교에서 모든 학년에 비상을 내리고 교문을 잠근 채 이유 여하를 막론하고 자습을 시켰다는 것이었다. 미술 학원에 갈 아이, 집에 일찍 가야 할 아이 할 것 없이 모두 조퇴나 외출이 금지되고 내 강연 시작 시간이 지나서야 집에 보내 주더란 것이었다.

"선생님, 우리는예 선생님이 그 학교 베란다에서 고함이라도 질러 줄 줄 알았어예. 우리는 저녁 시간 내내 ○○대학 쪽만 보고 있었어예. 선생님은 우리가 보고 싶지도 않습디까예. 한번 내다보지도 않고······."

"이놈들아, 못 내다봐서 미안하다. 그러나저러나 너거 때문에 오늘 살인날 뻔했다. 하하, 그럴 만한 일이 있었어······."

차를 갈아탈 일이 있을 때는 일부러 양정에서 내린다. 혹 우리 아이들을 만나게 될지도 모르니까. 그날도 정류소에서 타야 할 차를 두어 대 보내며 괜히 서성이고 있었다. 드디어 한 무리 애들이 재잘거리며 정류소에 와 선다. 1학년들이다. 나를 모르는 게 오히려 다행이다. 마음 놓고 애들을 볼 수 있으니까.

"ㅅ여고 학생들이구나."

"그런데예?"

"응, 내가 너희 학교 잘 알아서 그래. 요즘 너희들 몇 시까지 자습하니?"

"8시요. 오늘은 일찍 마쳤지만······."

그러고는 자기네들끼리 이야기하느라 바쁘다. 머뭇거리며 서 있다가 또 묻는다.

"너희들은 동평이나 가야여중 출신이겠구나. 여기서 차 타는 거 보니······."

"예, 맞아요. 근데 아저씨 누구신데 꼬치꼬치 물으세요? 실례스럽게."

그러고는 자기네들끼리 까르르 웃는다. 웃음소리에 가슴이 와르르 무너진다. 그래 나는 그만 '아저씨'가 되어 버렸구나. 한 번도 들어 보지 못했던 '아저씨'란 소리. 아저씨, 아저씨……. 괜히 서러워져서 구두 끝으로 시꺼멓게 눌어붙은 껌을 긁으며 섰을 뿐이다. 아이들이 우르르 뛰어 차에 올랐다. 나는 싱긋 웃으며 손을 흔들어 주었다. 애들이 혀를 날름 내민다. 별꼴이 반쪽인 아저씨야. 그런데 안 타고 남았던 학생 둘이 머뭇거리며 조심스레 묻는다.

"저…… 혹시, 이상석 선생님…… 아니세요?"

"응, 그래 내가 이상석이야. 날 알아보겠니?"

"선생님 책 봤어예. 앞에 나온 사진에는 나이가 많이 드셔 보이던데……."

두 아이는 부끄러이 얘기를 계속한다. 언니들한테 내 이야기를 들었다면서, 선생님한테 배우지 못하게 되어서 너무 아쉽다면서, 힘내시라면서……. 그래그래, 난 아직 아저씨가 아니야. 서러웠던 마음에 힘이 솟았다.

며칠 뒤 그 두 아이한테서 편지가 왔다. 내 책에 주소를 밝혀 두기를 잘했지.

이상석 선생님께.

낯선 필체에 놀라셨으리라 여겨집니다. 저는 ㅅ여고 1학년에 다니는 정현경이라고 합니다. 선생님에 관해 들은 것은 초등학교 6학년 때 《여울에서 바다로》란 ㄷ중학교 문집을 통해서였습니다. 그때 저희 반 담임 선생님이 이승희 선생님이십니다. 그 후 중3 때 연합고사 후 엄마가 사 주신 《사랑으로 매긴 성적표》를 보고 더 알게 되었습니다.

오늘 오후에 전 처음으로 선생님을 뵈었습니다. 우연이었지요. 버스 정류장에서 인사드린 두 아이 중에 머리가 더 짧은 아이입니다. 오늘 시험의 결과는 엉망이었지만 선생님을 만난 행운을 가진 의미 있는 날입니다.

저는 옛날부터 ㅅ여고를 무척 동경해 왔는데 그 이유 중 하나가 선생님이 계셨기 때문입니다. 고등학교에 와서 사귄 새 친구들에게도 《사랑으로 매긴 성적표》를 돌렸는데 모두 다 아쉽다고 한마디씩 합니다. 다들 감동을 받았다고 했습니다.

선생님! 언젠가 기회가 주어진다면 선생님 뵙고 좋은 말씀 듣고 싶습니다.

정현경 올림

그날 바로 답장을 썼다. 이 귀한 인연을 놓치고 싶지 않았다. 새로 온 제자들에게 ㅅ여고의 아름다움을 전해 주고 싶었다. 아니, 어쩌면 내가 학교를 그리는 정을 쏟아 놓고 싶었다. 그러나 생각대로 이야기가 되지 않았다. 감정이 북받쳐 허둥거리다가 얘기를 맺지 못하고 편지도 부치지 못했다. 늘 편지지를 가방에 넣고 다니면서도 도무지 짬을 낼 여유가 없었다. 그리고 한 달이 지났다.

학생들을 위한 문화 행사 전단을 뿌릴 일이 생겼다. 나는 망설이다가 ㅅ여고를 택했다. 물결처럼 내려오는 아이들 가운데 서 보자. 역시 전단을 뿌리지 못할 지경이었다. 쫓아와서 우는 아이, 마실 것을 사 안기고 가는 아이, 자기들이 뿌리겠다고 전단을 빼앗아 가는 아이. 1학년들은 신기한 사람 구경하듯 쑥덕거린다. "저 사람이 이상석 선생이래." 아이들 물결이 한바탕 휩쓸고 지나간 뒤 누군가 장미를 한 아름 안긴다. "누구더라? 아, 현경이하고 나성이구나……." 내게 편지를 했던. 너무나 미안했다. 아직 편지 답장도 못 했는데.

며칠 뒤 하룻밤을 작정하고 정성 들여 답장을 썼다. 나를 만나 얘기하고 싶다면 주저 없이 우리 집으로 놀러 오라고 버스 노선까지 자세히 써서 편지를 보내고 기다렸지만 두 아이에게서는 소식이 없었다. 못 받았는가 싶어 다시 편지를 했지만 역시 소식이 없었다. 1학년 아이들에게 들려주고 싶었던 이야기들, 문법이 어려워 고민이란 얘기를 듣고 정리해 두었던 문법 체계도 들려주지 못했다. 나에게 편지 쓸 수 있게 된 것을 다행으로 생각한다고, 시간 내 찾아뵙고 많은 얘기 듣고 싶다고 했던 아이들인데 정작 내가 편지를 하자 왜 소식을 끊어 버렸는지 까닭을 알 수가 없었다. 부모님들이 학교 쫓겨난 전교조 교사라고 아예 만나지 말라고 했을까, 선생님들이 쓸데없는 짓 한다고 나무라셨을까. 내 편지 내용에 무슨 문제가 있었던 걸까. 거의 날마다 오는 편지 서너 통에서 두 아이의 편지를 찾는 것도 이젠 지쳐 버렸다.

ㅅ여고 학생과의 인연을 언제까지나 잇고 싶다고 생각하는 내 모습이 때로는 왜소해 보이기도 한다.

"선생님 복직은 안 되는 거예요? 일 년이 넘었는데 왜 아직도 안 오시는 거예요?"

버스에서 만난 2학년 아이들이 돌아가는 사정은 전혀 모른 채 이해가 안 간다는 듯 묻는다.

"왜 내가 안 가. 가을바람 불 때쯤엔 돌아가야지. 가고말고……."

무심히 내뱉고 한여름의 땡볕을 내다보고 있었다.

"선생님, 꼭 오셔야 해요."

"오냐, 그러마. 잘 가거라."

며칠 뒤 가르친 아이들한테서 전화가 왔다. 어느 학부형한테서도.

"선생님, 선생님, 복직되신다면서예. 온 학교에 소문 다 났어예. 2학기부터 오신다고예. 3학년 한문하고 2학년 문학 수업 하신다면서예. 성희는예 선생님 오시면 그때부터 국어 공부할 거라고 지금은 손 놔 버렸어예."

"아이고, 선생님 그동안 고생 많으셨지요. 그래도 가톨릭 학교가 다르긴 다릅니다. 우리 윤혜가 좋아서 죽을라 합니다. 축하합니다. 선생님."

우리 반 아이들은 분필통과 분필 꽂이 그리고 축하 꽃다발까지 들고 집으로 찾아왔다. 앉아서 기다릴 수 없었다고 하면서.

"요새 내가 복직 축하 전화 받는다고 바쁘다. 그리고 그게 아니라고 설명하기 더 바쁘고. 얼마 전에 길에서 3학년 성지를 만났는데 보자마자 복직 소식을 왜 2학년 애들한테 먼저 알렸냐고 그러기에, 그럼 오늘 널 만났으니 3학년은 네가 처음이구나 했더니 그만 눈물을 글썽거리는 거라. 그때 옆에 같이 있던 신 선생님이 꼭 돌아갈 거야 그랬거든. 나도 옆에서 거들었지. 걱정 마라 곧 돌아가마 하고. 그런데 이것이 너희들에겐 복직된다고 소문이 돈 모양이구나. 그래 얘들아, 반드시 돌아갈 것이다."

"거 보세요, 선생님. 방금도 또 돌아오신다 그러셨잖아요. 저희들은 이 말만 귀에 쏙 들어온단 말이에요. 몰라요, 우린 교무실에 선생님 자리가 어디쯤 될 거란 것도 알아봤어요. 선생님한테 상담할 거라 벼르는 2학년 애들도 얼마나 많은데 어쩔 거예요. 몰라요, 몰라."

그렇다. 해직 교사를 복직시키겠다고 했을 때 그것을 거부하는 학생이 전국에 몇 명이나 될까. 한 명도 없을 것이다. 아이들은 이렇게 해직 교사를 기다리고 있다. 작은 소문이 눈덩이처럼 불어나면서 담당 학년, 담당 과목, 교무실 자리까지 여기다 저기다 이야기되는 까닭이 무엇일까. 유언비어는 민중의 바람이나 걱정하는 바가 형상화된 것이란 말을 들은 적이 있다. 우리 학교 애들을 잠시나마 들뜨게 한 소문도 바로 이런 것이 아닐까.

"애들아, 내가 너희들에게 돌아갈 날 머지않았다. 조금만 참고 기다려라. 곧 돌아가마. 아니 오해가 있겠다면 이러마. 내가 살아 돌아가지 못한다면 죽어서라도 돌아가마."

5부

거듭나는 교사가 되기 위하여

굴종의 삶을 떨치고

'전교조 탄압 저지와 노동 악법·교육 악법 철폐를 위한 제2차 국민대회'를 앞두고 우리는 9월 초부터 날마다 대회 준비에 바빴다. 방학 때 열려고 했던 제1차 대회는 경찰의 원천 봉쇄로 열 수 없었다. 그 실패를 되풀이할 수는 없다. 전술조를 따로 짜서 대회장 둘레 지도까지 만들어 '원봉'을 어떻게 뚫을지 고민했다. 조직부는 조직부대로 사람을 어떻게 모을지 준비하고, 모든 민족 민주 운동 단체들이 속속 모여들어 우리와 하나가 되어 주었다. 학생회 조직에서도 하반기 사업으로 전교조 탄압을 막는 데 가장 크게 힘을 쏟기로 했다. 모두가 믿음직스러운 힘이었다.

우리는 비로소 우리들만의 외로운 싸움을 이겨 내고 자신감을 갖게 되었다. 교직원노동조합이라고 하면서도 노동 운동 단체와 함께하는 것이 국민들 눈에 어떻게 비칠까 걱정되기도 했다. 게다가 교육 주체로 '교사·학생·학부모'를 꼽으면서도 학생들과 연대할 수 없는 것은 '교사들이 어린 학생을 꼬드겨 선동한다'는 말을 들을까 걱정한 때문이었다. 이제 선비의 모습으로 우리의 요구를 점잖게 탄원만 하고 있을 수 없고, 순교자의 모습으로 목을 내놓고 있을 수만도 없었다. 교육 민주화 운동은 결국 사회 민주화가 바탕이 되어야 하고, 이것은 반민족 세력을 몰아내는 데서 완성된다는 사실을 깨닫게 된 것이다. 교육 운동을 민주 대 반민주의 싸움으로 규정하면서 우리는 더욱 확실하게 연대할 수 있었다.

해직 교사들은 '원봉'에 대비해서 대회 하루 전에 대회장으로 들어가 철야 농성을 하기로 했다. 대회를 이끌어야 할 사람들은 이틀 전에 '안가'에 들어가 기다렸다. 철저하게 보안을 지키기 위해 조직 동원을 위한 연락망도 꼭 필요한 사람 말고는 아무도 몰랐다. 당일 저지선을 뚫기 위해 싸움을 어떻게 할 것인지 제2, 제3의 방법까지 세워 두었다. 이런 집회 경험이 한 번도 없는 나는 지도를 펴 놓고 작전을 짜고 있는 모습이 신기하기까지 했다.

"U.T 확인됐어요?"

"예, 확인해 두었습니다."

"U.T가 뭐꼬?"

"Under-tel도 모르세요? 비밀 전화. 비선."

'이모' 배치를 어디에 하고, '고모'는 어디를 돌고, '안내조'는 무슨 모자를 쓰고……. 나는 투쟁분과에서 하는 회의를 지켜보며 묻기만 했다.

"아는 말로 좀 합시다. 무슨 말인지 통 모르겠다."

'이모'는 이동 모니터, '고모'는 고정 모니터. 물을 때마다 웃으며 가르쳐 주던 학생들은 내가 처량해 보였는지, "선생님들은 아무 걱정 말고 집회만 참석하세요. 전술은 저희들이 다 알아서 짤게요." 한다.

"이건 꼭 전쟁놀이 하는 것 같애……."

"전쟁놀이가 아니라 바로 전쟁이에요, 선생님."

슬프고도 우스웠다. 도대체 학교 운동장에서 여는 집회를 두고 기를 쓰고 막고, 또 이렇게 뚫어야 한다니……. 도무지 상식이 통하지 않는 사회에 살고 있음을 또 한번 절감했다.

대회장에 들어가는 일은 별로 어렵지 않게 해냈다. 원천 봉쇄를 했지만 우리를 막지는 못했다. 천 명쯤 되는 사람들이 봉쇄선을 뚫고 들어왔다. 대학생들, 노동자들, 그리고 현직에 있는 교사들도 많이 참석했다.

철야 농성은 축제였다. 규찰대가 삼엄하게 경계해 긴장감을 주기는 했지만 도서관에 모인 사람들은 어렵게 만난 자리에서 서로의 안부를 물으며 반가워했다. 대학 간 제자들, 어느 조그만 회사 노조 조합장이 된 제자, 노점상 연합 청년부장을 맡고 있다는 형일이도 만났다. 사실 학교에서는 이름도 잘 몰랐던 제자들이다. 중학생 꼬마를 생각하다가 딱 벌어진 어깨로 나를 내려다보며 싱글거리는 아이들을 보니 대견하고 자랑스럽다. 싸안는 어깨에 사랑이 뚝뚝 묻어났다.

"선생님을 이런 데서 만나니 정말로 좋네예. 전교조 떴다 할 때 선생님 소식도 들었어예. 텔레비전에서 선생님 보고 저 사람이 우리 중학교 때 국어 선생님이라고 얼마나 자랑했다고예. 저는예…… 남포동 로얄 호텔 있지예? 그 앞에서 인형 장사 안 합니꺼. 참 정록이 알지예? 샘 반 애. 그놈아 우리 옆에서 커피 장사합니더. 요새는 완전히 사람됐어예.

돈 많은 저거는 길가 구석구석에 차 대 놓고 다니면서, 다섯 명 여섯 명 밥줄 달고 장사하는 우리들은 그것도 밤에만 장사 좀 하자 해도 함마(해머) 들고 따라다니며 때리 뿌술라꼬 달라들고. 돈 없는 놈은 죽으란 말입니꺼. 그때, 국어 시간에 선생님이 그랬지예. 사람은 누구나 인간답게 살 권리가 있다고예. 그 말씀 딱 맞습디더. 그래서 우리도 안 뭉쳤습니꺼. 내가 자발적으로 청년부장 할라 안 했습니꺼. 빵에 갈 때 가더라도 싸워야 되겠어예. 안 그라모 완전히 빙신 돼 뿌리예. 그런데 샘들은 월급도 괜찮고 편할 낀데 와 이래 나왔습니꺼?"

"너희같이 억울하게 핍박받는 사람 없는 세상 만들라고 안 나왔나. 사실 우리도 선생질 바로 하기가 지금 상태로는 도저히 불가능하다. 너희부터 교육의 피해자 아이가. 학교에서 너희한테 해 준 게 뭐 있었노. 대학 못 가고 가난한 애들이야 언제나 찬밥 아니었나. 이런 것을 우리 교사가 스스로 바로잡아야 하거든."

"선생님이 내일 싸울 줄이나 알겠습니꺼. 내가 옆에서 딱 보호해 드릴게예. 나는 또 우리 영감들하고 한잔해야 됩니다. 학생들은 우리보고 철농 때 절대 술 못 묵어라 해도 영감들은 할 수 없어예."

저쪽을 보니 나이 든 몇이 책상 밑에 몸을 숨기고 생라면을 안주로 소주를 까고 있다.

구호 경연 대회, 노가바(노래 가사 바꿔 부르기) 대회 때는 학생들의 기발한 독설에 배를 잡고 웃었다. 미제와 그 하수인인 독재 세력 그리고 독점 재벌이 웃음거리가 될 때마다 학생들의 재치와 사태를 정확하게 파악하는 안목에 우리 교사들은 입을 벌리고 놀라기만 했다.

"오라 부시여, 가라 노가리야! 만나라 태평양에서, 잘 먹어라 식인 조스!"

"전 대가리 안 잡아가시는 염라대왕 각성하고, 노가리를 점지하신 삼신 할매 자폭하라!"

한마음으로 구호를 외치며 결의를 다지는 모습이 너무나 아름다웠다. 저 아이들이 쇠파이프로 무장하고 전경과 맞서는 애들인가. 화염병을 던지는 애들인가. 얼굴을 가렸던 수건을 풀고 순진하게 웃으며 노래하는 아이들은 바로 사랑스런 우리 제자들이었다.

새벽이 가까이 올 즈음 모닥불을 피우고 둘러서서 '스승의 은혜'를 불러 주었다.

"선생님 사랑해요! 전교조가 있는 나라 우리나라 좋은 나라!"

굴종의 삶을 떨치고

구호도 외쳐 주었다.

"독재 미화 역사 왜곡 30만 교사 거부한다! 전교조 사수하여 참교육 쟁취하자!"

우리도 답을 했다. 손에 손 맞잡고 '선구자'를 부르고 '솔아 솔아 푸르른 솔아'를 부르며 9월 24일 새벽을 맞았다.

그런데 나는 또 한번 놀라운 일을 보았다. 새벽이 되자 서둘러 도서관을 청소하고 자리를 옮기는 것이었다. 공부하는 학생들이 올라오기 때문이란다. 저마다 삶의 방식이 다르겠지만, 한쪽에서는 민중 생존권을 위해 싸우고 있고, 또 한쪽에서는 기득권 확보를 위해 새벽부터 토플을 싸안고 시린 눈으로 우리를 지나치는 사람들이 있다. 묘한 배신감을 떨치지 못하고 있는데 한 학생이 다가왔다.

"선생님, 나중에 집회할 때 보세요. 한쪽에선 축구 시합하고, 잔디밭에서는 기타 치고 노래하는 애들도 있어요. 우리가 전에 학내 문제로 단식하고 있을 때 바로 그 앞 잔디밭에서 포커 치는 애들도 있었는데요. 도서관에 오는 학생들은 그래도 우리 편이에요. 중요한 이슈에는 동참하는 사람이 많아요."

아침이 되자 인원은 점점 불어났다. 철야 농성한 사람끼리 대회를 치르게 되리라고 생각했는데 오전 11시쯤에는 3천 명쯤 되었다. 원천 봉쇄가 다소 느슨해지기도 했지만 반드시 들어오겠다는 의지가 여느 대회 때 분위기하고는 달랐다. 교사들만 모여 보니 400명쯤 되었다. 해직 교사 70명을 빼면 330명이 현직 교사들이다. 그렇다면 전교조 출범할 때 교사들은 거의 다 모인 셈이다. 조직 복구는 거의 이루어졌다고 보아도 좋겠다. 각서를 쓰고 괴로워하던 교사들도 다시 하나가 되어 얼싸안았다.

대회 시작 전에 대학 문화패들이 마당극 공연을 했다. 물론 전교조 문제를 다룬 내용이다. 풍자와 반어에 폭소를 보내던 우리들은 선생님을 찾는 아이가 나와 절규하는 장면에서 훌쩍훌쩍 울고 말았다. 아이들 이야기만 나오면 눈물이 그렁거리는 게 버릇처럼 되어 버렸다. 오매불망 잊지 못할 우리 아이들이다. 그러나 전교조는 폭압을 뚫고 깃발을 들었고, 우리는 더욱 강고한 의지로 구호를 외쳤다.

"지옥 같은 교육 현실 아이들이 죽어 간다! 전교조를 인정하고 학생 자치 보장하라!"

구호가 끝나자마자 스탠드 한쪽에 있던 학생들이 일어났다.

"선생님, 감사합니다. 힘내세요."

알고 보니 고등학생들이었다. 여학생들은 여대생으로 보이기 위해 귀걸이까지 한 채 집회장에 들어왔다며 부끄러이 귀걸이를 떼기도 했다. 또다시 코끝이 아프다. 우리 아이들까지 와 주었구나. 그러면서도 걱정이 되었다. 다치면 어쩔꼬. 학교에 들키면 어쩌려고. 찾아가서 집에 가라고 이르는 선생님들이 보였다.

"얘들아, 와 준 것 고맙다. 그렇지만 여긴 위험해. 어른들이 할 테니 너희들은 안전하게 있어야지……. 어지간하면 집에 가지 그래."

"선생님, 너무 걱정하지 마십시오. 선생님을 지키는 게 우리를 지키는 겁니다. 그리고 그것이 참교육을 지키는 것이고요. 저희들을 자꾸 어린애로만 보지 마십시오. 오늘 저희들은 부고협(부산지역 고등학생협의회) 차원에서 참석하는 겁니다."

걱정을 하면서도 아이들의 당찬 이야기에 오히려 우리가 부끄러웠다.

점심을 먹으며 우리는 다시 한번 대오를 확인하고 전의를 가다듬었다. 그러나 나는 자꾸만 뒷구멍이 켕겨 오는 걸 어쩔 수 없었다. 화염병을 나르는 남학생들, 보도블록을 깨뜨려 모으는 여학생들을 보며 꼭 이런 방법이라야 할까 걱정스럽기도 했다.

"저것 봐라. 화염병을 저렇게 만드는구나. 쟤는 쇠파이프에 아주 테이프까지 감았어······."

대회 시작 시간이 가까워져 왔다. 상황실에서 바짝 긴장하며 바깥 형편을 살펴보았다. 경찰 병력이 계속 늘어나 공격 준비를 하고 있단다. 집회가 시작되면 바로 치고 들어와서 마구잡이로 연행할 낌새가 보인다고도 했다. 대회의 사회를 맡기로 한 나는 긴장이 되었다. 이렇게 큰 대회에서 사회를 맡은 것은 처음이다. 오금이 살금살금 저리기도 했다. 치고 들어왔을 때는 어느 건물로 어떻게 물러나 어찌한다는 계획을 세웠지만, 그것은 천 명을 예상하고 짠 계획이고 지금은 이미 4천이 넘는 사람이 모여 있다. 우리의 세도 만만치 않으니 대회를 시작하자는 결론이 났다. 싸워 볼 만한 싸움이지 않느냐고.

나는 쩌렁쩌렁한 목소리로 개회를 선언했다.

"오늘 1989년 9월 24일, 부산대학교 넉넉한 터, 이 땅의 주인인 노동 형제가 주축이 된 전교조공동대책위원회, 교육의 세 주체인 학부모회, 부산·울산총학생회연합회, 전교조부산지부 그리고 민주를 사랑하는 애국 시민이 한자리에 모였습니다.

우리는 오늘 이 집회를 통해 정부의 11개 부처가 미친개처럼 휘두르는 온갖 탄압과 살인적 테러를 이겨 내고 굳건히 그 깃발 휘날리는 전교조의 합법성을 쟁취하며, 전체 민족 민주 운동과 민주화의 선봉대인 학생 운동과 손 맞잡고 반민주 악법을 철폐하여 오늘의 이 공포 정국을 끝장내고자 합니다. 오늘 이 집회는 축제도 아니요, 단순한 의식도 아닙니다. 각자의 가슴 가슴에 죽창으로 솟아나는 민주화의 의지와, 이 땅의 아이들을 온몸으로 싸안는 교육에 대한 사랑과, 6월 항쟁을 계승하여 기어이 통일을 이루고야 말겠다는 민족의 평화 통일 열망을 바탕으로 이 정권의 반민주적, 반교육적, 반통일적 폭력을 깨부수고 말겠다는 엄숙한 선전 포고의 자리입니다.

여기 모인 애국 시민, 학생뿐 아니라, 원천 봉쇄에 막혀 거리거리 골목골목에서 어금니 사리물고 있을 우리 동지들, 그리고 이 땅의 모든 민중과 함께 '전교조 탄압 저지와 노동 악법·교육 악법 철폐를 위한 제2차 국민대회'를 시작하겠습니다."

대회의 열기는 점점 뜨거워지고 상황실에서 쪽지가 왔다.

"집회 도중에는 난입 없을 것임."

집회에 모인 단체를 소개하는데 전교조 차례가 되었다. 모여 있던 관중이 일제히 일어나서 우레 같은 박수와 환호를 보낸다.

'아, 우리가 뭐 잘한 게 있다고. 평생 백면서생으로 지내다가 이제야 겨우 사람다운 모습으로 서 보겠다고 왔을 뿐인 우리를 ……'

그러나 이제 보아라. 온몸으로 이 질곡을 거부할 테니. 불끈 쥔 주먹으로 소리 높여 외쳤다.

"교사가 앞장서서 노동 악법 철폐하고 참교육 쟁취하여 통일 조국 앞당기자!"

전교조를 지지하고 연대하겠다는 결의를 할 때였다. 나는 부산노동자연합 위원장의 듬직한 어깨를 싸안으며 이제야말로 온몸 구석구석에 끼인 먹물 찌꺼기를 벗겨 내야 한다고 마음먹었다.

우리 지부장이 연설을 끝내며 이성림 선생님을 소개했다.

"오늘 저는 우리 교사들의 아픔을 단적으로 보여 주는 이성림 교사를 소개해야겠습니다. 이 선생님은 부산에서 처음으로 분회를 만드신 분입니다. 그러나 이것 때문에 아버지를 잃은 분입니다. 빨갱이로 내몰리는 딸이 안타깝고 저들의 폭력과 왜곡 선전이 너무나 억울하여, 그 아버님이 스스로 목숨을 끊으셨습니다.

아버님 산소에 흙도 마르기 전에 독재 정권은 다시 이 선생님에게 사전 구속 영장을 발부하고 잡아 가두겠다고 혈안이 되어 있습니다. 이제는 어머니 곁마저 떠나서 피신해 있습니다."

이 선생님은 부끄러이 그러나 당당하게 단상으로 나왔다. 내가 그 어머니도 모시자고 했다. 모두들 자연스레 노래를 불렀다.

"거센 바람이 불어와서 어머님의 눈물이 가슴속에 사무쳐 오는 갈라진 이 세상에……."

숨어 다녀야 하는 딸을 두 달 만에 집회장에서 만나 딸의 손을 꼭 잡고, 그저 딸이 살가워서 가슴 졸이며 앉아 있던 그 어머니는 손수건으로 눈물을 닦으며 학생들의 부축을 받고 단상으로 나왔다.

"여러분 고맙습니다. 전교조 선생님들 많이 도와주세요."

어머니는 수천의 관중 앞에 서자 먼저 떠난 남편과 쫓기는 딸이 서러워 그만 참았던 울음을 터뜨렸다. 맑은 가을 하늘 부서지는 햇살 아래 두 모녀는 펑펑 소리 내어 울었다. 수천의 동지들도 따라 울었다. 지부장도 햇살이 부신 듯 돌아서서 굵은 주먹으로 눈물을 닦아 냈다.

대회를 마칠 즈음 우리는 또다시 울어야 했다. 고등학생 한 명이 대뜸 뛰어나와 해직 교사들이 모여 있는 쪽으로 가더니 운동장에 무릎을 꿇고 큰절을 올렸다. 그러고는 울먹이며 외치는 것이었다.

"저희들은 해직된 선생님들을 존경합니다. 그리고 늘 보고 싶습니다. 해직되신 우리 담임 선생님, 보고 싶습니다. 어디 계십니까, 선생님. 저 똘똘이예요. 선생님 보고 싶어 왔습니다. 선생님……."

담임이었던 신용길 선생이 눈시울을 붉히며 뛰어나와 제자를 얼싸안았다. 갈가리 찢기는 가슴에 분노가 솟아올랐다.

결의문을 읽고 함성을 지르며 대오를 가다듬고 교문 쪽으로 나섰다. 말하자면 적진을 향해 나아가는 것이다. 오늘은 교사가 앞장서기로 했다.

저들의 공격에 맞서 싸울 전투조도 뒤로 물러서게 하고 평화 행진 원칙을 지키기로 했다.

저들이 치고 들어올까 봐 잠가 두었던 교문의 빗장을 열어젖히니 장갑차를 무색케 하는 다연발 최루탄차가 버티고 있고, 전경들과 체포조들이 까맣게 길을 막고 섰다. 백골단(체포조)의 폭력성은 알 수 없는 공포로 다가왔다. 투구 쓰고 방패 든 전경은 어눌한 바보 같지만 탄탄한 헬멧과 바라진 어깨로 자박자박 걸어오는 딱정벌레들은 도무지 감당할 수 없을 만큼 두려웠다. 6월 항쟁 때 똑똑히 보았다. 승냥이처럼 달려가서 학생들 덜미를 잡아채 그대로 아스팔트에 패대기치며 정확하고 빠르게 하복부를 내지르던 모습. 그들의 동작은 절도 있고 치밀하며 무자비했다. 옆에서 놀라 소리치는 우리에게 쌍욕을 하며 발아래에 사과탄을 내던지는 그들은 사람 모습이 아니었다. 비수를 품고 있다가 달려드는 족족 푹푹 쑤셔 버리고도 싶었다. 나는 가장 앞에서 그런 백골단과 마주했다. 순간 등골에 지르르한 오한을 느꼈다.

우리는 맨몸이다. 저들이 치고 달려들면 곱다시 잡혀가야 한다. 잡혀가는 것이 겁나는 게 아니라 짓이겨져 밟히는 폭력이 무서웠다. 정신을 차리고 핸드마이크를 잡았다.

"전경 여러분, 우리는 평화를 사랑하고 참교육을 갈망하는 교사들입니다. 우리를 좌경 용공으로 선전하는 정부에 맞서 우리들의 참뜻을 알릴 수 있는 평화 행진을 하려 합니다. 평화 행진을 보장하고 길을 비켜 주시기 바랍니다."

듣는지 마는지 묵묵부답. 햇살을 받아 반짝거리는 투구들은 담벼락처럼 꼿꼿이 박혀 있다. 노동자 몇 분이 앞에 와서 나에게 말한다. 내 어정쩡한 모습이 답답했나 보다.

"선생님, 절마들한테 말한다고 통할 일입니까. 우리 노동자들이 앞장서서 밀고 나갈 테니 나와 보십시오."

"조금 더 얘기해 봅시다. 시민들께 우리의 정당성을 알려야 합니다."

나이 든 아주머니 한 분이 물을 떠다 주고는 한마디 하신다.

"그래요, 쌈은 이래야지예. 내가 저놈들 못 오게 길바닥에 드러누워 있을라요. 망할 놈에 새끼들. 우리 아들이 저놈들 땜에 빙신 안 되었능교."

최루탄부상자협의회에서 오신 몇 분도 따라 나가 앉았다.

"우리는 학생들에게 평화와 민주주의를 가르쳐 온 교사들입니다. 우린 좌경 용공 분자가 아니라 억울하게 매도당하고 교단에서 쫓겨난 교사들입니다. 평화 시위를 보장하고 길을 비켜 주십시오."

둘러섰던 시민들이 박수를 쳤다.

"최루탄도 맞기 싫고 화염병도 보기 싫습니다. 왜 우리는 이런 사회에 살아야 합니까. 가난하고 공부 못하는 학생들도 올바르게 교육받을 수 있도록 우리는 교단으로 돌아가야 합니다. 우리의 진실을 알릴 수 있도록 평화 행진을 보장해 주십시오."

시민들은 환호와 박수를 보내 주었고 한 꼬마가 내게 음료수를 주고 달아난다. 아버지인 듯한 사람이 손을 흔들어 주었다.

나는 어처구니없게도 잘하면 경찰이 철수하고 우리 행진을 보장해 주리라는 생각을 했다. 좀 더 절실히 이야기를 해 보자 싶은 순간, "타! 타! 타! 타!" 최루탄 수십 발이 날아오면서 체포조들이 진격해 왔다. 아! 그때의 공포와 물러서야 하는 자괴감에 휘청한 것도 순간이었다. 나는 땅에 떨어져 아직도 뱀처럼 꿈틀거리며 가스를 내뿜는 최루탄을 밟으며 도망가야 했다. 뛰어도 뛰어도 연막은 끝이 없고 겨우 빠져나온 순간 숨이 막혀 죽을 지경이었다. 호흡을 턱턱 가로막는 고통, 아! 이게 숨모으는 것인가 싶을 정도였다.

학생들이 달려와 등을 두드리고 물을 떠 오고 하는 통에 정신을 차렸다. 그때서야 부끄럽게 물러선 내가 한없이 창피했다. 양복을 벗어젖히고 다시 대오를 가다듬어 교문 쪽으로 나섰을 때는 이미 우리의 전사들이 불바다를 만들어 놓았다. 저 아이들이 어젯밤 재롱을 부리며 노래하던 그 아이들 아닌가. 나는 숨이 막혀 죽을 지경인데, 어째 저리 맨 앞에서 뽀얀 가스를 가르며 싸울 수 있을까. 역시, 불가사의했다. 수건 한 장으로 얼굴을 가리고 돌과 최루탄에 맞서는 아이들 모습. 이제 교사들은 뒷전이고 학생과 노동자들이 앞서 나가 싸우고 있다. 필수, 영화, 명희, 영희, 일경이, 현숙이, 수미, 윤주, 시내……. 졸업생들은 그 와중에서도 내 손목을 잡으며, "선생님, 힘내세요. 저희들이 끝까지 싸워 드릴게요." 한다. 돌을 나르며, 구호를 외치며 새빨개진 얼굴로 쌕쌕거리는 아이들. "시위할 때도 동문끼리 붙어 다니냐?"고 농을 하면서도 아이들의 맨얼굴이 너무나 애처로웠다. 나는 끼고 있던 마스크를 벗어 슬며시 버렸다.

우리들은 구호를 외치며 최루탄 공격에 따라 물러섰다가 나아갔다가 하는 수밖에 없었다.

최루탄 파편에 눈가가 찢겨 피를 철철 흘리며 업혀 나오는 학생, 저들이 던진 돌에 턱을 맞아 피투성이가 된 노동자, 화염병이나 유리 파편을 밟아 발바닥이 찢어진 여학생. 운동장 구석에서 의대생인 듯한 학생들이 응급 처치를 하고 있었다. 우리 여선생님들은 도대체 이 아이들을 어쩌면 좋겠느냐고 발을 동동 구르며 눈물만 흘리고 있다. 구급차를 부르지도 못한단다. 뜻있는 교수님들이 내주는 승용차를 타고 뒷문으로 몰래 나갈 수밖에. 경찰이 병원을 알아 버리면 치료를 받다가도 끌려간다는 것이다. 끌려가면 구속이다. 다친 사람들은 주로 맨 앞에 선 전사들인 줄 뻔히 알기 때문에.

텔레비전 화면으로만 보던 '교문 투쟁'이었다. 솔직히 그때는 저런 방법 말고 딴 방법이 없을까, 학생들 처지를 알면서도 그

폭력만은 싫어했다. 그러나 오늘에야 그 싸움이 순수한 아름다움으로 다가왔다. 절절한 가슴과 끓는 피를 불꽃으로 피워 던지는 최소한의 분노요, 최소한의 방어임을 확인했다.

끝나지 않을 것 같던 공방전도 날이 캄캄해지자 수그러들었다. 지휘부 지시에 따라 전투조들이 물러나며 교문을 걸어 잠그자 전경도 더 이상 공격하지 않았다. 그때서야, 우리 학생들과 노동 형제들은 언제쯤 처절한 분노로 싸우는 일을 멈출 수 있을까, 전경들은 또 얼마나 고단할까, 불꽃에 다치지나 않았을까 하는 생각이 들었다. 마무리 집회를 하며 우리는 다시 어깨를 걸고 노래했다. 고단한 어깨 위로 뜨거운 사랑이 전해졌다. 서러운 눈물이 고였다.

하늘에는 별이 총총하고 삽상한 가을바람이 불어왔다. 캄캄한 하늘을 올려다보며 '임을 위한 행진곡'을 부르는데 눈물이 걷잡을 수 없이 솟구쳤다. 두고 온 아이들이 사무치게 보고 싶었다.

"얘들아, 나는 교단을 떠나와 여기 전장에 서 있다. 그래, 학교 계신 선생님들이 나를 모함하며 너희에게 한 말들, 기꺼이 받아들이마. 나는 너희 부모님들이 욕해 대는 교육 노동자로 서야겠다. 이제는 너희와 알콩달콩 나누었던 사랑 과감히 뿌리치고 우리가 나아가야 할 인간 해방 길로 나서야겠다. 민주주의를 배반하는 모든 세력들에 맞서 의연히 서야겠다.

떠나오며 너희에게 말했지. 내가 너희와 있으며 느꼈던 행복

은 어쩌면 굴종의 단맛인지 모른다고. 그래, 그것은 노예의 삶을 산 대가로 얻은 단맛이었다. 너희가 내게 준 해맑은 웃음, 눈부신 장미꽃 다발이 행복이 아니다.

성모 동산의 포근한 햇살 아래 거닐며 낙엽을 밟던 내 모습을 지워다오. 민주의 깃발 푸른 하늘에 펄럭이고, 우리 겨레가 하나 되어 덩실덩실 춤으로 지새울 그날까지는 나는 교사가 아니라 투사가 되어야겠다.

너희와 내가 헤어지지 않아도 될 그날까지는…… 얘들아, 나를 기다리지 마라."

해고자 단결 투쟁

결의문

이 땅의 잘못된 교육 현실을 바로잡고 민족·민주·인간화 교육을 실현하고자 전국교직원노동조합 결성에 앞장선 조합원 동지들은 공안 통치의 가혹한 탄압에 맞서 꿋꿋하게 투쟁해 왔다. 독재 권력은 모든 국가 기관을 총동원하여 전국교직원노동조합을 말살시키려 광분하여, 64명의 교사를 구속하고 1,600여 교사의 생존권을 박탈하였으며 참교육을 외치는 우리의 사랑스런 학생들마저 5명 구속, 10명 입건, 24여 명을 징계하고, 수천 학생들에게 폭행을 자행하는 만행을 저질렀다. 공안 통치로 5공 독재보다 더 극심한 폭력을 자행하는 현 정권의 반민주성은 역사 앞에 그 본연의 모습을 확연히 드러내었다. 이제 모든 문제가 분명해졌다.

전국교직원노동조합의 문제는 한국 민주주의의 사활이 걸린 문제이며 민족의 미래가 걸린 문제인 것이다.

현 정권은 1,600여 교사를 학교 현장에서 추방하고서도 교육 민주화와 교육 개혁을 하겠노라고 기만극을 벌여 오고 있다. '교육 환경 개선 특별 회계 법안' '교원 지위 향상을 위한 특별 법안' '9월 종합 대책안'을 잇달아 내놓으면서 교원 처우를 크게 개선하고, 교육 환경도 대폭 개선하는 것처럼 선전해 대고 있다.

그러나 이는 전국교직원노동조합 조합원 동지들의 격한 투쟁을 통해 모든 국민 앞에 부각된 교육 민주화, 교육 개혁의 필요성과 참교육의 당위성을 호도하기 위한 것에 지나지 않음이 여실히 밝혀지고 있다.

참교육 실현을 염원하는 교사들과 참교육 실현을 열망하는 학생·학부모들이 절실히 요구 지지하는 교사들을 1천600여 명이나 교단에서 내쫓고도 학교 현장의 교육 민주화와 교육 개혁을 도모한다고 나서는 독재 정권의 파렴치함을 보라. 현장 교사들의 모든 노력을 탄압하고 학생들을 박해하며 전교조 봉쇄만이 살길인 양 날뛰는 교육 관료들의 비교육적, 비도덕적 작태를 보라.

민족 교육의 미래보다는 정권 안보에, 교사·학생·학부모의 참삶보다는 기득권 유지에 급급한 저들의 천인공노할 기만극을 우리는 총단결 투쟁으로 분쇄할 것이다.

1989년 12월 11일 오전 11시 30분. 탄압 속에서도 끝까지 지켜 온 우리의 깃발을 드높이고 정부의 비도덕성·반민주성을 폭로하기 위해 전국의 해직 교사들이 모여 집회를 열기로 했다. 이제 해직 교사들은 경찰의 폭력이나 연행 위협에는 코웃음 칠 정도로 단련되어 있었다. 백면서생으로, 엄전한 모습의 교사로 있던 우리는 모르는 사이 투사의 기질을 몸에 익히고 있었다.

민가협 어머니들이 처음부터 그토록 정의에 투철하며 드세고 겁 없는 분들이었겠나. 처음에는 자식의 입신출세에 안달하며 그저 당신 자식 무사하기만을 바라는 평범한 어머니였을 것이다. 그러나 그 어머니들이 자식들이 당하는 고통을 보면서 여태껏 살아온 안일함에서 깨어났을 때, 그때는 아무도 막지 못할 당당함과 거센 힘을 지니게 된다. 어머니이기 때문에.

우리도 교육자의 양심에만 머물러 있을 때와는 사뭇 달라졌다. 모두 한두 번쯤은 연행당한 경험이 있고, 백골단이 미쳐 날뛰어도 사람을 죽이지는 못한다는 것도 알고 있었다. 어쩌면 그들도 우리 제자들이고, 우리의 적이 되지 않는다는 것을 알기에 오히려 사랑으로 감싸 주어야 한다고 생각하는 터였다.

보안을 지키는 철저함과 저들의 움직임을 파악하는 정보 싸움, 정세 변화에 따라 어느 정도 탄압할지 예상하는 일도 자신이 있었다. 집회 때마다 저들의 집요한 추격을 따돌리고 언제나 성공적으로 행사를 치를 수 있었다. 집회를 거듭할수록 자신감이 생긴 것이다. 바로 하루 전인 12월 10일 전국대의원대회 때도 현장 교사를 보호해야 하는 어려운 집회였는데, 우리는 보기 좋게 경찰을 엉뚱한 데로 유인하고 무사히 대회를 마쳤다. 치안 본부장이 이끄는 경찰 부대가 경북대학교를 포위하고 있을 즈음, 우리 대의원들은 인천의 어느 성당에서 느긋하게 대회를 치른 것이다. 경북대에서는 정문을 치고 들어오려는 경찰을 학생들이 사력을 다해 막으면서 교내 방송으로는, "전남 지역 대의원들은 본관 203호로 자리를 피해 주십시오. 적의 침탈이 예상됩니다. 서울 지역 대의원들은 전투조를 편성해 주십시오……." 하며 바람을 잡고 있었으니, 저들은 그 시간 인천에서 열리는 대회를 알 턱이 없었지.

대의원대회를 막지 못한 경찰 책임자가 문책을 당했는데, 바로 다음 날 명동 성당에서 전체 해직 교사가 모일 줄은 저들도 전혀 눈치채지 못하고 있었다. 우리들도 해고자들끼리 여는 집회는 별 부담을 느끼지 않았다. 보호막이 필요 없기 때문이다. 가지고 있는 것을 몽땅 내던져 버린 사람들이 갖는 자유로움일까, 겁날 것이 없었다.

내일 당장 가르쳐야 할 학생도 없고, 징계를 위협할 교장도 장학사도 없고, 생계를 이어 갈 월급도 없고, 안정을 갈망하는 가족도 없다. 끌려가면 그곳이 우리가 있을 곳이다. 따지고 보면 행복이란 것, 안정이란 것, 풍요란 것이 모두 우리를 묶는 질곡이 아닌가.

내가 명동 성당 근처에 도착한 시간은 진입 시간 10분 전이었다. 먼저 왔다고 먼저 들어가서도 안 되고, 짭새가 없다고 안심하고 서성거려서도 안 된다. 일단 차를 한잔해야지. 월요일 아침의 한가한 찻집에는 평화로운 음악이 흐르고 있었다. 아, 나는 딴 세상 사람인가. 평화를 즐기며 한가롭게 이야기하는 몇 쌍의 연인들을 보니 변해 버린 내 모습이 새삼스럽게 느껴졌다.

11시 20분부터 30분까지 10분 만에 모여든 동지는 순식간에 명동 성당을 메웠다. 마치 안개가 스며들 듯 천 명쯤 모여들었다. 어느 구석에 있다가 이렇게 삽시간에 모여들 수 있는지. 그저 반가워서 악수를 나누고 어깨를 싸안고, 며칠씩 잠을 못 잔 듯 벌건 눈을 껌벅이며, 텁수룩한 수염을 어루만지며 우리는 기뻤다.

성당 들머리 계단에 자리를 잡고 집회를 시작했다. 11시 30분, '쟁취 참교육' 머리띠를 두르고 구호를 외쳤다.

"구속 학생 석방하고, 부당 징계 철회하라!"

"노동 악법 · 교육 악법 철폐하고, 전교조 합법성 보장하라!"

"전교조 탄압 자행하는 문교부 장관 물러가라!"

"전교조 탄압 주범 민정당은 자폭하라!"

12시쯤 되어서야 전경과 사복 체포조들이 성당 앞을 에워싸기 시작했다. 마침 그때 울리는 성당의 종소리는 우리와 상관없이 너무나 자애롭게 울려 퍼지고, 겨울 같지 않은 포근한 햇살을 받으며 '그리스도, 우리의 평화'가 물끄러미 우리를 내려다보고 있었다.

"동지들, 서로의 얼굴을 만져 보시오. 삶의 터전을 잃고, 교단을 잃고 우리는 여기 이렇게 있소. 그러나 명동 성당의 차가운

계단 바로 여기서 정의는 부활할 것이오. 동지들, 겨울이오. 춥고 배고플 것이오. 그러나 우리의 깃발은 내릴 수 없소. 우리의 고통이 우리를 부활케 할 것이기 때문이오……."

머리가 백발로 빛나는 오종렬 광주지부장. 만주 벌판에서 백마를 휘몰아 달려온 초인을 느끼게 하는 오 선생님이 후배 교사들을 격려해 주었다.

신부님은 고고한 모습으로 우리 곁을 지나치고, 수녀님들도 힐끗거리며 이야기를 나누다 웃음 지으며 지나간다. 초등학교 5학년쯤 되어 보이는 아이 하나가 엄마 손을 잡고 성당 계단을 오르며 신기한 듯이 우리를 바라보다가 "디이엠오엔 에스티알에이 티아이오엔. 데먼스트레이션. 엄마, 맞지?" 한다. 엄마는 돌아보며 아이의 손을 끌고 "기도 시간 늦겠어." 총총히 사라진다. 짧은 치마에 맑은 얼굴, 소코뚜레만 한 귀걸이에 모피 모자를 쓰고 치렁치렁한 갈색 머리 젖히며 기도하러 올라가는 처녀의 모습도 보인다. 전경대와 신부, 수녀 그리고 무심히 지나치는 사람들과 거리에 쫓겨나 앉은 교사들. 이런 것들이 자연스레 공존하는 이 땅은 어디인가. 햇살만이 포근히 우리를 감싸 주었다.

"우리는 누구인가. 우리는 이 시대의 무엇인가. 우리의 말, 우리의 행동은 무엇인가. 그래, 우리는 실정법을 어겼다. 성당에서도 바리케이드 밖으로 나가라고 했다. 우리는 여기서 무엇인가. 그렇다, 우리는 세상이 외면한 거리의 교사들이다. 그러나 우리의 제자들이 우리를 기다리고 있다. 지금도 제자들을 붙들고 울고 있는 현장 조합원이 우리를 기다리고 있다. 사랑스런 제자들이 참교육을 받을 수 있는 그날까지 싸우지 않으면 안 되는 이유가 여기에 있다.

우리의 의지로, 우리의 결의로 '89년을 마감하면서' 90년을 열기 위하여 이 자리에 모였다. 전교조 합법성 쟁취 여부가 문제가 아니다. '전교조'는 이미 현실이다. 우리에게는 총단결 총진군만 있을 뿐이다."

이번에는 마이크를 경찰 쪽으로 돌려 너스레 삼아 사무처장이 이야기한다.

"전경 여러분도 참교육을 좀 받으십시오. 그리고 우리 얘기를 청와대에 보고해 주십시오. 노태우 대통령이 이번에 유럽을 돌며 견문을 넓혔을 것인데 교원노조를 인정하지 않는 나라가 어디 있는지 물어보십시오. 우리 전교조가 돈을 모아서 이번에는 남미 쪽을 보내 줄 테니 가 보고 오게 하시오. 세상에 교원노조 한다고 1,600여 명 모가지 짜른 나라가 이 지구상에 어디 있는지 보고 오란 말입니다. 이 지구상에 딱 한 군데 교조를 탄압한 나라가 있긴 합니다. 바로 중국입니다. 그러나 그것은…… 2000년 전 일입니다. 그것이 바로 분서갱유란 것입니다."

경찰들도 비실비실 웃으며 긴장을 풀고 있었다. 말투를 고쳐 이어 간다.

"우리는 곧 여러분을 헤치고 거리로 나갈 것입니다. 오늘 이 땅의 교사가 어떤 모습으로 억압받고 있는지 시민들에게 보여 줄 것입니다. 그러니 그때까지 몸이 근질거려도 좀 참아 주십시오. 성스러운 성당에서는 평화를 지킵시다."

경찰들도 우리가 성당 바깥으로만 나가지 않으면 연행할 명분이 없다. 하기야 상황에 따라 못 할 짓도 없는 그들이지만 비무장으로 평화롭게 옥내 농성을 하는 것이니, 그것도 성당 구역 안에서. 이렇게 연막을 치면서 한편으로는 제2의 행동을 준비하고 있었다. 귀에서 귀로, 또는 땅바닥에 손가락으로 '16시 30분, 정부 종합청사 앞 집결.'

수배받은 사람과 각 시도 지부장은 빠지기로 했다. 상황실 요원, 홍보 선전 요원, 연행당한 뒤의 일에 대비할 요원들은 본부로 돌아갔다. 남은 사람은 결사 항전, 전원 연행당할 때까지 싸운다. 삼삼오오 명동 성당을 빠져나갔다. 경찰은 의아한 듯 우왕좌왕한다. 분명 거리로 나올 줄 알았는데 결의문만 채택하고 하나둘 빠져나가니 잡을 명분이 없는 모양이다.

이제부터가 진짜다. 네댓 명씩 짝을 지어 광화문 근처로 갔다. 나는 또 슬며시 겁이 났다. 부지부장이란 걸 알면 놓아주지 않을지도 몰라……. 유치장 정도야 괜찮지만 구속이라도 되면……. 늦은 점심을 먹으며 기어이 소주 한잔씩만 하자고 우겼다. 간을 키우고 싶었기 때문이다. 딴 사람들은 다들 태연한데 나는 왜 이리 겁이 많지. 내심 스스로에게 화도 났다.

정해진 시간, 골목에서 다방에서 버스 정류장에서 튀어나온 동지들이 함성을 내지르며 종합청사 건물 앞으로 뛰어간다. 누가 먼저랄 것도 없이 일시에 함성 내지르며 모여드는 동지들 모습에 나는 더없는 믿음으로 가슴이 뛰었다. 나도 모르게 내달아 동지들과 어깨를 걸었을 때의 희열! 함께 걸고 있는 어깨에서 뜨거운 사랑이, 뜨거운 기쁨이 솟아올랐다.

"이기영 선생님, 선생님과 이렇게 다정히 어깨동무하니까 행복하네요."

"나도 그래요. 더 꽉 껴요. 절대 안 떨어지게……."

비로소 내 몸속에 배어 있던 무섬증이 배설할 때의 쾌감처럼 그렇게 쏴 하고 씻겨 나간다. 어떤 두려움도 이렇게 함께 있는 한 아무것도 아니다.

20분쯤이 지나서야 전경들이 허둥지둥 달려왔다. 차들을 통제하고 몰려드는 시민들을 밀어 내며 전경 차들이 왱왱거리며 달려왔다. 열 대 스무 대 끝도 없이. 아예 우리를 닭장차로 에워쌀 모양이다.

"여러분, 여기서 죽는 한이 있어도 한 치도 물러서지 맙시다. 무릎 꿇고 사느니 서서 죽읍시다!"

"아이들이 죽어 간다. 참교육 쟁취하여 아이들을 살려 내자!"

"기만적 개량 책동 민정당은 자폭하라!"

"전교조 탄압 자행하는 문교부 장관 퇴진하라!"

쟁의국장은 작은 체구에서 어떻게 저런 깡다구가 나올까. 곱상한 얼굴과 어울리지 않는 쟁의국장의 구호는 결연하고도 엄숙하다.

문을 굳세게 잠그고, 겹겹이 전경으로 바리케이드를 친 청사에서는 아무도 내다보는 사람이 없다.
 "문교부 장관은 즉각 대화에 응하라!"
 백골단들은 명령을 기다리는지 깍지 낀 손을 우두둑거리며 바싹 우리 곁에서 내려다보고 있다. 너무나 갑작스레 당한 일이라 어찌할 바를 모르는 모양이다. 만약 우리가 뿔뿔이 도망갔다면 저들은 더욱 거세게 달려들어 짓밟았으리라.
 "차에 실엇!"
 금테를 두른 작업복이 나타나더니 짧게 명령한다. 저들이 일시에 덮쳐들었다. 정강이뼈로 우리의 어깨를 짓찧으며 머리채를 휘어잡아 뒤로 재끼고 닥치는 대로 팔을 비틀어 떼어 낸다.
 "흔들리지 흔들리잖…… 놔라, 이놈들아…… 물가에 심어진 나

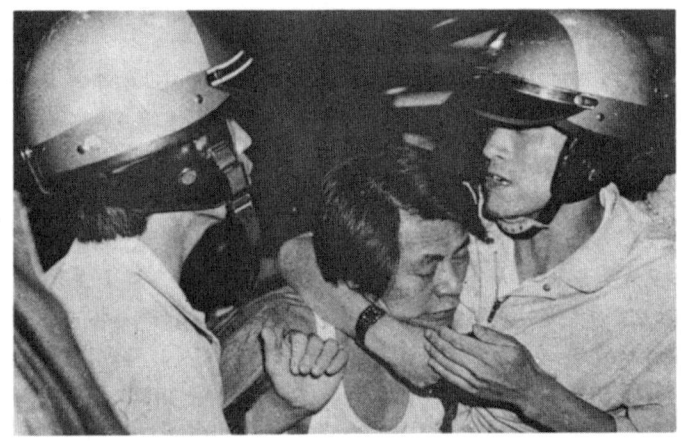

무같이…… 놔, 이것 놔. 아악 노…… 흔들리잖게…….”

"사람 사는 세상이…… 으윽…… 돌아와…… 읍…… 너와 나의…… 으윽…… 어깨동무 자유로울…… 으읍…… 때…… 우리에…… 다리…… 저절로…… 둥실…… 윽…… 왜 가슴을 만져 이 새끼야…….”

아수라장이었다. 아니, 대명천지 하늘 아래 슬픈 희극이었다.

"선생님들께 심하잖아. 살살해 이놈들아.”

퇴근길의 시민들도 고함을 내지르고 있었다.

"저런 것들이 무시기 선생이야. 밟아 버려. 싸가지 없는 것들. 살 만하니까 온갖 지랄들을 다하고 자빠졌어.”

경찰보다 더 흥분해 날뛰는 사람들도 있었다. 가슴이 찢어진다. '아직도 몽매에 허덕이는 중생아. 자유 찾아 월남한 게 그렇게도 자랑스럽더냐. 언제까지 우리가 더 죽어야겠느냐…….'

결국은 죄다 실리고 말았다. 아마 열댓 대는 되었을 것이다.

닭장차에 올라서도 구호와 노래를 계속했다. 천장을 두드리며 철망 쳐진 창문을 주먹으로 치고 발을 쾅쾅 구르며 소리소리 질렀다. 바로 그때 또 한 무리의 동지들이 차들을 가로막았다.

"우리도 잡아가라, 이놈들아. 우리도 잡아가!"

늦게 도착해 합류하지 못한 동지들이다. 전경이 우리를 에워싸고 있었으니 아예 차 문에 매달리고 차 앞에 드러누워 버린 모양이다. 눈물이 핑그르 돌았다. '마, 그냥 집에 가지…….' 결국 그들도 차에 탔다.

해고자 단결 투쟁 | 337

"까딱 잘못했으면 세금 못 찾아 먹을 뻔했잖아."

폭소가 터지기도 했다. 같이 차에 탄 전경 몇은 벙어리가 되어 문 앞에 오르르 붙어 서 있다. 마치 우리가 전경을 잡아가는 형세다. 나이 지긋한 분이 어깨를 두드려 준다.

"자네들도 오늘 종일 고생 많았어. 그래 고향은 어딘가?"

우리가 탄 차는 경찰서를 몇 개나 돌아(갈 때마다 만원이라고 했다) 마포서에 도착했다. 지은 지 얼마 안 된 새 청사였다. 일일이 호강하누만. 보호실은 우리를 위해 말끔히 비어 있었다. 일반 피의자들은 우리 때문에 아예 파출소에 수용한 모양이었다.

남녀 58명이 수감되었다. 보호실에 들어서자 경찰의 태도가 싹 달라졌다. 웅성거리는 우리를 보고 경찰이 소리를 지른다.

"야 인마, 조용해!"

"뭐! 야 인마? 방금 뭐라고 했소. 인마라니. 우리가 당신들에게 인마 소리를 들어야 할 이유가 있소? 당장 취소해. 취소하고 사과하지 않으면 우리도 가만 안 있어."

고함을 지르며 구호를 하고 노래를 불렀다. 기선을 제압하기 위해 사과할 때까지 입실을 거부했다. 결국 사과를 받아 냈다.

우리의 행동은 정당하다. 기가 죽으면 안 된다. 한 번 물러서면 끝까지 밀린다. 우리 싸움은 연행당한 뒤부터 시작이다. 저들이 어떤 위협을 해도 굴하지 마라. 몇 번의 연행에서 얻은 수칙이다.

곧바로 지도부를 구성했다. 남녀 한 명씩. 그리고 요구 조건을 내걸었다.

"우리는 헌법에 명시된 집회 결사의 자유를 보장받을 권리가 있다. 비폭력 무저항으로 끌려왔을 뿐이다. 그러므로 우리는 다음과 같이 요구한다.

첫째, 뉴스를 볼 수 있도록 텔레비전과 신문을 들여보내라.

둘째, 잠을 잘 때 말고는 남녀가 한방에 모여 있을 수 있도록 하라. 또한 철창은 언제나 개방해 두라.

셋째, 화장실은 사무실에 딸린 곳을 사용하게 하고 출입을 자유롭게 하라.

넷째, 침구, 담배, 식수, 식염수를 충분히 공급하라(담배, 식염수 값은 우리가 부담)."

다 들어주겠는데 둘째, 셋째는 안 되겠다고 한다.

"책임자 내려오라고 하시오. 왜 안 돼? 당신 여기 와서 똥 한 번 눠 보시오. 가리개도 없는 여기 와서 눠 보라니까. 그리고 우리가 뭐 잘못했다고 모여서 얘기도 못 하게 해. 우린 모여 있어야겠어. 떼 놓으려면 또 아까처럼 떼 놔 봐."

여선생님들이 삿대질을 하며 대든다. 벌 떼처럼 달려드는 것에 질렸는지 모두 들어주겠으니 제발 조용히만 해 달란다. 나는 속으로 다시 놀랐다. 도무지 들어주지 않을 것 같은 요구였는데 죽기 살기로 달려드니 저들도 어쩌지를 못하는구나 싶기도 하고, 우리가 알게 모르게 선생 대우를 받고 있다는 생각도 들었다. 학생이나 노동자들이 연행당했을 때도 이런다는 얘기는 들어 보지 못했기 때문이다. 어쩌면 아예 이런 요구도 못 해 보고 기가 죽어서 오히려 구타만 심하게 당하지 않았을까.

회의를 시작했다.

전망 - 저들의 태도를 보면 오늘 연행은 산개 차원에서 이루어진 것 같다. 내일 아침이면 나가게 될 것 같다. 만약 조서를 꾸미려고 하면 묵비권을 행사한다.

식사 - 관식을 그대로 먹도록 하자. 라면으로 대치한다든가 사식을 먹는다는 것은 스스로 특별 대우를 받으려는 짓이다.

시간 계획 - 지역별 활동 소개와 오늘 일에 대한 평가만 하고 오늘은 휴식하자. 그저께부터 줄곧 잠을 못 잔 사람이 많다.

행동 수칙 - 지도부 지시에 따르는 것을 원칙으로 한다.

9시 뉴스를 보았다. 단 한마디도 언급하지 않는다. 600여 명의 교사가 연행되었는데도 어째 한마디도 언급하지 않을까. 갑자기 허탈함이 엄습해 왔다. 우리는 뉴스에서 중간급 이야기 정도로는 다뤄지리라 기대하고 있었다.

"우리 싸움은 결국 외롭게 끝나고 말았구먼……."

모두들 힘이 빠진 모습이다. 고단함이 한꺼번에 몰려왔다. 간단하게 지역별로 소개만 하고 일찍 자자고 했다. 당직 책임자인 듯한 늙수레한 간부 한 사람이 오더니 우리를 비아냥거린다.

"어째, 그렇게 떠들었는데 생색도 안 나게 됐어. 사실 나도 전교조가 뭐 하는 단첸지도 몰라. 떠들어 봐야 세상이 알아줘야 말이지……."

10시가 넘자 피곤에 지쳐 눈을 붙이고 누운 사람, 삼삼오오 드러누워 얘기를 나누는 사람, 기세등등한 분위기는 가라앉고 곤한 몸을 뒤척이는 가벼운 신음 소리만 간간이 들려왔다. 나도 눈을 붙였다. 잠을 자 두자. 11시가 좀 넘은 시간일까. 갑자기 문밖이 와자지껄하더니 나이 든 형사들 몇이 들어선다.

"선생님들 다 주무시오? 간단히 인적 조사라도 해야 되겠는데…… 이름 부르는 사람은 좀 나오시오."

아까 우리가 명단은 넘겨주었다. 선생님들은 졸음에 겨워 듣는 둥 마는 둥 하는데 이름을 부른다.

"개별 조사에는 응할 수 없어요. 조사할 게 있으면 여기서 하시오."

"여기서 어떻게 합니까. 자는 데 방해만 되고 잠깐이면 됩니다. 개별적으로 못 하겠다면 6명씩 조를 짜서 올라갑시다. 우리도 빨리 끝내고 집에 가야지요. 우리 사정도 좀 봐주십시오. 5분이면 됩니다. ○○○ 선생님, △△△ 선생님, 이상석 선생님……."

우리는 별 대책도 없이 잠깐 나갔다 오기로 했다. 자는 사람은 그대로 자고 있다. 부스스 일어나 비척비척 따라나섰다. 신을 질질 끌며……. 문밖으로 나가 사무실 건물로 들어서는 순간 뭔가 분위기가 이상하다. 전경들이 두 명씩 우리 옆에 붙어 서고, 1층에서 2층으로 2층에서 3층으로 3층에서 4층으로 복도를 구비 돌아 다시 5층까지 올라간다. 텅 빈 사무실의 적막을 깨고 구두 소리 뚜벅거리며 말없이 우리를 데리고 가는 자들의 음모가 무엇일까. 겁이 나기 시작했다.

"어디까지 끌고 가는 거요?"

"씨끄러 이 새꺄! 잔말 말고 따라왓!"

앗! 속았구나. 방금 전에 '선생님 우리 사정도 좀 봐주쇼.'가 아니다.

이미 동지들은 저 멀리 있고 우리는 그 서슬에 꽁지 감춘 개꼴이 되었다. 전경도 슬며시 팔짱을 낀다. 꼼짝 말란 것이다. 이럴수록 정신을 차리자 의연해지자 해도, '대공과' 팻말이 붙은 사무실 문을 열고 "너는 이리로 들어가. 그리고 너희는 이리 따라와." 다시 세 명씩 분리할 때는 머리까지 쭈뼛쭈뼛하다.

"약속이 틀리잖아요. 이거 놔요." 목소리마저 떨렸다.

"빨갱이 새끼들한테 약속은 무슨 약속이야. 이 새끼들이 여기가 제 안방인 줄 알아. 들어갓!"

우리는 속수무책으로 당했다. 공포도 공포러니와 이 새끼 저 새끼 하는 소리에 인격이 박살 나고 있었다. 수모를 당하고 있다는 데 대한 분노보다도 스스로가 금방 보잘것없는 '새끼'가 되어버리는 무력감에 빠져든다. 문 안으로 밀려 들어가자 자리마다 형사들이 앉아 있다. 문이 잠겼다. 함께 간 우리 셋은 그 문을 등지고 마지막 안간힘을 썼다. 약속과 다르게 이런 공포 분위기에서는 조사를 받을 수 없다고 버텼다. 참으로 대공과 형사들은 험상궂고도 살의가 번뜩이는 눈을 가졌다. 가소롭다는 듯 팔짱을 끼고 앉아 소리를 지른다.

"이리 와서 앉아. 너거가 여기 농성하러 왔어? 여기가 어딘 줄 알아. 세상 좋아졌다고 뵈는 게 없어. 우리는 성질이 못되서 급하면 쥐어박는 수가 있어. 빨리 이리 와!"

도저히 우리 발로는 갈 수가 없다. 주춤주춤 내딛는 발걸음은 처참한 굴욕이다. 버텼다. "이것들이!" 갑자기 몰려들어 발길질을 하며 멱살을 잡아끈다.

"선생 같잖은 새끼들이 남 잠도 못 자게. 이리 와 앉아, 이 새끼들아!"

아, 그때의 굴욕감. 나는 어처구니없게도 '이소룡'을 떠올리고 있었다.

이것들을 한주먹에 처치하고 흥 콧방귀를 끼며 돌아서 나가는 이소룡의 탄탄한 근육을.

"좋게 얘기할 때 빨리 끝냅시다. 이름은?"

"이상석."

"주민등록번호?"

"530115······."

"본적, 주소?"

"경남 창녕군······."

"이번 집회에 참석하게 된 경위?"

"더 이상은 말 못 합니다."

"이 사람아, 잘 나가다가 왜 이래? 누구한테 연락을 받았을 거 아니야."

해고자 단결 투쟁 | 343

"분명히 말해 두겠는데 더 이상은 죽여도 말 안 할 테니 그렇게 아시오."

"이런 억지가 있나. 왜 말 못 해. 주동자야? 당신이?"

"……."

몇 마디 말을 주고받다 보니 그래도 자신감이 생긴다. 옆에 앉은 김진수 선생은 처음부터 입을 다물고 있다.

"당신들이 행패 부린 걸 사과하기 전에는 한마디도 할 수 없어요." 이 한마디를 했을 뿐. 아무리 위협하고 어르고 달래도 이름조차 말하지 않는다.

김 선생께 부끄러워서도 더 이상 말할 수 없다. 책상을 치고, 서류를 집어던지고, 금방 달려들어 칠 기세를 하고 그래도 김 선생은 안경만 만지작거릴 뿐 요지부동이다.

"좋아, 당신이 이기나 우리가 이기나 보자구. 새끼가 비겁하게 자기 이름도 말 안 해. 버텨 봐 버텨 보라구. 내가 끝까지 밟아 주겠어!"

"그러게 말야. 자기들이 죄가 없다면 왜 당당히 얘기를 못 해. 전교조에 대해서 우리한테 선전이라도 하겠다. 우리도 다 학부형이라고. 이런 사람들이 애들 가르칠 수 있겠어……."

나는 사실, 이들과 토론이라도 하고 싶었다. '당신의 아들딸이 학교생활을 어찌하는 줄 아느냐, 당신들도 노조가 얼마나 필요한 줄 아느냐, 지금 이 땅이 어떤 질곡 속에 있는 줄 아느냐…….'

잠시 뒤 내 신원 조회서가 나왔다.

"당신, 73년도에 유치장 한 번 갔다 왔군. 처음부터 데모꾼이었어……. 좋아, 이미 끝난 거니까 나가 봐!"

새벽 2시가 넘어서야 동지들이 있는 곳으로 내려왔다. 와 보니 분위기는 이미 험악하다. 우리가 나가고 뒤이어 또 6명을 불러내서 먼저 갔던 사람이 돌아오고 난 뒤에 나가겠다고 버티자 전경들이 떼거리로 달려들어 닥치는 대로 끌고 갔다는 것이다. 그러고는 아무도 돌아오지 않았단다. 우리가 너무 긴장을 풀고 있었다. 너무 방만했던 자세를 반성했다. 늘 이런 식으로 당한다며 후회했다.

"별일은 없을 겁니다. 모두 잘 버틸 겁니다. 내가 제일 먼저 어물쩍 넘어가 버린 꼴이 되어 미안합니다."

조사 과정을 이야기하면서도 먼저 조사를 끝내고 온 내 꼴이 창피하고 죄스러워 고개를 들 수가 없었다. 이름 말고는 어떤 것도 밝히지 않았어야 했다는 걱정에 더욱 몸 둘 바를 몰랐다.

"보세요. 주민등록번호까지 말하니까 저들이 금방 선생님 신원을 파악하잖아요. 만약 우리 중에, 아니 딴 경찰서에 있는 동지들 중에도 신원을 밝히기 곤란한 사람이 있으면 어떡해요. 결국 선별 석방하는 데 빌미를 주게 되잖아요. 그러니 우리가 모두 무조건 석방될 때까지 싸워야 하는 겁니다."

조사를 받던 사람들은 새벽 6시가 되어서야 돌아왔다. 초췌한 모습으로도 끝내 이기고 돌아온 당당함에 박수를 쳤다.

"그 사람들이 어지간히 똥줄이 탄 모양이지. 처음엔 좋은 말로 어르더니 눈을 부라리며 협박을 하잖아. 내가 그랬지. 여보시오. 나는 지금 당신과 싸우는 게 아니라 독재 정권과 싸우고 있는 사람이오. 목숨을 내놓고 싸우는 사람에게 겁주고 어른다고 안 할 말을 할 것 같소. 그만두시오, 그랬더니 다시 태도를 누그려서는 조서에 무슨 말이라도 써야지 안 그러면 안 된다는 거야. 그럼 이렇게 쓰시오. '소이부답하니 심자한(笑而不答하니 心自閑)'이라. 아니 그게 무슨 말이요? 웃고 대답을 하지 아니 하니 마음이 스스로 한가롭다는 말이오."

정영채 선생 이야기에 무릎을 치며 웃었다. 정 선생은 어디에서나 이런 여유를 즐기고 있었다. 나 하나만 빼고 모두 이겼다.

곧바로 회의를 시작했다. '쉽게 나갈 것이라는 안이한 생각으로 태도가 너무 방만했다. 진술에 대한 자세한 지침이 없었다. 저들의 폭언과 폭행, 6시간 넘게 진행한 밤샘 조사에 항의해 단식에 들어갈 것을 결의한다. 어떠한 조사에도 응하지 않는다. 보호실에서 벗어나지 않는다. 선별 석방에 응하지 않는다. 시간별로 프로그램을 짜서 빈틈없이 유용한 시간을 보낸다. 지역별 모범 활동 사례 발표, 자기의 결의 발표, 지부별 선전 선동 연습, 아이들과 함께 부를 노래 배우기, 교과위원장의 교과 활동 계획 발표······.' 빡빡하게 시간을 짰다.

들어온 밥을 물리치고 우리는 한방에 모여서 프로그램을 진행했다.

새삼 긴장되고 숙연한 우리 분위기에 경찰들도 더 이상 말을 붙이지 못했다. 부산의 문화부장 김선자 선생은 콧등에 땀이 송글 맺힌 채 아이들과 함께 부를 노래를 가르쳐 준다. 엊저녁부터 밥을 먹지 못했는데 배는 오죽 고플까. 경찰서 유치장에서 아이들과 함께 부를 노래라니, 노래를 따라 하면서도 언제 돌아갈지도 모르는 교단, 그 교단을 위해서 준비하는 선생님들 모습이 처절하고 아름다워서 목이 메었다. 경기 지역 어느 선생님은 일산종합고교의 학생 탄압 사례를 발표하다가 끝내 울음을 터뜨렸다. 쫓겨난 선생님이 무슨 이유로 쫓겨났는지 학생들은 납득할 수 없다며 선생님을 돌려 달라는 시위를 계획했단다. 그 일로 수업 중에 학생을 불러내 복도에서 수갑을 채워 연행했다는 기가 막힌 이야기였다.

아침 8시쯤부터 오후 4시 30분까지 좁은 마룻바닥에 빼곡히 들어앉아 토론하고, 구호 외치고, 노래하며 자세를 흩트리지 않는 모습은 교육에 대한 열정 없이 도저히 흉내 내지 못할 일이다. 나야 구석 자리 벽에 기대어 나이대접을 받고 있었지만. 오후 5시, '불법 구금 24시간 규탄 대회'를 열었다. 경찰과 또 한차례 싸움이 붙었다. 연다, 못 연다로 옥신각신하면서도 우리는 규탄 대회를 치렀다. 그것은 우리의 의지를 다시 다지는 의식이었다. 아침이면 나가리라 여겼던 우리가 얼마나 바보였던가. 결국 48시간을 다 채워 진을 빼 놓을 모양이었다. 여기에서 우리가 지치면 앞으로 싸움에서 지고 만다. 이럴수록 우리 스스로를 단련

해야 한다.

저녁 6시쯤 경찰 간부가 들어왔다.

"여러분 중에 진술을 마친 분은 지금 내보내기로 하겠습니다. 상부 지시를 말씀드리겠습니다. 이 중에 수배자는 관할 경찰서로 이첩, 전교조 간부는 계속 수사, 진술 거부자도 계속 수사, 진술을 한 단순 가담자는 훈방, 명동 성당 시위 주동자는 구속 수사, 청사 앞 주동자는 즉결로 넘기라는 겁니다. 자, 어제 진술을 마친 ㅂ 씨, ㄱ 씨, ㅇ 씨, ㅈ 씨…… 이상 23명은 나오십시오. 우리 서에서는 이름만 밝혀도 내보내 드립니다."

순간, 침묵 속에서 우리는 잠시, 정말 아주 잠시 '흔들'했다. 그러나 한 여교사의 암팡진 구호가 우리를 일깨웠다.

"선별 석방 거부한다. 이간 책동 중지하라!"

"불법 구금 중단하고, 즉각 전원 석방하라!"

어깨를 걸고 '흔들리지 않게'를 부르며 우리는 스스로 철창을 굳게 닫았다.

"이제는 저들이 우리를 끌어내려 할 것이다. 남선생님들은 문 쪽으로 가세요. 이름 불린 사람은 안쪽으로 모입시다."

정말로 다시 전경이 들이닥쳐 우리를 끌어낸다. "놔, 못 나가! 다 같이 나가기 전엔 절대 못 나가!" 격렬한 몸싸움도 잠시. "있으려면 천날 만날 있어 봐. 사람들이 말이 통해야지. 놔둬, 전원 구속시키면 그만이야." 하며 간부는 어이가 없다는 듯 나가 버렸다. 그러고도 저들은 수시로 카메라를 들고 와서 얼굴을 찍는다, 비디오카메라로 촬영한다, 법석을 떨었다. 명동 성당 시위 주동자를 가려내려는지, 단순히 불안감을 주려는지 말없이 들어와서는 강한 불빛을 비추고는 했다.

"우린 등판이 잘 생겼으니 여길 찍도록 허쇼이."

돌아앉아 마룻바닥을 쾅쾅 치며 노래를 불렀다. 무슨 애들 장난 같았다. 밤이 깊어지자 우리 스스로 규찰대를 세웠다. 경찰이 유치장을 습격할지 모른다. 아니나 다를까. 밤 10시가 넘었을 즈음 잠긴 철문 밖에서 문 두드리는 소리가 났다. 바깥에서는 구둣발 소리가 들리고 낮은 고함 소리도 들린다. 긴장하며 모두 일어나 앉았다. 보초를 서던 전경이 무심하게 문을 따고 내다보는 순간, 문을 열어젖히며 와락 밀려들어 온 사람들은 경찰이 아니라 아주머니들이었다. 뒤이어 전경들이 달려들어 아주머니를 끌어내려 한다. 아주머니들은 쇠창살을 붙들고 늘어진다.

"여러분, 우리는 민가협 엄마들입니다."

우리는 튀어 오르듯 전경을 떼어 내고 어머니들을 철창 안으로 모셨다.

철창 안까지 따라 들어와 사생결단하는 경찰을 진정시키고 잠시만 얘기나 나누게 해 달라고 했다.

"여러분, 여러분이 갇혀 있다는 소리 듣고 기가 차고 매가 차서 달려왔습니다. 우리 선영이도 살아 있었다면 여러분같이 전교조 선생님 됐을 건데…… 선영이…… 우리 선영이는 죽어 버렸소. 선영아…… 우리 선영아…… 니 같은 선생님 여깄다……. 선생님들이 대신 싸워 주시오. 우리 선영이 한 풀어 주시오."

이한열 어머니, 김성수 어머니, 송광영 어머니, 박선영 어머니……. 제국주의와 분단으로 가장 뼈아프게 고통당하는 우리의 어머니들이 이 늦은 시간 우리를 위해 전경의 저지를 뚫고 달려온 것이다.

"이놈들아, 우리 애들 죽여 놓고도 또 우리 선생님들을 잡아 가두느냐. 다 죽여라, 다 죽여, 우린 못 나간다. 우리 선생님들하고 있을란다. 학교에서 이 좋은 선생님들 다 내쫓고 너거가 성할 줄 아느냐? 이놈들, 광주가 운다, 한열이가 운다, 이놈들아!"

뒤늦게 달려온 경찰 간부들도 어머니들에게는 감히 다가서지 못했다. 누구의 입에선가 노래가 흘러나왔다. 눈물을 훔쳐 내며, 주먹을 불끈 쥐고 노래를 했다.

"거센 바람이 불어와서 어머니의 눈물이 가슴속에 사무쳐 오는 갈라진 이 세상에 민중의 넋이 주인 되는 참세상 자유 위하여 시퍼렇게 쑥물 들어도 강물 저어 가리라 솔아 솔아 푸르른 솔아 샛바람에 떨지 마라 창살 아래 내가 묻힌 곳 살아서 만나리라……."

"선생님들, 이 싸움은 선생님들만의 싸움이 아닙니다. 이 땅에서 버림받고 짓밟히고 죽어 간 우리 노동 형제들, 우리 학생들 그 사람들과 함께 싸우는 싸움입니다 우리 선생님들이 이렇게 나서 주니 얼마나 고맙고 미더운지…… 선생님들, 힘내세요……."

끝내 김선자 선생님은 선영이 어머니를 안고 오열을 터뜨린다. 같은 교육대학 출신인 선영이의 어머니가 남달라 보였으리라. 펑펑 울음바다가 된 유치장에서 경찰도 고개를 숙인 채 말이 없었다.

이틀 밤을 새우고 난 아침, 신문에 우리의 기사가 났다. '전교조 교사 600여 명 연행, 해직 교사 복직 요구 시위'. 우리는 우리의 복직을 요구하기 위해서 이 고생을 하는 것이 아니다. 복직을 요구한 적도 없다. 싸워서 이겨 당당히 교단으로 돌아가고자 할 뿐이다. 국민들의 무관심, 자기 자식에 대한 이기심, 그리고 안일한 자세로 돌아앉은 모든 교사들에게 우리의 처절한 싸움을 보여 주기 위함이다. 이 시대 교사들이 교육을 제자리로 돌려놓기 위해 어떤 아픔 속에서 싸웠는지 역사가 평가할 것이다.

오후 1시쯤, 구금된 지 44시간 만에 본부 상황실로부터 경찰서에 연행된 모든 동지를 무조건 석방한다는 통보를 듣고 우리는 마무리 평가를 했다.

- 이번 집회와 특히 연행당한 뒤의 단결 투쟁은 개인적 싸움 경험에 큰 도움이 되었다.
- 대의원 대회, 명성 성당 집회, 종합청사 항의 농성, 연행 작전과 보호실 안에서의 싸움을 모두 승리로 평가한다. 이것은 전교조 조직력을 한 걸음 전진시킨 성과를 낳았다. 이제 이 성과를 바탕으로 현장으로 돌아가 대중 선전을 펼치자.
- 처음 맞는 겨울 방학을 준비, 사제 만남과 현장 교사와의 만

남을 돈독히 하자. 해고자만의 투쟁은 대중성을 상실할 우려가 있고 현장감을 떨어뜨릴 위험이 있다.
- 개인적 나약함은 조직력 강화로 극복할 수 있음을 우리는 확인했다. 개인적 한계를 조직이 수렴하여 높은 투쟁력으로 끌어올린 이번 싸움에서 다시 한번 조직의 힘을 확인한다.
- 가장 감명 깊었던 장면은 민가협 어머니들의 방문이었다. 어머니들의 모습에서 '사랑'이 얼마나 위대한 '투쟁 의지'를 지니는가 명심하고, '사랑'은 곧 '투쟁'이란 교훈을 배우자.
- 직접 부딪히는 전경들과는 사사건건 싸우지 말자. 경찰들에게도 우리는 교사의 바른 모습을 보여 줄 수 있어야 한다.
- 언론에 대해 기대하는 것은 잘못된 태도이다. 대중 선전도 무시할 수는 없으나 지나친 기대는 우리의 투쟁력을 약화시킨다.
- 본부 상황실 운영이 기민하지 못했다. 한계도 있었겠지만 각 경찰서 상황을 제때 확인할 수 있어야 한다.

경찰서 앞마당에서 '교직원 노조가'를 소리 높여 부르고 전경들의 어깨를 두드려 주며 거리로 나서니 오후 2시가 넘어 있었다.

해직의 뒤안길

 그만 오늘도 열두 시를 넘겨 버렸다. 학교 있을 때도 일찍 집에 오는 일은 어색한 노릇이었지만 해직되고 난 뒤로는 자정 전에 들어온 날이 별로 없을 정도이다. 오늘로 한 주일 내내 자정 넘긴 귀가가 되어 버렸다. 어머니에게, 아내에게 미안하고 민하, 가영이도 보고 싶다. 죄스런 마음으로 벨을 누른다. 땡똥 땡똥. 벨 소리만으로도 나인 줄 알 텐데 기척이 없다. 두 번 세 번. 내 늦는 줄 몰라서 잠들어 버렸나. 난 어디 놀러 다닌 줄 아나. 오늘도 정말 꼭 할 일이 있어 늦은 건데. 그만 화가 나서 요란하게 벨을 눌러 댄다. 어머니께서 놀라시며 문을 연다.
 "아이구 야야, 내가 고마 깜북 잠이 들었구나. 자다가 우찌 놀랬는지. 좀 일찍 다니면 안 될 일이 우째 그리 많노……."
 "미안합니다. 어머니."

내 방에 와서 옷을 벗었다. 고단함이 한꺼번에 몰려든다. 옷을 벗으며 보니 아내가 자는 눈치가 아니다. 돌아눕는 품이.

"안 자나? 안 자면서 문도 안 열었어?"

"무슨 놈의 일이 매일 그렇게 열두 시를 넘겨야 하는고. 사람 창피해서 살 수가 있나."

"뭐? 창피해? 그래, 그렇게 창피해서 문도 안 열었단 말이지?"

난 그만 화가 버럭 났다. 오늘도 내가 늦고 싶어 늦은 게 아닌데. 현장 교사들 만나서 하반기 사업 계획 설명하느라 늦었고 만났으니 소주 한잔 나눈 것뿐인데…….

난 이불을 잡아 재꼈다.

"말해 봐. 뭣이 창피하다는 거야. 늦게 돌아다니는 남편이 창피하단 거야? 해직당해서 돈 못 버는 남편이 창피하단 거야? 내가 뭐 쓸데없는 짓 하고 늦게 다녀? 말해 봐!"

늦은 시간이라 소리는 내지르지 못하고 부글부글 끓는 소리로 다그치자 아내는 등을 더욱 옹송거릴 뿐 돌아누워 말이 없다.

"남편이 들어와도 인사도 없이 누웠다가, 이젠 남편 하는 짓이 창피하다고? 그래 뭣이 창피하단 거야?"

숫제 나는 시비를 걸고 있었다. 안 그래도 조마조마 애를 태우며 안 되는데 안 되는데 하며 마신 술이 울화를 더욱 돋워 주고 있었다.

"몰라서 자꾸 물어요? 시도 때도 없이 열두 시가 넘어야 들어오니 이웃 보기 창피하다는 거지."

돌아누운 채 깡그리 나를 무시하며 '이웃' 운운하다니. 그래 이웃 보기 창피할 거다. 어떤 놈은 자가용 굴리고, 일요일만 되면 식구들 데리고 놀러 다니는 그 이웃에게 창피할 거다. 조금 전까지 선생님들과 나눈 고상한 얘기들은 흔적 없이 사라지고 오직 나를 몰라주는 아내에 대한 미움과 내 신세의 처량함이 뒤범벅되어 온갖 짜증과 설움이 들끓어 오른다. 말할 수 없는 외로움. 꼼짝도 하지 않고 돌아누운 아내를 내려다보다가, "좋아. 창피한 놈은 나가 줄게. 영원히 나가 줄게. 나도 귀찮아. 이따위 집에 오기도 싫어." 막상 이렇게 내뱉고 보니 정말로 상대의 속을 갈가리 찢어 그 아파하는 모습에 내 설움을 보상받고 싶었다. 못할 말을 마음 놓고 지껄여 보니 후련하기도 했다. 내가 본래 이렇게 옹졸한 놈인가. 내 이런 모습으로 무슨 일을 하겠다는 건가 하는 생각은 아예 없고 못된 파괴 본능이 일어나고 있었다.

벗었던 옷을 도로 주워 입었다. 잘못했습니다, 울며 매달릴 시간을 주기 위해 천천히 그러면서도 결연한 자세로. 한편으로는 정말 어딘가로 훌쩍 떠나서 끝도 없이 가고만 싶었다. 더욱 확실한 모습을 보이기 위해 서랍에 넣어 둔 생활비 몇 푼까지 꺼내 챙겨 들고 뚜벅뚜벅 현관으로 갔다. 그때야 화들짝 놀라 앞을 막는다. 생전 처음 보는 내 태도에 공포감이 어린 눈으로. 그러면 그렇지. 내가 이러니 꼼짝 못 하겠지. 야릇한 쾌감마저 생긴다.

"창피한 놈은 나가 줄게. 나가서 죽든지 살든지. 넌 내가 없으면 더 좋을 것 아니야. 창피한 새끼하곤 살 수 없는 법이지."

"……정말 창피하게 왜 이래요. ……잘못했으니 그냥……."

나는 더욱 기고만장해지면서도 짐짓 묘한 설움이 다시 북받쳤다.

"잘못한 것 없어. 일 년이 넘도록 빌빌거리는 나 같은 놈은……."

그때 어머니께서 놀라 나오셨다.

"야들이 이 밤중에 와 이카노."

그냥 모른 체하고 계셔 주면 좋으련만 어머니는 놀라고 답답한 가슴으로 오들오들 떨면서 앞을 가로막는다. 그만 내 마음까지 찢어진다. 지금 내가 무슨 짓을 하고 있는가. 그러나 또 한편에선 어머니의 그런 모습에까지 신경질이 난다.

"어머닌 그냥 주무세요. 내 안 나갈 테니까."

버럭 소리를 지르며 나는 아이들 공부방으로 들어가 버렸다. 빈방에 혼자 앉았으니 울화는 삭지 않고 온갖 생각이 다 난다.

오늘 현장 선생님들 만날 때도 사실 마음이 유쾌하지 못했다. 목을 내놓고 싸우며 우리가 이루고자 했던 일들이 도로아미타불이 되어 가는 듯해서 초조했던 것이다. 넥타이를 드리우고 보충수업비 받은 걸로 오늘은 질펀하게 소주를 사겠다며 호기를 부릴 때도 내 빈 주머니가 초라해지기까지 했다. 나도 소주쯤은 마음 놓고 마셨고 때로는 카페에 앉아 추적거리는 가을비를 즐기기도 했다. 그러나 요즈음은 버스표 한 장, 점심값, 담뱃값도 벅차서 라면으로 점심 때우기가 일쑤다. 어렵사리 소주를 마실 때도 안줏값이 없어 서로들 눈치를 보곤 하지 않는가.

아이들 가르치는 일도 그렇다. 입시 경쟁, 점수 따기 교육이 뻔히 나쁜 줄 알면서도 현실이기 때문에 어찌할 수 없다며 테두리 속에 안주해 버리고 다달이 내려오는 '공동 수업안'마저도 무시해 버리는 모습. 만약 그 수업안에 문제가 있다면 토론을 해 바로잡아 나가야 하지 않을까. 아이들에게 이야기 한마디 바로 하는 것도 포기해 버리고 돈 얼마씩 떼어 생계비 보조하는 일만 자기 몫의 일로 생각하는 모습은 또 무엇인가. 생계비도 그렇지. 일 년이 지나고부터는 생계비 보조금, 후원 회비들이 얼마나 떨어져 나갔나. 부산은 좀 덜하지만 서울 같은 데서는 월 십만 원 정도가 되어 버렸다니. 현장 선생님들은 도대체 뭘 하고 있는가.

인사위원회를 세울 수 있었던 것은 그나마 우리가 싸운 덕분에 따낼 수 있었는데 정작 학교에서는 그것을 올바로 추진하지 못하다니. 아무리 어려워도 해낼 것은 싸워서라도 해내야 하지 않는가. 목이 잘려서 싸우는 사람이 있는데 이것도 저것도 현실적으로 어렵다며 나앉아 버리면 우리는 무엇을 가지고 어떻게 싸울 수 있을까. 교협 시절에는 모두 현장 교사로 있으면서 수업 다하고도 일을 해냈는데, 이젠 사무실이 해직자만의 일터가 되어 버렸으니 이러고도 일이 되겠는가. Y교협 시절이나 전교협 시절에는 우리 세가 지금보다 훨씬 약했어도 신명이 났다. 작년에 전교조를 결성할 때 그 지독한 탄압에 시달리면서도 의지는 불길처럼 솟아올랐다.

그러나 일 년이 지난 지금은 훨씬 많은 동지들과 훨씬 많은 연대 틀을 갖고 있으면서도 뭔가 신명이 나지 않는다. 일을 하는데도 뿌듯하지 않고, 일도 별로 진척이 없는 듯하고, 생계 때문에 걱정하는 동지들 보면 가슴만 답답하고, 하루하루의 생활이 물에 기름 뜬 듯해서 뿌리를 잃은 느낌이 들 때가 많다. 해직자끼리 모여 있는 사무실에서도 모두가 가지고 있는 말 못 할 아픔 때문에 분위기가 긴장으로 팽팽해질 때가 많다. 현장 선생님들의 모습은 얼마나 화사하던가. 투피스 차림으로 정장을 하고 적당히 화장도 하고 윤기가 흘렀다. 불과 1년 전 우리 국복희 선생도 그렇게 아리땁게 차려입고 국어 교사 모임에 나왔지. 그런데 지금은 새벽 출근 홍보부터 늦은 밤 현장 교사 만나기까지 바쁘게 허덕이는 생활에 모습이 말이 아니다. 티셔츠 바람으로 낡은 바지를 꿰입은 모습을 볼 때마다 가슴이 아리었다. 이런 것들이 오늘은 모두 울화가 되어 치밀어 오른다.

섭섭한 생각은 꼬리를 물고 일어났다. 잃어버린 내 안온한 행복에 대해서도 설움이 밀려왔다. 나도 아이들하고 짝짜꿍하며 살 수도 있어. 나도 아버지를 떠나보낸 어머니 빈 가슴 어루만져 드리며 살 수도 있어. 그렇지만 지금은 그러고 있는 게 어려워서 그런 것뿐인데 누가 내 마음을 알아줄까. 늘 나를 격려하며 말없는 기둥처럼 가까이에서 받쳐 주던 아내마저 저렇게 돌아누워 버리고, 요즈음은 어머니마저도 어려운 살림살이를 푸념하시고…… 나는 어쩌란 말이야.

낙서 같은 글을 쓰며 '아! 오늘 내가 술김에 흥분하고 있는 거야. 나약한 모습 쏟아 내 버리면 곧 괜찮아지겠지. 그러고 나서 아내를 안아 주어야지.' 하고 마음먹었는데 글을 쓰면 쓸수록 글씨는 날아가고 마음은 더욱 옹졸해져 갔다. 나를 믿고 살아가는 식구들이 거추장스러워지기까지 했다.

　민하는 올바로 크고 있는가, 가영이는 바르게 자라는가. 내가 낳은 자식도 내 이런 삶을 불편하게 여기고 있지는 않을까. 얼마 전에 참교육 사업단에서 만든 티셔츠를 사다 주었을 때 민하가 그랬지.

　"아빠, 이 수박씨 퉤퉤 뱉는 그림 있지요. 여기에 '전교조' 써 놨으면 난 안 입었어요. '참교육' 써 놔서 입었지······."

　"왜, '전교조' 하면 뭐가 어때서?"

　"데모하는 거잖아요. 싫어요."

　"데모도 필요할 땐 해야 하는 거야."

　"우리 선생님은 참교육 해도 데모 안 하던데? 우리 선생님은 전교조 그런 거하고 친해도 학교 안 쫓겨나고······."

　"아빠가 학교 쫓겨나서 싫어?"

　"싫지. 난 아빠가 그냥 선생님이면 좋겠어."

　옆에 있던 가영이도 거들었다.

　"아빠, 인제 학교 가라. 선생님이 학교 안 가고 뭐 하노."

　언젠가 민하를 데리고 외식을 한 적이 있었다. 마음먹고 아이를 데리고 나간 것이다.

"민하야, 너도 이젠 4학년이지. 너희 학교에선 상급생 축에 들지. 그래 열한 살, 이젠 십 대야, 십 대. 십 대 청소년이거든. 청소년이 뭔지 아나. 어린이가 아니란 거야. 아빠 하는 일은 무엇인가, 나는 친구들한테 잘하고 있는가, 나는 무엇이 가장 하고 싶은가 이런 걸 생각해야 되는 나이야……. 그래서 오늘은 아빠가 하는 일에 대해서 얘기해 줄게."

웨이터가 날라다 주는 고기에 칼질을 하며 민하는 연방 어깨를 꼬며 의젓한 십 대가 되기 위해 눈을 내리깔고 있었다.

"민하야, 아빠가 지금 이런 일 하는 것이 모두 너희들을 위해서 하는 일인 줄은 알겠지. 그런데……. 그런데, 지금 아빠가 하는 일을 싫어하는 사람들이 있거든. 그런 사람들을 독재자라고 하는데 그 사람들이 아빠를 감옥에 넣을지도 몰라."

순간 민하는 포크와 나이프를 놓쳐 버린다. 챙그렁 떨어지는 민하의 가슴. 아하, 내가 괜한 이야기까지 했구나 싶었지만, 만약 그런 일이 있더라도 민하는 울지 말고 꿋꿋이 살아야 한다는 말까지 했다. 한참 듣고 있던 민하는 "그래도 아빠, 선생님 하면서 전교조 하세요." 했다.

속초 지회장인 황시백 선생은 늘 아들과 함께 생활한다. 그 아들 하늬는 초등학교 3학년인데도 이런 일기를 쓰고 있었다.

1990년 2월 19일. 월. 비.
며칠 전 완이와 대웅이가 놀러 왔다. 그냥 공놀이를 하고 있는데 완이가 "너랑 너 아빠 텔레비전에 나왔지? 니네 아빠 전교조 데모 해서." 사실 그땐 창피했다. "그 얘기는 더 이상 하지 마!" 하고 말 해도, "니네 아빠 전교조 데모 안 하고 뭐 했니?" 할 수 없이 한다고 말해 줬다. 그 말을 듣고 나서 얼마나 속상했는지 모른다. 며칠 뒤 아버지 전교조 사무실에 택시를 나 혼자만 타고 갈 때 속초여중 가자고 하고 가만히 있는데 운전사 아저씨가 아버지가 선생님이냐고 물으셨다. 그래서 선생님이라고 했다.

그런데 나는 아버지 사무실이 속초여중 뒤이기 때문에 거기서 세워 달라고 하였는데, 속초여중 여기 아닌데 왜 여기서 사냐고 해서 아버지 사무실에 간다고 하고 전교조 얘기가 나오기 전에 얼른 뛰어갔다. 또 며칠 뒤 대학생 형들이 노래 공연이랑 전교조 시 외우는 날이었다.

시를 외울 때 "무릎 꿇고 살 수는 없어도 서서 죽을 수는 있다!" 한 말이 내 마음을 우울하게 하였다. 또 한참 외우는데 "누가 너의 아버지 직업을 묻거든 돈 많은 재벌! 판사! 대통령! 의사! 라고 하지 말고 꿋꿋한 농민! 노동자! 라고 하거라." 한 말이 나의 아버지가 전교조 하시는 부끄러움을 없애 주었다. 옛날에도 친구들이 알까 봐 그랬지, 자랑스럽게 생각했지만…….

이제 그렇게 말할 수 있다. 아버지 직업을 묻거든 "꿋꿋한 전교조 운동하다가 해임되신 선생님입니다."라고. 아이들이 "너의 아버지 전교조 데모했지?" 하거든 가르쳐 주겠다. "전교조는 아이들을 사랑하고자 하는 훌륭한 운동이다!"고. 그리고 돈 많은 재벌,

대통령, 판사보다 일은 많이 하고 월급은 조금밖에 안 줘도 열심히 일하는 꿋꿋한 노동자가 훨씬 올바르며 훌륭하다고 자신 있게 가르쳐 주겠다.

이런 하늬에 비하면 민하는 아직도 너무 어리다. 이것이 모두 아들에게 소홀한 내 잘못이 아닐까. 심영철 선생님이 사립 지회장 취임 인사 때 그랬지.

"선생님들. 우리는 재산이 아무것도 없습니다. 그래서 자손에게 물려줄 것이 없습니다. 그러나 우리는 스스로를 희생해서 우리 후손에게 아니, 바로 내 아들에게 바른 교육을 받을 수 있는 교육 풍토를 물려줘야 합니다. 지금 이렇게 황폐한 교육 환경을 그대로 방치하면서 우리가 후손에게 무엇을 해 줄 수 있겠습니까? 오늘 이 자리가 우선은 힘들고 어려워도 우리 자식들에게는 떳떳이 말합시다. 아버지는 1989년 바로 그때 전교조를 일으켜 세웠다고, 전교조 조합원으로 활동하다가 해직되었다고."

민하와 가영이도 이 말을 듣고 과연 자랑스러워할까. 오히려 호강시키지 못한 애비를 원망하지나 않을까. 바깥일에 바빠서 얘기 한번 따뜻이 나누지 못한 애비를 깊이 생각이나 해 줄까.

유상덕 선생님은 수배를 받고 있어 집에 들어가지 못한다. 유 선생님은 늘 아이들 사진을 품고 다녔다.

"이 선생, 애 좀 봐. 이놈이 우리 큰놈이야. 하도 애들 볼 기회가 없어 이렇게 품고 다녀. 애들에게 가장 미안한 노릇이지······."

유 선생님 눈에 때로 눈물이 어리기도 했다. 사모님이 아이들을 살뜰히 보살피고 있다지만 아이들 가슴에 알게 모르게 박혔을 아픔은 어찌할 것인가. 우리들의 이런 아픔을 누가 알아주기라도 하던가.

학교 운동장에는 교사들이 몰고 다니는 자가용만 늘어 가고 우리는 서서히 잊혀 가는 것은 아닌가. 그런데 이젠 집에서마저 푸대접받다니.

날이 희미하게 밝아 올 때까지 숨기고 참았던 온갖 감정들을 쏟아 낙서를 하고 나니 방 안이 자욱한 담배 연기로 차 버렸다. 아내는 끝내 한번 건너와 보지도 않는다. 다시 울화가 치민다. 내가 지금 평상심을 찾아 밤새워 글 쓰고 있는 줄 아는 모양이지. 술김에 울컥하는 마음으로 어린애 같은 투정을 부린 걸로 여겨? 나가 버려야 해. 이렇게 어정쩡하게 끝낼 수는 없어. 아내가 "잘못했습니다." 매달려 주어야 화가 가라앉을 것 같았다. 정 안 되면 새벽 바다라도 봐야겠다. 그래 나가자.

현관문을 요란하게 여닫으며 내가 지금 나간다는 사실을 충분히 알리고 집을 나섰다. 그새 잠이 든 모양인지 아내는 기척도 없다. 그래도 현관 소리에 잠이 깼겠지. 지금쯤 급하게 옷을 주워 입고 뒤쫓아 오겠지.

그러면 바닷가에라도 데리고 가서 온갖 이야기를 다하리라. 내가 얼마나 화가 났는지. 내가 얼마나 어려운 생활을 하는지. 일부러 천천히 걸어 내려와도 뒤에는 인기척이 없다. 정말 잠들어 버렸나. 그렇다면 열흘이고 스무 날이고 안 들어가는 거야. 사무실에서 자면 돼. 싫으면 관두라구. 그러나 뒤쫓아 달려온 분은 어머니였다.

"어데를 가노. 나도 같이 가자."

"어머닌 좀 모른 체해 주세요."

"야야, 모른 체가 우째 되노, 집안이 이 난린데. 올라가자. 민하 에미가 울고 있다. 니만 어렵고 괴로운 줄 아나. 모른 체하라니. 어미 속은 썩어 문드러져도 괜찮고."

"어머니는! 쓸데없는 데까지 신경 쓰니까 그렇지."

아무도 없는 새벽 거리에서 나는 열두어 살 어린애가 되어 투정을 부리고 있었다. 하는 수 없이 다시 집으로 발길을 돌렸다. 그러나 집으로는 들어갈 수가 없었다. 집 뒤의 야트막한 산기슭에 앉았다. 어머니도 가쁜 숨을 몰아쉬며 그곳까지 따라왔다. 그제야 정말 내가 지금 무슨 이런 짓거리를 하고 있나 싶다. 한심하다. 나이 사십에 이런 투정이라니.

"어머니, 미안합니다. 먼저 내려가 좀 쉬세요. 잠도 못 주무셨을 텐데……."

"내사 잠 안 온다. 늙으마 잠이 있나. 나도 바람 좀 쐬자."

"나 때문에 어머니가 고생이 많습니다. 내가 오늘 왜 이러는지 모르겠네……."

어머니는 울음 섞인 목소리로 떠듬떠듬 이야기를 하셨다.

"내가 와 니 아픈 속을 모르겠노. 동생들 도움받아 가면서 살아갈라 카이 니 마음도 오죽하겠나. 내가 요새 너거 하는 일 아무것도 안 되겠다 캐사도 그기 본심이 아이다. 옳은 일 하는 줄 내 다 안다. 그런데 그걸 누가 알아주기나 하더나. 옳은 일은 역사가 알아준다 캐도 우선에 답답은 거는 우짤 수 없지. 민하 에미나 내나 속 좁은 여자가 뭐를 아노. 큰일 하는 사람이 이해를 시키 가민서 살아야지. 니도 말 안 하고 불뚝성만 내마 니 뜻을 우예 알겠노. 큰일을 하는 사람이 쓰리고 아픈 거로 참아야 되지. 인자 내가 돈 없다 소리도 안 카꾸마. 경이 보태 주는 돈하고 미느리 벌어 오는 돈만 해도 우선에야 실컨 살 수야 안 있나. 니는 우리 신경 쓰지 말고 니 일로 해라. 큰일을 하는 사람은 본래부터 외로븐 기다. 대동 아재 봐라. 평생을 그 고상해도 피이는 기 있더나. 인자 자슥들이 다 잘돼 있어서 걱정은 없지마는 그 아재도 한평생 밝은 꼴 못 봤고. 느그 아부지도 그렇게 살다가 안 죽었나. 그래도 역사가 알아줄 끼다카이. 큰 뜻을 징긴 사람이 이해를 하고 살아야지.

　민하 에미만 해도 그렇다. 이날 이때꺼정 시부모 모시고 한집에 살민서 그리 맘 맞차 살기가 어려븐 기다. 말을 시원시원 안 해 싸서 그렇지 무슨 흠이 있더노. 지도 하는 껏 하민서 산다. 니 전교조 할라칼 때 싫은 소리 한번 하더나. 돈 못 번다고 짜증을 내더나. 지 옷 한 가지도 안 해 입고 월급 받으면 꼬박꼬박 내 다 갖다 줬다. 빤한 벌이에 이것 띠고 저것 띠고 살기가 고생시러버서 너거보고 살림 살아라고 해 싸도 월급 봉투째 갖다 바치는 기

쉬운 일이 아이다. 나도 그렇겠다. 하루 이틀 아이고 날이면 날마다 늦게 들어오니 무슨 재미가 있겠노. 요전 앞새 니 글 씬다고 집에 한 미칠 들앉아 있을 때 보니 에미 표정이 환하더라. 아무리 부부지간이라도 비위를 맞차 가미 살아야 하는 기다. 민하에미한테 니 잘핸 거는 하나도 없다. 모르지. 니사 또 무슨 섭섭은 기 있는지 모르지마는 니하고 같이 운동을 하미 살며는 모를까. 처음부터 의식 안 된 사람 델꼬 살라 카마 니가 노력을 해야 되는 기다. 나도 글타. 우리 민가협 어마씨들로 보마 내가 운동하는 아들한테 불충타 싶어도 손자들 거다 키우고 살림 살라카이 인자 이 나이에 딴 거는 힘에 부친다.

맘 풀고 지발 너거가 의좋게 살아라. 집안에 풍파 일받기 놓고 바깥일 바로 하는 사람 없다. 이날 이때껏 우리사 이 이상 더 우떻기 화목하노. 가정 화목이 있어서 이래라도 사는 기다. 니도 답답해서 한때 이래 보는 걸로 내가 안다. 질게 이카마 큰일 못 하는 기다. ……맘 풀고 니리오너라. 내사 밥하로 갈란다."

나무들이 잎사귀를 드러내고 등산객이 호오이 고함을 지르는 산비탈에서 나는 어머니 앞에 한없이 왜소해져서 고개만 떨구고 있었다. 어머니가 내려가신 뒤에도 마음은 맑아지지 않았다. 이제는 나 자신에 대한 짜증과 내가 과연 어머니 말씀대로 큰 뜻을 품고 큰일을 하는 놈인가, 당치도 않다 싶어서 마음이 괴로웠다. 운동을 한다고? 그렇지도 못하다. 해직이 가져다 준 비정상적인 생활이 그냥 운동을 하는 듯이 보이게 할 뿐이다.

의연하게 생활하는 많은 동지들 모습이 떠올라 부끄러웠다. 이홍구 선생이 어디 일없이 술추렴으로 늦게 집에 가는 일이 있던가. 할 일을 위해서는 밤을 새우다가도 일이 없으면 또 얼마나 가정 돌보는 데 여념이 없던가. 이철국 선생의 흐트러짐 없는 모습, 도종환 선생의 단아한 모습, 조용명 선생의 끝없이 성실한 모습, 황금성 선생의 흔들리지 않는 모습……. 수많은 동지들의 올곧은 삶에 견주면 나는 완전히 시정잡배의 모습이요, 아내에게 투정이나 부리는 옹졸하기 짝이 없는 소인배가 아닌가.

대학생들 앞에서, 동료 교사들 앞에서 강연하는 내 모습은 또 무엇인가. 개인의 편안한 삶에 빠지는 것은 스스로 굴종의 늪에 빠지는 것과 같다고 목울대를 세우기도 했고, 지금의 여성 교육은 여성을 가부장의 권위로 속박하는 내용을 담고 있다고 비판하기도 했고, 자기의 일상적인 삶이 민주화되어야만 온전히 민주화 운동에 동참할 수 있다고 주장하기도 했다. 그러면서도 정작 나는 안일의 유혹에 흔들리고, 지독한 가부장의 권위주의에 물들어 있고, 집에서는 손 하나 까딱하지 않으려고 번듯이 누워 있지 않았는가. 내가 아내에게 사죄를 요구할 명분은 털끝만큼도 없다. 그렇지, 처음부터 사죄를 바란 게 아니라 내 치기 어린 투정을 받아 주기를 원했던 것이다.

현장 교사들에게 섭섭해할 것도 사실은 없다. 우리의 사업 방향이나 내용이 얼마나 현장 교사의 의견을 받아들인 것인가. 사업 계획을 짤 때 오히려 그들을 대상화하는 잘못은 없었던가. 후원 회비도 그렇다. 자기 자식 월부 책값도 서너 달이 지나면 귀찮아지는 법인데 일 년이 넘도록 달마다 수천만 원의 돈을 모아 주는 동지의 연대를 어째서 쉽게 생각하는가. 오히려 우리의 사업 방향을 철저히 대중화해야 하지 않는가. 정작 나는 부지부장으로서 한 일이 무엇인가. 이영주 선생처럼 정확한 안목을 제시하지도 못했다. 그렇다고 작은 일에 성실하지도 못했다. 오늘 이 투정은 오히려 스스로에 대한 힐책이요, 잘못을 감추기 위한 어쭙잖은 몸부림일 뿐이구나. 무릎에 고개를 묻고 앉아서 부끄러움에 온몸이 저려 왔다. 날이 환해져서야 이슬을 털고 일어났다.

그러나 집에 들어와서도 아내에게는 눈길도 주지 않았다. 아니 눈길을 줄 수가 없었다. 꼬박 날을 밝힌 하룻밤 사이에 아내는 너무나 멀리 있는 사람으로 여겨지기도 했고 내 옹졸한 속을 다 들켜 버린 것 같아 창피하기도 했다. 며칠을 말없이 그냥 보냈다. 나는 짐짓 내 요를 따로 펴고 잠자리에 들었다. 아내에게만은 보상을 받으리라. "창피해요." 하던 그 말이 얼마나 잘못된 말인지……. 그런데 며칠 뒤 사무실로 편지가 왔다. 겉봉에는 '英娥(영아)'라고 쓰여 있었다. 결혼 전 내가 아내에게 애칭으로 지어 준 이름이다.

이 선생님(오늘은 딱딱하게 부르고 싶습니다.)
나의 한마디가 그렇게 영향이 컸던 것인가, 사실은 지금도 의아스럽기는 마찬가지입니다. 그날 이 선생님이 벨을 누를 때는 깜빡 몰랐고, 들어서시는 소리에 잠이 깼는데 그때는 또 일어나기가 민망했습니다. 그러나 그날도 술 냄새가 났고 그것이 벌써 한 주일을 넘기는 냄새였습니다. 건강은 어쩌자는 것인지요. 커피, 담배, 술. 당신은 몸에 나쁜 것은 다하고 계십니다. 할 일이 많다는 사람이 그렇게 방만한 생활을 해도 좋은지. 무절제한 생활이 사람 사업을 한다는 말로 변명할 수는 없다고 봅니다. 건강은 40세가 고비라고 합니다. 제발 자기 몸을 생각해 주시기 바랍니다.

주무시는 모습을 보면 피로가 겹치고 겹쳐 말이 아닙니다. 술은 일주일에 두세 번으로 족하다고 봅니다.

어머님은 아버님 별세 이후 나날이 쇠약해져 가는 것을 아시는지요. 이제는 당신이 나의 남편이자 어머님의 남편 몫도 하셔야 합니다. 어머님 앞에서 소리 지르는 이 선생님은 내가 생각한 이 선생님이 아닙니다. 하시는 일에 대해 이해가 부족한 점 자인합니다. 그러나 나의 호의호식을 위하여 하시는 일에 방해가 되고 싶지도 않습니다. 함께 일을 못 하는 것이 마음 아플 뿐입니다.

자칫 상처받기 쉬운 생활인 줄 나 자신도 잘 알고 있지만 나 역시 직장 생활에 지쳐서 잘 챙겨 드리지 못한 점 용서바랍니다.

나는 이 선생님이 좀 더 확실해지기를 바랍니다. 가끔 술 취해 오셔서 어렵다고 푸념하실 때가 가장 싫습니다. 어려운 줄 몰라서 시작한 일이 아니지 않습니까. 우리가 살아가는 동안 다하지 못한 일은 우리 후대들이 이어받겠지요. 초조하게 생각하면 모든 일이 안 될 것입니다.

민하는 이번 운동회 때 릴레이 선수로 나가는 것이 소원이었고, 또 자기 반에서 제일 잘 뛴다고 하는데 그만 선수로 뽑히지 못해 상심하고 있습니다. 용기를 주십시오. 민하가 당신 말을 얼마나 깊이 새겨듣는지, 당신 이야기가 중요합니다. 가영이보고는 잘 때 꼭 양치질하라고 일러 주세요. 충치가 또 생깁니다. 이런 일들이 꼭 작다고만 생각하지 마십시오.

부디 힘내시고 우리 가정에도 힘을 주시길 빕니다.

당신에게 모자라는 영아 올림.

 가슴에 쌓였던 쓰레기 같은 잡념들이 걷히고 나는 바보 온달과 평강 공주를 떠올리며 싱긋이 웃었다. 결국 나는 어머니와 아내에게 이렇게 어리광을 부리며 살아가고 있구나. 마음이 맑아진 기념으로 한잔 가볍게 걸치고 싶었지만 밀린 일에 열중하는 것이 더 중요하리라. 열심히 일했다. 늦은 밤, 나는 말없이 아내를 끌어안았다. 깊고 깊게 아내를 안을 때 새로운 힘이 솟구쳐 올랐다. 이제 내 나이 사십. 그래, 거듭나는 모습으로 부끄러움 떨치고 일어나자. 앞으로 이삼십 년을 더 활동할 수 있다고 한다면 늦지 않다. 내 삶을 한숨으로 보낼 수야 없지. 그래, 내가 우리 반 아이들에게 그랬지.

"여러분, 거듭나는 자세로 오늘을 삽시다. 우리는 늘 새롭습니다."

위기의 남자

봄비가 아침부터 하염없이 내리고 있다. 바람 없는 하늘에서 내리는 비는 조록조록 정직하게 내려앉는다. 구름을 낮게 드리운 하늘은 한층 가까이 손에 잡힐 듯하고 뽀얀 비안개는 사무실 창에 희뿌옇게 달라붙는다. 봄비는 늘 사람을 설레게 한다. 문득 성모 동산이 사무치게 보고 싶다. 복사꽃 이파리에 스미던 봄비. 우산을 받치고 비안개 속을 걷고 싶다. 누군가 기다리고 있을 것 같은 봄비의 끝. 그러나 오늘 봄비는 왠지 처량하다. 어둑한 사무실, 선생님들은 너나없이 어두운 표정들이다. 아니 어둡다기보다는 감상에 젖어 우수 어린 얼굴들이다. 신문을 뒤적이는 선생, 망연자실 창가에서 흐르는 개천을 내려다보는 선생, 책을 뒤적이는 선생…… 모두가 말이 없다. 이 빗속에서도 출근 홍보를 다녀온 박종기 선생만이 그 학교 교장의 몰상식한 행동에 분노하다가 맞장구쳐 주는 사람이 없자 슬그머니 컴퓨터 앞에 가 앉았고, 이제는 참교육 사업단 물품을 정리하고 있는 남광우 선생의 흥얼거리는 콧소리만 살아 있다. 남 선생은 교단에 서 보지도 못하고 해직된 사무실 막내. 궂은일을 말없이 챙기면서도 한 번도 구차한 모습을 보인 적이 없는 남 선생. 무겁게 가라앉은 분위기가 그로 인해 그나마 생기를 띤다.

비가 오는 날은 공치는 날이다. 현장 방문도 없고, 거리 선전도 하기 어려워 그만둔다. 그렇다고 오늘 같은 날 학습을 하거나 토론을 하기도 마땅치 않다. 현장 교사들이 일과를 마치는 오후까지는 그저 책이나 보며 있을 수밖에. 일 년이 넘도록 해직의 고통을 이겨 가며 전교조 일을 해 왔지만 일의 진척은 별로 보이지 않고 전망 또한 불투명한 지금. 회의를 하다가도 짜증 내는 일이 많아졌다. 해직자끼리도 푸근하게 마음 열고 하나로 어우러지기가 쉽지 않다. 믿음이 없어서가 아니라 저마다 가슴에 절절한 아픔들이 있기 때문일 것이다. 한 꺼풀만 벗겨 보면 핏빛 송글송글 돋는 맨살의 아픔처럼.

"지금쯤 둘째 시간 수업이 시작되겠구먼……. 가만있자 오늘이 화요일이니까…… 2학년 3반 수업이야. 햐, 고놈들 오늘 같은 날 귀신 얘기해 달라, 첫사랑 얘기해 달라 졸라 대겠구먼……."

정영채 선생이 눈을 가슴츠레 뜨고 슬슬 아픈 마음을 간질인다.

수업을 하지 못하는 교사. 사실은 이미 교사가 아니다. 그래서 해직 교사들은 허전하다. 아무리 딴 일에 몰두해서 정신없이 일을 해도 늘 허전하다. 채워지지 않는 가슴은 수업을 못 하기 때문이다. 아픔의 근원은 여기에 있다. 젖은 불어 퉁퉁한데 젖줄 아기를 빼앗겨 버렸다.

"에이, 무슨 쓸데없는 소리. 그 귀신 얘기 우리한테 좀 해 보소. 그러나저러나 우리 학교 애들은 오늘 소풍 간다 하던데 비가 와서 큰일이네. 아마 일찍 마치고 사무실로 몰려올 거구마는. 오늘 애들이 해직 교사 불쌍타고 김밥 싸 올라 했으니 기다려 보소. 대회의실에서 한판 노는 거야. 참, 김선자 선생님, 우리 애들 오면 놀이 지도 부탁합니다. 김밥 두 줄 드릴 테니까……."

흥얼거리던 남 선생이 버럭 소리를 지른다.

"선생님들은 어째 처량하게 애들 얘기만 하고 계십니까. 애들 만나 보지도 못한 나도 가만있는데…… 좀 건설적인 얘기를 하시이소."

"건설적인 얘기가 따로 있나. 나는 우리 집 한 칸만 건설했으면 좋겠다. 이놈의 전셋돈이 올봄에 또 3백만 원 올랐어. 해직 교사라 봐준다고 3백만 원이래. 안 그러면 5백만 원 올리려고 했다나. 이제 남은 퇴직금 전셋돈에 톡 털어 넣고 나면 살길이 막막하네. 뒤늦게 마누라를 공장으로 내보내기도 그렇고. 책방이라도 하나 열었으면 좋겠는데……. 어이, 참사단 사장님, 돈 좀 돌려줄 거 없어?"

어느 여고 3학년 학년 주임을 지내면서 진학 지도에도 탁월한 능력이 있던 지홍락 선생. 선금 2백만 원 주고 월 보수는 따로 주고 합격만 하면 사례금 또 주고, 일주일에 사흘만 수학을 좀 봐 달라는 어느 고3 어머니의 부탁도 거절하고 만 사람. 깡마른 턱을 어루만지며 돈 걱정을 하고 있다. 살림살이 얘기만 나오면 또 아프다. 전국에서 그중 형편이 낫다는 우리 지부가 활동비로 이삼십만 원을 받고 있다. 서울이나 광주에서는 십만 원 정도가 고작이라고 하지 않던가.

"마등(마누라 등쳐 먹고 사는 남자. 아내가 직업을 가진 사람)들은 그래도 괜찮아. 외팔이도 밥 먹을 팔은 있으니까. 우리 지 선생님 같은 분은 두 팔 다 잘린 셈이야. 이런 사람을 조직적으로 배려하지 않으면 안 된다구. 부지부장, 어떻게 여기 붙잡아 놓고 먹여 살릴 자신 있소?"

정 선생이 다시 껄껄거리며 내게 화살을 보낸다.

"안 그래도 며칠 전 심영철 선생이 심각하게 얘기하더만. 하반기 사업 봐 가면서 이 문제는 심각히 논의해 봅시다. 각자들 방안을 생각해 두도록 하고······."

그때 오후반 딸아이 학교 챙겨 보낸다고 늦게 출근한 윤부한 선생이 옷을 털며 들어선다.

"웬 놈의 비가 이래 청승맞게 오는지······."

아내가 교직에 있는 윤 선생 집은 윤 선생이 해직되자 파출부를 내보내야 했다. 대신 윤 선생이 아내가 출근한 뒤 설거지도 하고 아이들 학교도 챙겨 보내기로 했다. 오늘은 아이가 반찬 투정을 해서 달걀이라도 부쳐 주려고 했는데 기름을 두르고 구워야 하는 것을 그냥 구웠다가 프라이팬만 못 쓰게 되었다고 투덜거린다. 상당히 멋을 즐겼을 것 같은 윤 선생인데 요즈음은 헐렁한 티셔츠 바람으로 물이 새는 구두를 그냥 끌고 다닌다.

"이 양말 좀 봐. 벌써 다 버렸어."

"대 전교조 부산지부 연대사업 위원장께서 구두가 이래서야 되겠습니까. 구두는 못 사 드려도 양말 정도는 제가 한 켤레 드릴게요. 돈은 뒤에 받기로 하고……."

남 선생이 또 너스레를 떤다.

"전교조 연사 위원장…… 보통 직책 아니지. 나도 그래서 밖에 나가면 어깨 힘주고 다니지만 우리 이런 꼴 보면 교육위원회나 경찰에서는 웃을 거야……."

온 얼굴에 주름을 지으며 윤 선생은 껄껄거린다. 신용길 선생이 바로 되받는다.

"아니, 무슨 운동을 떨어진 구두 가지고 하는가. 양말은 흙탕물에 젖어도 양심은 정갈하다 이거야. 우리가 가진 무기는 양심과 정의뿐이지. 맨발이면 어때!"

"앗따, 누가 구두 빵꾸 났다고 운동 못 하겠다고 했나. 고정하소."

웃음소리가 터져 나왔지만 그 소리마저도 허허롭게 들리는 건 어쩔 수 없었다.

교육위원회나 경찰에 갈 때는 싸움의 자세를 갖추어야 하니 더욱 당당해지지만 학교 앞에서 출근 홍보를 할 때는 우리 모습이 초라해 보일 때가 많다. 아이들이 물밀 듯이 올라오는 교문 앞에 서면 두고 온 아이들 생각이 나서 그렇잖아도 눈물겨운데, 화려한 차림으로 출근하는 선생들을 보면 마음이 쓰리다. 우리도 얼마 전에는 아침마다 설레는 마음으로 저렇게 아이들 만나러 갔었지. 머리도 깨끗이 빗질하고 넥타이 조여 매고……. 가끔 음료수를 권하며 격려해 주는 교사들도 있고 차를 타고 들어가다 일부러 차를 세워 손을 내밀어 신문을 받아 가는 교사도 있다. 그때는 힘이 난다. 내미는 신문을 뿌리치고 올라가는 교사들, 받았던 신문을 수위실 창틀에 버리고 가는 교사들도 있다. 어떤 나이 든 선생님은 "전교조 신문? 똥닦개나 해라."며 악담을 던지고 휑하니 지나가기도 한다. 같은 시대 같은 지역에 살아가면서도 어쩌면 이렇게 생각이 다를 수 있는지 답답한 속을 가누기 어려울 때 우리의 활동에 회의가 생기기도 한다.

'선생님, 이것은 똥닦개가 아니라 당신의 혼탁한 머리를 깨끗이 닦아 줄 하얀 모시 수건인 줄을 모르십니까?'

그러나 초라해지는 몰골은 어쩔 수 없다.

"선생님, 정말 경찰이나 교위가 웃을 일은 우리 수석 부위원장님 부산 오셨을 때일 겁니다. 왜, 있잖아요. 지난번 수배 때 몰래 광안리에 오셔서 우리 불러내셨잖아요. 그날 밤 기가 찼지. 전교조 수석 부위원장의 참모습…… 햐!"

그날 공식적인 이야기가 끝나자 자연스레 뒤풀이 술자리가 벌어졌다. 소주 몇 병에 오징어 두어 마리 놓고 초여름 밤바다를 즐겼다. 위원장님이 전교조 결성 얼마 뒤에 구속되자 그 자리를 대신 맡은 부위원장님은 힘에 부치도록 일을 하셨다. 중앙 상임 집행위원회, 중앙 집행위원회, 대의원회 같은 온갖 회의를 이끄는 것만으로도 정신이 없었고 단체 방문이나 갖가지 집회에 참석하느라 하루라도 편할 날이 없었다. 회의 때마다 내로라하는 전국의 선생님들은 칼 같은 논리로 의견을 제시하고, 그 틈바구니에서 회의를 이끌어 가는 부위원장님은 때로 가여울 정도였다. 오후 서너 시에 시작한 회의가 다음 날 아침 일곱 시가 넘어야 끝나기 일쑤였다. 밤을 꼬박 새우는 회의에서도 단 한 번 짜증을 내거나 권위적으로 진행한 적이 없었다. 조용조용히 의견을 모아 나가는 모습은 늘 존경스러웠다. 그런 부위원장님이 참으로 고마웠다. 그날은 부위원장님이 아니라 이부영 선생님이었다.

"나 이래도 한때는 노래도 할 줄 아는 사람이었어요······."

술이 거나해지자 우리는 아이들처럼 동요를 부르기 시작했다. 초등학교 음악 교과서를 훑듯이 고향의 봄, 반달, 어머님 은혜, 옹달샘, 기러기, 푸른 하늘 은하수······ 끝도 없이 노래를 하는데 언뜻 보니 이 선생님 눈가에 눈물이 어리고 있었다. 잃어버린 시절이 안타까워서일까. 동요를 부르며 살 수 있는 세상이 아니어서일까. 지금의 쫓기는 생활에 두고 온 자식들이 안타까워서일까. 그토록 따르던 학생들이 보고 싶어서일까. 옆에서 보는 내가 목이 메어 선생님 손을 꼭 잡아 드렸다. 가늘고 작은 손이었다. 갑자기 박순보 선생님이 가라앉는 분위기를 일깨우려는 듯 이 선생님을 일으켜 세웠다.

"이 선생님, 아니 부위원장님. 오늘 우리 부산지부로 숨어든 것을 환영합니다. 제가 오늘 부산지부장의 자격으로 이 광안리 모두를 선생님께 드립니다. 먼저 저 바다부터!"

그러고는 이 선생님을 번쩍 들어 바닷물에 밀어 넣는다. 50이 다 된 두 분이 아이들처럼 바다 기슭에서 장난을 치다 결국 두 분 다 빠져 버렸다. 급기야 앉았던 모두가 밀고 당기며 물장난을 하다가 모두 물을 뒤집어쓰고는 배가 아프도록 웃었다.

교육위원회에서나 경찰이 우리의 이런 모습을 상상이나 할까. 번듯한 요정에서 우리를 내려다보면 얼마나 유치하고 가소로울까. 가장 나약하고, 가장 눈물 많고, 가장 어린애 같은 우리

선생님들. 주위의 쓰레기를 모아 불을 지피고 젖은 옷을 말리며 동녘이 훤해 오도록 못다 부른 동요들을 불렀다.

비는 계속 내린다. 이미 한 패는 바둑판에 둘러앉았고, 또 몇 패는 탁구 치러 가고, 막걸리 마시러 가고……

"문화 투쟁이라니?"

"뭐, 걸쭉한 영화나 보러 가자는 거지, 히히."

얼마 전 《선생님》이란 장편 소설을 탈고한 윤지형 선생은 허한 모습으로 오늘의 이 우수 어린 비를 만끽하고 싶은 눈치다. 그러나 빗속을 거닐기에는 여유가 없고 궁여지책으로 영화 속으로 탈출하고 싶은 게다. 몇 명이 어울려 밖으로 나왔다.

무슨 영화를 볼까. 빨간 앵두, 애마 부인, 끌로드 부인, 아름다운 정부, 변강쇠. 이왕이면 확실한 영화를 봤으면 좋겠어. 사실 보고 싶잖아. 혼자 가려니 죄짓는 것 같아 못 갔지. 우리는 알지. 극장에 들어설 때 누가 뒤에서 잡아당기는 듯한 쭈뼛거림과 그런 모습에 대한 처참함. 그러면서도 수음을 하듯 화면에다 배설해 버리고 싶은 아릿한 퇴폐. 영화관을 나설 때의 그 허탈감. 부끄러움. 쪽팔림. 두 편을 한꺼번에 볼 수 있는 삼류 극장 앞에 이르러서는 역시 주춤거려진다.

"술이나 한잔하고 말까?"

"여까지 와 놓고 무슨 내숭이야."

"틀림없이 후회할걸."

"비가 좋은 게 뭐야. 우산 푹 눌러쓰고 잽싸게 나와서 난 안 봤어. 시침 떼는 거야."

"결국 우리도 썩은 자본주의의 늪에 빠져 있구먼."

"영화 시작했는지 누가 보고 와. 어두울 때 들어가야 덜 쪽팔리지."

"이러다가 비 개이겠다. 빨리 결정해."

무슨 모의나 하듯이 극장이 보이는 거리에서 우리는 키들거렸다. 마침 영화는 막 시작된 듯하다. 야릇한 장면에는 어쩔 수 없이 목젖을 껄떡거리면서도 우리는 태연한 척, 애써 대수롭잖은 척하며 영화를 봤다.

"한 편 더 남은 건 어쩌고……."

"이제 거의 끝났어. 나가자."

"불 켜지고도 남아 있을 용기 있어?"

"뭐 어때, 돈 주고 보는데……."

결국 영화를 다 못 보고 나온다. 남은 한 편도 보고 싶지만 나가자고 하는 말을 거역할 용기까지는 없다.

"아! 이게 아니야. 난 지금 쌈박한 연애를 하고 싶어. 정말 한 폭의 수채화 같은 연애. 마음이 정갈해지는 연애를 해야 돼!"

영화관을 나서면서 윤 선생이 고함을 지른다.

"어떻게 내 맘하고 그렇게 똑 같노."

"그렇죠? 선생님도 그렇죠? 그게 다 우리가 살아 있다는 증거라니까. 아! 그러나 사람이 없어. 비 오는 날의 수채화를 함께 그릴 사람이."

 저녁때가 가까워지고 있었다. 포장마차에서 소주라도 마셔야 오늘의 봄비에서 해방될 수 있을 것 같다. 닭똥집을 우적거리며 소주를 마신다. 급히 마시는 술은 금방 취한다. 2차 가자구. 우리도 맥주 입가심 정도는 해야지. 자리를 옮겨 또 마신다. 취기가 오른 노영민 선생이 팔을 내저으며 고함치듯 이야기한다.

 "성님요(이렇게 부르면 좀 취한 표시다), 성님도 힘이 들지요? 오늘처럼 어데론가 붕 날아 탈출하고 싶지요? 유식한 말로 '역사의 짐을 벗어던지고 난 뒤의 아늑한 세계로.' 출근 홍보할 때 젤로 그렇더구마는. 잘 채려입은 여선생들 보면 그렇게 아늑해 보일 수가 없어요. 나도 저렇게 아늑하게 살 수 있는데. 나도 저래 살아 뿌고 말까. 뭐할라고 이 고생하노 싶지요. 하기사 얼마 안 가 그따우 허위의식은 뽀롱이 나지마는……. 그런데 내가 요새 와 이렇소. 작년 징계 투쟁 때는 죽으나 사나 해 보자 싶더마는 요새는 내 신세가 절박하게 여겨질 때가 있다 이 말임다. 이기 마, 우리 조직을 갉아묵는 쫌스런 생각인 줄은 알지마는 이기 내 솔직한 심정임다. 우리 전교조 사업이 대중 사업으로 확실히 뿌리내렸다꼬 생각합니꺼? 아임다. 무슨 투쟁, 무슨 집회, 무슨 농성……. 수도 없이 떨어지는 이런 사업들 갖고는 대중 사업이 안 됩니다. 자꾸 이런 쪽으로만 나갈라카모…… 나도 의견을 개진할 수 있는 엄연한 조합원인데, 마, 그냥 달나고 싶은 심정이 생기더라카이. 나도 옛날에는 안 그랬는데. 되고 안 될 일 고함을 질러 가며 따지고 살폈는데 와 이럴꼬. 혼자 살 때하고 자슥 새끼 커 갈 때하고 달라서 이런 긴지. 사실로 그래요. 가족이 거추장시러블 때가 있더마는. 우리를 잡아매는 끈인기라. 그 끈을 고상하게 사랑이란 말로 이름 붙이고 있지마는 부처님 말이 딱 맞지요. 세속에서 맺은 인연은 고통이라. 아이고, 이런 날은 이런저런 인연 싹 끊고 자유로워지고 싶다카이."

"우리를 요만큼이라도 다구치는 힘이 뭔지 아나? 지금 노 선생이 말한 그 고통스런 인연, 바로 그거야. 그 인연들을 잘 살려보자고 우리가 이 고생하는 거 아이가. 그라고 이런 문화 투쟁도 힘이 되더마는. 낼 아침 돼 봐, 똥 누며 앉아 후회한데이. 내가 술을 너무 많이 마셨구나. 다시는 과음 안 해야지. 시간도 헛보냈어. 엇 뜨거라 싶어 일을 다잡아 하게 되지. 우리가 무슨 성인군자라고 폭포수 아래서 자기 연마를 하고 앉았겠노. 우리는 소맥(소주, 맥주)의 폭포수 아래서 도를 닦는 기라. 자, 잔 들어라. 우리 윤 선생 수채화 같은 사랑을 위하야!"

질정도 없는 이야기는 밑도 끝도 없이 이어진다. 윤 선생이 가슴츠레한 눈을 깜빡이다가 자세를 고쳐 앉으며 얘기한다.

"노 선생님이 신세가 절박하다니까 나도 그런 경험 생각난다. 우리 옆집에 퇴임한 교장 한 사람이 있는데……."

그 퇴임 교장은 술독이 올라 늘 취한 상태로 생활한다는 것이었다. 윤 선생님이 해직 교사인 줄 알자 걸핏하면 찾아와서 왜 그런 짓을 해 가지고 이렇게 따분한 신세가 되었냐고 걱정 반,

나무람 반 주절거린다. 처음에는 교장 처지에서 보는 전교조에 대한 솔직한 심정도 들을 겸 대접도 깍듯이 하고 담배, 술대접도 했는데, 시도 때도 없이 "윤 선생!" 하고 들이닥친다. 그저께는 아내를 학교에 보내고, 칭얼거리는 아기를 업고 설거지를 하고 있었다. 부엌 창으로 새어드는 햇살이 시리도록 눈부시고, 문득 설거지하고 있는 자신의 모습이 너무나 낯설게 느껴졌다. 학생들의 합창 소리가 햇살을 타고 귀에 쟁쟁 울리는 듯도 했다. 왈칵 눈물이 쏟아질 뻔했다. 그때 퇴임 교장이 현관을 밀치고 들어섰다.

"어, 윤 선생. 한 페이지 했다면서요(책을 냈다는 소식을 듣고 이르는 말)?" 윤 선생님은 이야기를 맞받을 심정이 아니었다. 대강 예, 예 하고 돌려보내려 하는데,

"그 훌륭하신 선생님이 애 업고 설거지가 다 뭐요? 선생님 체통을 지키시오……."

선생님 체통? 그 말이 따갑게 와 꽂혀 설거지를 멈추고 돌아서서 싸늘하게 대답했다.

"교장 선생님, 나는 이제 선생이 아닙니다."

머쓱해진 교장이 돌아가고 난 뒤 윤 선생은 기어이 눈물을 참을 수가 없었다.

'나는 이제 선생님이 아닙니다. 나는 이제 선생님이 아닙니다.' 문득 내뱉은 그 말이 30년 넘게 쌓아 온 자신의 성을 와르르 무너뜨리듯이 절박하게 다가왔다.

"그래, 나는 지금 선생이 아니야. 당당한 교육 운동가야, 지부 사무실이 우리 교무실이야. 나는 일터로 가야 해. 동지들과 함께 일해야 해. 부리나케 아기를 처가에 맡기고 사무실로 왔지. 요새는 도시락 싸 들고 마누라하고 함께 출근하기로 했거든. 학교 있을 때와 똑같이. 장모가 좀 고생이지만 그렇게 안 하고는 안 되겠더라고……. 그런데, 오늘은 영, 감상의 실타래가 뒤엉켜서……."

술이 두어 병 더 들어오고, 노영민 선생은 지그시 눈을 감고 조태일의 시를 읊조리고, 윤지형 선생은 자기 18번 '홍콩의 아가씨'를 간드러지게 부르고, 나도 창부 타령을 하고……. 주머니를 털어 보니 술값이 모자라서 사정사정 외상을 달아 두고 비칠거리며 일어선 시간은 벌써 자정이 가까웠다. 비는 개어 있었다. 삽상한 바람에 뜨거운 볼이 상쾌하다.

"오늘 문화 투쟁 사업 평가를 해야지. 3차 어때?"

"우린 오늘 '위기의 남자'였어. 누가 톡 건드렸으면 넘어졌을지도 몰라."

"오늘 평가는 각자 낼 아침 변소간에서 하도록 하고 오늘은 이만하지. 자, 위기의 남자들이여 안녕. 수채화 사랑, 안녕!"

6부

선생님, 이야기해 주세요

외할매 생각

 구름이 낮게 깔리고 빗방울이 후둑후둑 창을 때리는 날 교실은 더욱 아늑해진다. 넋을 놓고 창밖의 빗줄기에 눈을 주는 아이들 모습이 참 예쁘다. 책을 펼 생각은 않고 턱을 괸 채 나를 빤히 바라보는 모습도 예쁘다. 나는 애들보다 먼저 감상에 젖어 있다. 이런 날 책을 들고 밑줄을 그으며 문단이 어떻게 나뉘고, 문장 성분이 어떻고, 품사가 어떻고 하기엔 어울리지 않는다. 그래도 선생이랍시고,
 "야들아, 공부해야지. 책 펴자."
 하면 아이들은 어림없다는 투다.
 "선생님, 얘기해 주세요…… 네?"
 "귀신 얘기해 주세요. 집에도 못 가게요."
 "야는…… 귀신 얘기가 뭐고, 시시하게. 저…… 선생님 있잖

아요. 그 뭐랄까. 우리들의 심금을 울려 주는 그런 거…… 첫사랑 얘기라든가…….”

"맞다! 선생님, 첫사랑 얘기해 주세요, 첫사랑! 박수!"

교실은 금방 생기를 띠고 아이들은 자기들의 온화한 감정을 결코 딱딱한 수업으로 뺏길 수 없다는 자세다.

"사실은 나도 공부하긴 싫다. 오늘 같은 날은 안 그래도 첫사랑 생각이 나누만…….”

교실은 까르르 웃음이 넘치고, 이제 귀를 쫑긋 세워 내 입만 뚫어지게 쳐다본다.

나는 해마다 아이들에게 꼭 외할머니 이야기를 들려준다. 수업보다 이것이 더욱 필요하리란 생각에서다. 할머니 할아버지의 따뜻한 사랑을 잃고 살아가는 도시 아이들에게는 더욱 필요한 이야기가 될 것이기 때문이다.

"너희들, 김이 좀 새겠지만 내 첫사랑은 우리 외할매다. 내가 이 세상에서 가장 사랑하는 사람도 우리 외할매거든. 나는 이렇게 비가 오는 날이나, 봄빛이 화사한 날이나, 겨울 저녁 쓸쓸한 노을이 질 때도 할매 생각이 나더라.”

외할매는 젊은 나이에 홀로되셔서 딸 하나를 데리고 사셨다. 외할아버지는 늘 집을 비우고 상해로 만주로 떠돌아다니셨다는 것밖에 모른다. 오직 하나 남아 있는 모습은 파고다 공원에서 백범 김구를 모시고 여러 분이 함께 찍은 사진 한 장뿐이다. 외할머니는 죽으나 사나 베틀에 매여 있었다. 바람처럼 다녀가는 남편이 무엇을 하는지 알려고도 않으시고 딸 하나와 시어머니 봉양에 앞니가 몽그라지도록 베만 짜셨다 한다. 할머니는 그때의 가난이나 고생은 잘 이야기해 주지 않으셨다. 생각만 해도 몸서리쳐져서 그랬을까. 고생한 기억은 쉬 잊혀서 그랬을까. 딸 시집보낼 때 쌌던 봉채에는 어느 구석에 무얼 넣고, 또 무얼 넣고, 고기는 어찌해서 넣고, 엿 당새기는 어땠고……. 하나 빠짐없이 지금 막 다시 싸듯 또르르 꿰고 있어서 우리를 놀라게 하지만 젊었을 때 이야기는 억세게 배가 고팠다는 것밖에 말씀 안 하셨다.

 딸의 혼사가 정해지고 얼마 안 있어 외할아버지는 대구 어느 곳에서 숨을 거두셨고, 굳은 몸으로 집에 들르셨다가 땅으로 돌아가셨다. 계실 때도 집안 살림에 도움을 주지 않으신 분이었지만 돌아가신 뒤는 집안이 더욱 곤궁해졌으리라. 그래도 억척이신 외할머니는 대구 옷 도매상에서 내의 따위를 떼어다가 장날이면 전을 벌였고, 변함없이 베를 짜는 것으로 웬만큼은 살림을 꾸릴 수 있었다. 딸을 시집보내고 홀로 계시던 외할머니는 외손자를 낳았다는 소식에 좋아서, 좋아서 부엌에 갔다가 방에 갔다가, 빨랫감을 쥐었다 놓았다 정신이 없더란다.

 학교 들기 전 한 해 남짓 나는 외할매 손에서 자랐다. 그때 일이 기억난다. 장날이면 할매는 일찍부터 받아 둔 빗물에 머리를 감고 아주깨(아주까리) 기름을 발라 참빗으로 긴 머리채를 한 올도 빠짐없이 정성껏 빗어 내린다. 몇 번이고 빗어 내린 머리를 노끈으로 볼끈 묶고, 묶은 끈을 오그당한 이빨로 앙문 채 쪽을 쪄 비녀를 찌른다. 그러고 나면 햇빛에 반짝거리는 머릿결을 난 꼭 한번씩 쓰다듬어 보았다.

"아이구, 내 강생이. 오늘은 할매하고 장에 가재이. 햇살 달거든 읍내 가재이."

아, 그 겨울. 햇살이 들판에 가득한데 서리가 녹아 꼽꼽해진 땅을 밟고 나는 할매를 따라나섰다. 까치의 날렵한 날갯짓도 힘찼고, 벼 그루터기만 남은 논에서 썰매를 지치는 아이들도 신 났고, 누런 코를 빼물고 신명 나게 동트레(굴렁쇠)를 돌리고 노는 애들도 즐거웠다. 십오 리가 넘는 읍내 길을 할매는 보퉁이를 이고 걸으셨다.

장터 모퉁이에 전을 펴면 어느새 해는 중천에 있고, 색색의 내복들 위로 쏟아지는 햇살이 그렇게 포근할 수가 없었다. 아이들 내복은 색색 줄무늬가 쪼록쪼록하고 어른들 나일론 잠옷도 줄무늬였다. 나는 꼭 햇살이 빚어낸 무지개가 어른거리는 착각에 빠지기도 했다. 그러면 나는 그 포근한 햇발이 가득한 옷 위에 누워 뒤굴뒤굴 굴러 버린다.

"아이고, 이 북살할 늠. 팔 옷에다가 이래 누우마 우짜노."

"할매, 한 번만 더 구불고 안 구부께."

할매는 손자가 살가워서 엉덩이를 토닥거리며

"아이고, 내 강생이. 옥골선풍이다. 이 귀때기는 영판 저거 외할배구나."

장터를 돌아다니며 보는 풍경은 온통 잔치요 놀라움이었다. 무엇 하나 멈추어 있는 것이 없었다. 온 읍내가 살아서 펄떡거린다. 이글거리는 국밥집 가마솥, 건어물을 파는 아저씨의 걸걸한 목소리. 담뱃대·은장도·집게칼·망건·안경 주머니 같은 것을 파는 할아버지 모습. 대장간에서 쇠를 치는 깡마른 아저씨의 불끈거리는 팔뚝. 그리고 온통 와자한 사람, 사람들 소리가 그렇게 신명 날 수가 없었다.

해가 뉘엿하면 장 보퉁이를 챙겨 큰 것은 짐꾼에게 맡기고 작은 것은 할매가 인다. 나는 그날도 딱지를 샀다. 꺼먼 복면에 어깨에 칼을 빗겨 찬 그림이 있는 딱지다. 내가 금세 복면한 사나이가 된 듯 어깨가 들썩인다. 할매는 간갈치 한 손, 김 한 톳을 사서 든다. 장터를 빠져나오면 햇살은 간 곳 없고 이미 땅거미가 지기 시작한 들판에는 썰렁한 바람이 가득하다. 그만 서글퍼진다. 생각난다. 들판과 하늘 사이의 아득한 공간은 회색빛 바람 속에 저물어 갔다. 지금도 저물어 가는 들판을 보면 슬프다. 언 땅을 밟고 가노라면 고무신은 삐죽삐죽 벗겨지고. 같이 가던 장꾼들도 이리저리 흩어지고 나면 해는 꼴깍 저물어 효자 비각이 으스스해진다.

"할매, 춥다. 업어 도."

"내 강생이가 얼매나 춥겠노. 온냐, 업혀라."

할매는 보퉁이를 이고도 나를 업은 채 잘도 걸으셨다.

"석아, 할매 팔이 아파 우짜꼬."

"할매, 쪼깨마 가다가 내리께."

포근한 할매 등에서 조속조속 졸다가 깜빡 잠이 들었다 깨면 어느덧 동네 어귀에 들어서곤 했다.

깜깜한 방에 호롱불을 켜고, 군불을 지피고, 오랜만에 맛보는 갈치 반찬으로 늦은 시간 할매와 나는 머리 맞대고 저녁을 먹는다. 밥을 먹다가 문득 할매의 골 팬 얼굴을 보면 왠지 서글퍼지곤 했다. 할매가 돌아누운 채 잠이 들면 그 막막한 어둠과 집 안 구석구석 밴 허무의 냄새(그때의 냄새를 이렇게밖에 표현할 수가 없다)에 눈물이 났다.

할매가 혼자 장에 간 날에는 그 냄새가 참으로 진하게 나를 못 살게 굴었다. 아무도 없는 빈집, 마당 구석 두엄 더미를 헤치고 있는 닭 몇 마리, 앙상한 감나무, 먼지 낀 장독대, 휑한 부엌, 마루 끝에 드는 햇살…… 모두가 말이 없다. 텅 비었다. 너무나 조용하다. 슬프다. 가마솥에 안쳐 둔 고구마 몇 뿌리 내어다가 꾹꾹 씹어 삼킨다. 목이 막힌다. 침을 모아 목구멍으로 넘긴다. 침 넘어 가는 소리. 지나가는 소달구지 워낭 소리가 조용한 마루를 잠시 흔들었다는 멀어진다. 할매는 언제 올란공. 집을 나와 동구가 내다뵈는 짚단 속에 파묻혀 할매를 기다린다. 저쪽 하늘에서 멍석을 말듯 가갈가갈 떼 지어 오는 갈가마귀 떼. 그렇게 까맣게 무리 지어 오는 갈가마귀를 목고개가 아프도록 바라본다. 눈물이 난다.

"휘우야! 휘우야! 내 좆 물고 가거래이……." 동네 청년들이

들판에서 일하다가 누렇고 깡마른 얼굴로 갈가마귀에게 지르는 소리를 나는 뜻도 모르고 그렇게 들었다. 코를 닦아 뻣뻣해진 소매로 눈물을 닦고, 꼬챙이로 땅바닥에 내 이름도 써 보고, 1·2·3·4도 써 보고, 언 손을 호호 불어 녹여도 보고. 그렇게 시간을 보내도 할매는 오지 않는다.

"저 사람이 울 할맨가……." 하고 보면 아랫말로 내려가고 "저 사람이 할매제……." 싶으면 감골 골짝으로 올라가고. 끝내는 "할매야……." 소리 한번 내 보면 그만 목이 메어 목젖이 따갑게 내려앉곤 했다. 그럴 때 느끼던 그 아픔이 고독이었을까, 허무였을까. ……나는 커서 그것을 막연히 허무의 냄새라고 생각했다.

나이가 좀 들고부터는 할머니가 머잖아 돌아가실 수도 있다 싶은 것이 나에게 가장 큰 걱정거리였다.

"석아, 니는 커서 누하고 살래?"

"할매하고."

"아이다. 니는 니 각시하고 살아야지. 그때 되마 할매는 저으기 북망산에 가 있을 끼다. ……나무관세음……."

"할매, 할매 아프마 내가 부산 큰 병원에 델꼬 갈 끼다. 내가 배도 사다 주께(내가 앓아누웠을 때 깎아 준 배가 얼마나 시원했던지……). 나는 할매하고만 살 끼다."

나는 할매만 살릴 수 있다면 세상에서 가장 무서운 상두밭골

공동묘지도 갈 수 있겠다고 생각했다. 죽으면 절대 안 된다. 안 되고말고. 할매와 나는 하나가 되어 갔다. 나도 애늙은이가 되어 버린 것이다. 할매가 없는 세상은 상상할 수가 없었다. 할매가 없는 공간은 내게 완전한 정적이요 허무였다. 어쩌면 할매 모습이 바로 허무였는지 모른다.

초등학교에 들 무렵 할매와 떨어져 부산으로 오지 않으면 안 되었다. 할매는 읍내가 내려다보이는 고갯마루까지 따라 나왔다. 고갯마루에는 백 년도 넘은 당산나무 한 그루가 있었다. 이 나무 아래, 여름날 장에 갔다 올 때 할매하고 하염없이 앉아 있었지. 당산나무 아래서 나는 발걸음을 뗄 수가 없었다. 데리고 가는 엄마도 울고 바래다주는 할매도 울고 끌려가는 나도 울었다.

"고마 가거라. 차 늦을라."

할매가 먼저 돌아섰다. 내가 여기를 떠나면 할매는 혼자 남는데…… 할매 혼자 그 빈집에서 누하고 살꼬. 간혹 소쿠리 장수도 자고 가고 먼 친척 할매도 와서 자고 가긴 하지만 할매 혼자 우째 살겠노……. 돌아다보니 할매는 도로 당산나무께로 와서 우리를 보고 계셨다. 돌아 돌아보며 부산으로 왔다.

할매가 떡 해 이고 우리 집에 오시는 날이 나에게는 가장 기쁜 날이다. 학교를 마치자마자 뒤도 안 보고 달려와서 할매 무릎에 엎어진다.

"할매, 이박(이야기) 하나 해 주까. 학교서 비았다(배웠다)."

"온냐. 내 새끼······."

"할매, 언제 촌에 갈 거고?"

"와? 할매 있으이 귀찮나?"

"아이다, 아이다. 더 많이 있다가 가라꼬."

학교에서 달려와 보면 할매가 없다. 어디 갔노. 가셨단다. 아, 그때 그 설움이란. "오늘 안 간다 안 캤나." 엄마에게 패악을 부리며 이불을 뒤집어쓰고 하염없이 울었다. 간혹 엄마도 내 옆에 누워 같이 울었다.

중학교 2학년 때였다. 내일 수학여행을 간다고 들떠서 집으로 돌아오니 할매가 와 계셨다. 난 수학여행을 포기했다. 사흘을 여행 갔다 오면 할매하고 있을 시간이 그만큼 준다. 방학도 아닌 때 온종일 할매하고 있는 게 얼마나 큰 횡재인데 여행을 가.

방학을 하면 다음 날 바로 할매한테 갔다. 할매는 떨어진 감을 소금물에 담가 삭혀 두고 난수밭(텃밭)에 옥수수도 심어 두고, 닭 한 마리 고아 먹일 거라고 지나는 장수에게 건삼 몇 뿌리도 사 두고, 미숫가루도 해 두고. 할매는 오직 이 방학을 위해 아마 봄부터 준비하셨을 게다.

그러나 나이가 들면서는 친구들하고 있기가 좋아서 차츰 할매와 있는 시간이 줄었다. 그러다가도 비가 오거나 찬바람이 부는 날은 할매에게 편지를 썼다. 그 칠흑 같은 밤에 혼자 누워 빗소리 듣고 계실 할매를 생각하면 가슴이 에인다. 컴컴한 뒤란, 아래채 헛간에 쳐진 거미줄, 처마에서 떨어지는 하염없는 빗소리, 연기로 까맣게 그을린 정지(부엌) 천장, 살강에 놓인 그릇 몇 개. 그런 것들이 하나하나 떠오르면 그것이 모두 눈물이 되었다. 그런 마음을 담아 편지를 썼다. 할매는 언제나 답장을 해 주셨다. 난 그 편지를 읽지 못했다. 줄줄이 달아 쓴 내간체 글씨를 읽어 낼 수 없었다. 어머니가 읽어 준다. 또 운다. 외할매는 참 글을 잘 썼다. 옛사람들이 상투로 쓰는 글귀는 하나도 없다. "석아 보아라"로 시작하는 글은 늘 새로웠다. 동네 혼사가 있으면 안사돈끼리 주고받는 사돈지를 할매가 늘 대신 써 주었다. 그런 날은 아침 일찍 일어나 개다리소반에 한지를 올려 두고 내게 먹을 갈라고 하셨다. 그런 할매가 자랑스러웠다.

"할매, 함 읽어 바라. 머라 캤는데?"

"우리 딸이 미거하지마는 잘 거다 도라(거두어 달라) 안 캤나."

내가 군에 가 있을 때다. 훈련병 시절에는 주소를 암호로 쓴다. 내 있던 부대 주소는 "지리산 중대 낙타 소대"였다. 물론 맨 먼저 할매한테 편지를 썼다. 답이 왔다.

"아이고, 옥골선풍 내 손자야. 니가 지리산에 있다 하니 그기 무슨 일고, 낙타를 타고 다닌다니 그런 일도 다 있나······."

이때쯤에는 나도 할매 글을 읽을 수 있었다. 온 소대원이 배를 잡고 웃었다. 그래도 할매한테 편지 받는 사람은 나뿐이었다.

우리 집은 집안 살림이 피어날 날이 없었다. 내가 제대할 즈음에는 더욱 난감했다. 대여섯 해 전에 고생 고생해 장만한 코딱지만 한 집도 팔고 다시 전셋집을 떠돌아야 했다. 할머니 연세가 이젠 너무 많으신데도 집으로 모실 형편은 안 되고, 그래도 함께 있자고 하면 그 좁은 집에 사위와 있으면 서로 불편해서 안 된다고 할매는 끝내 시골집에 있겠다고 하셨다. 뻔한 사정에 어찌지도 못하고 엄마만 좀을 볶고 살았을 거다.

내가 졸업하고 교편을 잡자 형편이 그나마 조금씩 풀리기 시작했다. 결혼도 했다. 그래도 할매를 모시지 못하고 이제나저제나 하고 있었다. 할매 말대로 각시하고 사는 게 마음 아팠다. 여동생도 교편을 잡았다. 아내도 보건소에서 일하고 있었다. 2층 독채를 전세 낼 정도가 되었다. 이제 곧 할머니를 모실 수 있겠구나.

하루는 밤 12시가 다 되었는데 고향에 계시는 큰아버지께서 황급히 들어서신다. 그것도 택시를 대절하여 달려오셨으니…….

"석아, 차 타거라. 너희 외조모가 별세하셨지 싶다."

절벽으로 내던져지는 말씀이다. 눈앞이 번쩍하더니 정신이 아뜩하다. 온몸에 빈틈없이 꽂히는 탱자 가시. 목이 탁 막혔다. 혀가 굳었다. 할매, 할매……. 차가 부산을 벗어날 즈음에야 정신을 조금 차렸다. 어머니는 온몸이 굳은 채 말이 없었다. 내가 할 수 있는 일은 온 정성을 다해 비는 일뿐이었다.

"하느님, 내가 우리 할매를 얼마나 사랑하는지 하느님은 알 겁니다. 외할매에게 바친 사랑이 하나도 진정 아닌 게 없었습니다. 이제 내가 할머님을 모실 때가 되었는데 이렇게 거두어 가신다면 너무하신 일입니다. 너무나 너무하신 일입니다. 천 보 만 보 양보해서 임종이라도 지켜보게 해 주이소. 아니, 하룻밤이라도 내 옆에 계실 수 있도록 해 주이소. 빕니다. 빕니다. 빕니다."

손을 모아 쥐고 지극 정성으로 기도를 할 수밖에 없었다.

"한 번만 살려 주이소……."

할매는 까무룩한 부엌에서 저녁밥을 해 들고 마루로 나오다가 그만 모로 쓰러지신 것이다. 누구 하나 보는 이 없는 집에서 축담에 쓰러져 죽음을 맞으신 것이다. 마침 앞집 신반댁이,

"못골댁이 밥이나 해 묵나 우짜노."

하고 들어서다가 할머니가 넘어져 계신 것을 보고는

"아이구, 동네 사람들아. 못골댁이 죽는다. 아이구, 이 삼(사람)들아……."

동네 사람들이 모여들고 약국 사람 부르러 가고 수족을 주무르고 해도 입술은 새파래져 갔다는 것이다.

"이 일을 우짜노. 부산 있는 딸네 집에 기별해야 할 낀데. 누가 모르나……."

"딸네 집은 몰라도 사가가 저 건네 안 있나. 거기라도 기별해라."

"동식이가 오토바이 타고 좀 갔다 오너라."

약국에서 약사가 왔지만(이웃에는 병원이 없었다) 눈 한 번 뒤집어 보고 고개 쩔레쩔레 흔들고는 주사 한 대 주고 가 버렸다.

"내가 동식이 기별을 받고 바로 읍에 나와 택시로 왔거마는 졸도하신 지가 대여섯 시간 지났으니……. 임종이라도 봐야 할 낀데……."

택시 안은 깊디깊은 바닷속이다. 자꾸 물속으로 가라앉는 것 같다. 차는 달리고 달려서 고향 마을로 들어선다.

할매와 타박타박 걸어서 읍내 장에 가던 길, 할매 등에 업혀 조속조속 졸며 가던 길, 할매와 헤어지며 울며 울며 뒤돌아보던 당산나무……. 덜컹거리던 차가 마을 어귀로 들어설 때는 그냥 거기서 멎었으면 싶었다. 이 일을 우짤꼬. 동네 사람들이 마당 밖에까지 모여 있다.

"아이고, 못골댁아. 그렇기 귀한 위손자(외손자) 온다. 끌끌, 천하에 없는 위손자 온다."

마당으로 들어섰다. 사람들 사이로 들어서 보니, 아! 이게 웬일인가. 이게 꿈인가 생신가. 이게 어떻게 된 일인가.

할매가, 할매가 마루에 오도마니 앉아 계시지 않은가. 이불을 내어 싸 덮고. 신반댁이 홍시를 숟가락으로 떠먹이고 있었다.

"할매, 이기 우얀 일고……."

할매는 묵묵부답이었다. 그래도 이렇게 살아 숨 쉬고 계시지 않은가. 손도 따뜻하고, 눈도 껌벅거리고, 입도 달싹이지 않은가.

"동네 어르신들, 고맙습니다. 참말로 고맙습니다."

난 넙죽넙죽 절을 해 대었다. 눈물로 범벅이 되어…….

"쯧쯧. ……저만한 외손자 없지그리. 세상에 친손자라도 저럴라? 못골댁이 인자(이제) 한없다. 외손자 왔으이 한없다."

뒤에 안 얘기지만 동식이란 사람이 큰댁으로 연락하러 간 뒤 동네가 와자하자 어울댁(동식이란 사람이 어울댁 큰아들이었다) 사랑에 와 있던 바깥손님이 뭐냐고 물었단다. 우리 동네 불쌍한 노인이 오늘 밤 명 끊는갑소. 고혈압으로 자빠졌다는데……. 어허, 그 안됐다. 바깥사람이면 내가 침이라도 찔러 볼 텐데……. 안사람이면 어떻소. 한번 찔러 보지요. 할매의 머리와 인중을 대침으로 땄단다. 피가 나더란다. 됐소, 살겠소. 사람을 영 죽일 뻔했구만. 얼마 안 있어 새파랗던 입술이 돌아오고 눈도 떴단다. 기적이었다. 이야기를 듣고 그 노인을 찾아 인사를 드리러 갔더니 아침 일찍 떠나 버리셨단다. 그분은 누구셨을까.

다음 날 구급차를 불러 할매를 모시고 부산으로 왔다. 살림살이래야 별것도 없었지만 동네 사람들께 이것저것 줘 버리고 생전에 아끼던 고리짝 한 짝 챙겨서 아주 그 집을 떠나왔다. 모시려면 이렇게 쉽게 모실 것을 이래저래 재다가 이 꼴을 당하고야 말았구나. 어머니는 또 하염없는 눈물이다. 할매의 한쪽 손발은 완전히 굳어 버렸다. 중풍이었다. 말도 잘 못 알아들으셨다. 답답하여 앙가슴에 돌이 들어앉았다. 그 맑은 정신으로 "아이구, 내 새끼. 옥골선풍 내 새끼." 하는 말이 듣고 싶었다.

경북 영천 읍내에 중풍에 용한 의원이 있다고 했다. 일요일 새벽 아무도 없는 목욕탕에 가서 일부러 찬물로만 목욕을 했다.

"하느님, 제가 지금 목욕재계합니다. 오로지 우리 외할매 살릴 일념으로 약 지으러 갑니다. 약 효험 있도록 도와주이소."

버스를 타고도 옆자리에 눈 한 번 안 돌리고 똑바로 곤추앉아 눈을 감았다. 몸과 마음이 행여 더럽혀질까 조심조심 영천으로 갔다. 한의원도 아닌 약재상 비슷한 곳이었다. 그래도 방 안에는 약장 서랍이 가득했다. 노인에게 정성으로 절을 올렸다. 저희 외조모가 이러이러해서 누워 계십니다. 목욕재계하고 찾아왔습니다. 외조모를 좀 살려 주이소. 그 어른은 신통한 듯 나를 바라보았다.

"요새 젊은이가 아니구먼요. 내 약 지어 드리리다."

돈을 받지 않겠다고 했다. 이렇게 지극한 효손을 본 것만도 약값 했다고 했다.

"황계를 넣어서 달여 드리시오."

닭집에 가서도 정갈히 잡아 달라고 했다. 약할 닭은 피가 튀면 안 된다고 아낙은 남편에게 몇 번이나 일러 주었다.

"어머니, 약을 짓기는 내가 지었지만, 달이기는 어머니가 달이이소. 지극 정성으로 달이 보입시더."

어머니도 약탕관 새로 사고 화로에 참숯도 샀다. 약을 드신 지 한 달이 지났을까. 또 한 번 기적이 일어났다. 서서히 풀려 가던 수족이 이제 변소 출입쯤은 마음대로 할 수 있을 정도가 되었고, 농담도 곧잘 받아 주시게 된 것이다.

이리저리 돈을 변통하여 우리도 우리 집을 가지게 되었다. 할머니가 마음 놓고 계실 방을 마련했다. 방 세 칸짜리 아파트도 우리에게는 호강이다. 다 자는 밤 나 혼자 거실에 나와 앉아 행복에 겨웠다. 아버지 어머니 안방에 자고, 외할매 저 건넌방에 건강하게 계시고, 아내와 아이 저 방에 있고, 나는 여기 이렇게 너른 거실에 척 하니 앉았으니 이 이상 뭘 바라겠노. 축복이다. 축복이다.

일요일이면 해운대도 가고 동물원도 가고 할매 손을 잡고 훨훨 나는 기분으로 데이트를 했다.

"할마시, 요새는 팔에 힘이 얼매나 있노 보자."

"북살할 놈, 할매를 보고 할마시라 칸다요……. 온냐, 이놈. 팔씨름 함 해 보자."

이미 기력을 잃은 할매 팔목을 잡으며 가슴 메이기도 했다. 할매와 나는 세상에 더없는 좋은 친구로 살았다. 그것이 3년 동안이었다.

끝내 할머니는 다시 쓰러졌다. 말문을 닫은 사흘 동안 행여 한 번이라도 날 알아보실까 잠시도 손을 놓지 않고 지냈다. 입가가 마르면 물수건으로 입술을 닦아 드리며 그 오그당한 이빨을 다시 보았다. 얼굴에 주름 한 가닥, 손톱 밑에 때 하나까지도 남김없이 쓰다듬어 가슴에 새겼다. 살뜰히 살뜰히 할매와 이별을 준비했다. 더 이상 기적을 바랄 수는 없었다. 오히려 이런 이별을 할 수 있게 해 준 신에게 감사했다. 할매는 허공에 대고 자꾸 머리카락 줍는 시늉을 했다. 무슨 헛것이 보였을까. 끝내 나와 눈 한 번 마주치지 못하고 조용히 숨결을 푸셨다. 연세 일흔둘, 1980년 5월 24일 아침이었다.

할머니 속살을 처음이자 마지막으로 보았다. 정갈히 몸을 닦고 생전에 손수 지어 두었던 명주 수의로 고이 쌌다. 회심곡 염불 소리는 할매의 소리였다. 나를 안아 누여 잠재우셨듯, 나를 업고 십오 리 읍내 길을 걸어오셨듯 이제 할매가 내 아이가 되어 품에 있었다.

할매야, 울 할매야.

보리가 누렇게 이글거리는 산모롱이를 돌아 초라한 상여가 바람 속에 놓였다. 타오르듯 번쩍이는 보리밭에는 할매 냄새가 물씬물씬했다. 파란 하늘 아래로 점점이 보이는 외갓집 동네가 한층 가까이 다가왔다.

"하관 시간 되었다. 준비해라."

"그런데 장모님이 시집올 때 갖고 오신 사성단자가 빠졌는데 관 위에 놓으면 될지요······."

"어허, 사성을 손에 쥐고 가야지, 그걸 빠뜨리면 되나. 지금이라도 관을 열어라. 괜찮다. 손에 쥐어 드려야지."

아······ 나는 또 할매를 볼 수 있었다. 할매가 나를 한 번 더 보려고 사성을 놓고 떠나셨구나. 바람은 솔잎 사이로 은은한 소리를 내고 어머니의 울음소리는 아득한데, 할매는 보리밭 같은 명주 수의에 싸여 쏟아지는 오월 햇살 아래 다시 몸을 드러내었다.

"할매, 할매…… 인자는 진짜 마지막인갑다. 할매야, 잘 가재이."

할매는 포근하고 따뜻했다. 그렇게 느껴졌다.

"석아, 그렇게 엎어지는 게 아니다. 일어나거라."

청석돌을 파낸 무덤 자리에 할매를 묻었다. 아이고, 울 할매야. 돌덩이가 목구멍을 가로막아 숨이 잘 쉬어지지 않았다. 할매는 그렇게 내 곁을 떠났다. 아니다. 이제 완전히 나에게로 녹아들었다. 할매를 묻고 내려오니 보리도 새롭게 일렁이고 하늘도 더욱 푸르렀다. 무심결에 보리대궁이 꺾어 삐삐 소리를 내 보았다. 할매는 다 알 것 같았다. 죽으나 사나 내 사랑이란 걸 다 알았다. 할매, 뒤에 오꾸마. 잘 있으래이………

불현듯 내 몸이 하늘로 훨훨 나는 것 같았다.

나는 이 이야기를 열두 번도 더 했는데 할 때마다 눈물이 난다. 듣고 있던 아이들도 손수건을 꺼내 들고 고개를 숙여 버린다. 할머니는 금방 우리와 같이 있게 되는 것이다.

"너희들, 어떻노? 이만하면 내 첫사랑이 얼마나 아름다운지 알겠제. 나는 할매한테서 사랑이 어떤 것인지 배웠다. 내 바탕 정서는 바로 우리 할매가 주신 사랑이지 싶다. 핏줄의 정은 본능이긴 하지만 이 바탕 위에 할매와 난 사랑의 탑을 쌓았다. 사람을 사랑할 때 서로가 이 같은 정성을 기울이면 그건 아름다움의 극치를 이룬다. 사람이 하는 사랑만큼 아름다운 게 없지. ……그

리고 난 너희들 볼 때마다 우리 할매 생각한다. 그래서 이런 시를 썼다."

외할매 생각

할매야
할매만 생각하면 눈물부터 먼저 나노
초라한 상여 뒤 따라
보리가 이글이글 누렇게 타오르던 산비탈 지나
소나무 우거진 산모롱이
생전에 못 잊던 손수 지은 낮은 기와집 내려다보이던 곳
마른 땅 파내어 할매를 묻을 때
할매야
그 이별 서러워서 할매 니도 울었제
할매를 묻고 돌아 내려올 때
참 이상케도 보리밭 두렁에 앉아
보리대궁이 꺾어
나는 또 보리피리 불어보았데이
온 세상 파란 하늘
할매의 나라 하늘을 보며
눈물도 없이 삘리리
보리피리는 혼자 울었데이

방학이면 감 삭혀두고 난수밭에 강냉이 심어
날 기다리던 할매야
아이구 내 새끼 옥골선풍 내 새끼
엉뎅이 토닥거려 잠재우던 울 할매
자식 많던 그 시절 애오라지 딸 하나 두고
가뭄 든 여름날 물꼬를 지키느라
늑대 우는 들판에 억척같이 밤새우던 할매야
동네 혼사 때면 새벽에 곧추앉아
사돈지(紙) 써주던 울 할매야

참으로 나는 할매의 사랑으로
이만큼이라도 더운 가슴
지닐 수 있었제
저승꽃 핀 손으로 선생질 잘 하라고
얼굴 싸안아주던 울 할매야
아이들을 볼 때마다 나는 할매의 삶을 얘기해 준다
'하늘의 절반' 우리 아이들
지금 이렇게 까르르 까르르 예쁘게 웃고만 있는 아이들도
이 땅을 일구고 지키며
할매의 삶을 이어갈 크나큰 힘인 것을
이 아이들 스스로 한 세상 꾸려가는 날까지
내가 받은 할매의 따슨 가슴 물려줄란다

언제까지나 이어올 아이들의 가슴에
울 할매 같은 마음들이 차곡차곡 쌓여갈 때
그것은 할매의 환생이요
사랑의 잔치일 거라

이 땅이 할매의 사랑으로 가득할 것이면
언제쯤 우리 모두
이 강산 누비는 비구름 되고
흙이 되고 풀이 되어도
우리는 언제나 살아 있을 것이제, 할매

어떤 애는 시를 칠판에 써 달라고 한다. 베껴 써서 친구들에게도 식구들에게도 얘기해 주겠다고 한다.
다음 날 학교에 오면 어김없이 내 책상 위에는 아이들이 쓴 편지가 몇 통씩 있게 마련이다. 어떤 때는 아이한테서 시를 전해 받아 읽고 이야기도 들었다며 학부모가 편지를 해 주기도 한다.

이 선생님!
시 '외할매 생각'을 읽다가 그만 울어 버렸습니다. 할머님의 신앙 같은 사랑을 가슴으로 안고 느낄 줄 아는 손자가 과연 몇이나 있을까 하는 생각도 들었습니다. 당연히 그분들의 일이려니 그분들의 천품이려니 하고만 알고 있겠지요.

시골 가마솥을 데우기 위해 지피던 낙엽 가지들, 매캐하면서도 구수한 냄새가 저와 딸아이의 마음에 타고 있습니다.

언제부터인가 이 땅의 교육이 사람답게 사는 것을 가르치기보다는 사람답지 않게 기르고, 서로 해치며 살아가는 태도를 부추기는 상황 속에서 아직도 우리의 선생님들이 이렇게 넓고 순수하고 아름다운 사랑으로 내 아이들을 자신의 분신처럼 가르친다는 기쁨에 또 한번 울음이 나옵니다.

오월 중순부터는 단비를 흠뻑 맞아 더욱더 반질반질 윤이 나는 미루나무 잎처럼 마음이 푸르고 상쾌했습니다. 그러다가도 알 수 없는 분노가 치밀어 오르는 것은……. 일선에서 가르치는 선생님들의 '소리'를 먼저 들을 줄 알아야 하겠는데 '소리'를 듣기는커녕…… 오히려.

그러나 이 선생님!

천직으로 여기시는 교단을, 그리고 이 선생님을 사랑하는 아이들이 선생님을 잃지 않음을 주님께 감사드립니다.

기쁜 일이 있을 때나 혹은 가슴이 메어지는 아픔이 있을 때는 엽서나 편지를 쓰고 싶어집니다. 처음이지만 처음 같지 않게 마음을 열어 딸아이의 고운 사랑과 에미의 신뢰하는 마음을 함께 묶어 띄웁니다. 깊게 잠들어 있는 아이는 내일 아침 다시 만날 사랑하는 얼굴들을 꿈꾸겠지요.

보리밭 두렁에 앉아 보리대궁이 꺾어 보리피리 부는 소년. 알롱달롱 채색 내의의 포근함에 얼굴 대 보는 시골 장터의 작은 소년.

아이의 꿈속에 할머님의 사랑과 소년의 천진함이 어우러지는가 봅니다.
여호와의 도움이 이 선생님과 가정에, 그리고 학문 위에 늘 함께 하시길 빕니다.

1986. 5. 28.
단비 엄마 드림

이렇게 하여 난 아이들과 사랑을 또 한 단 쌓아 올린다. 마음과 마음이 사랑 속에 어우러져 있는 것이 눈에 선히 보인다. 그리고 때때로 이 아이들에게서 우리 할매의 환생을 본다.

사랑 이야기

사랑은 자기 발전을 바탕으로 한다

어제 일요일은 음력 보름이었지요. 마침 서울 사는 동무가 내려왔기에 둘이서 해운대에 갔습니다. 오랜만에 옛날 기분으로 돌아가서 파도치는 해변에 앉아 소주 한잔 걸쳤지요. 해운대라고 하면 내 청춘에서 가장 귀한 곳이기도 합니다. 지금은 삐죽삐죽 호텔들이 떼거리로 들어서서 덕지덕지 화장한 역겨운 화류계 여자같이 되어 버렸지만 옛날에는 밤이면 트럼펫 부는 외팔이 아저씨가 바바리 자락을 날리는 낭만도 있었고, 비 온 뒤 예쁜 조개껍데기가 밀려와 그것을 한 움큼 주워다가 사랑하는 내 그이에게 쥐어 주는 아름다움도 있었습니다.

옛 얘기 하며 정에 취해 있는데 호텔 뒤쪽으로 보름달이 훤히 떠오릅디다. 좋데요. 둥두렷한 달이 하늘 가득히 떠오르는데 친구하고 둘이서 "조으타." 하고 쳐다보았지요.

"재동아, 저 달이 하늘 가운데로 떠오를 때까지 있재이." 하면서 소주잔을 기울였습니다.

그런데 바로 그때 여러분이 생각납디다.

'햐! 이렇게 좋은 경치를 우리 아이들하고 같이 봤으면 얼마나 좋겠노.'

그래, 내가 말했지요.

"재동아, 나는 이래 좋은 것만 보면 우리 학생들 생각이 난다. 쌍계사 맑은 물을 보아도 이곳에 우리 아이들하고 같이 왔으면 싶고, 좋은 시를 읽으면 우리 애들한테 읽어 줘야지 싶더라."

재동이는 대뜸 말했지요.

"그건 니가 애들을 사랑하기 때문에 그런 거 아이가. 사랑은 좋은 것을 주고 싶은 그 마음 아니겠나. 그래, 나는 이렇게 생각한다. 모든 사랑은 자기 발전 없이는 안 되는 거라고."

그렇지요. 사랑의 정의를 내리라면 나는 이렇게 말하지요.

'사랑은 자기 발전을 바탕으로 하는 진실한 마음이다.'

이 말을 한번 생각해 봅시다.

내가 지금 해운대의 달을 보며 여러분을 생각했습니다. 분명 사랑하기 때문에 누구보다 먼저 생각난 것이지요. 부모님이 자식을 사랑할 때, 맛난 것을 잡수시면 목에 걸립니다. 자식을 주어야 속이 시원하지 어째 맛있다고 자기만 옴쏙옴쏙 먹겠습니까. 좋은 옷을 보아도, 좋은 경치를 보아도……. 여러분도 이런 경험 있지요? 왜 있잖아요. 소풍 가서 망망한 바다가 내려다보이는 언덕에 자리 잡고 앉으면 '아! 그때 만났던 그 머스마하고 여기 같이 앉았으면…….' 하는 생각 말입니다. 이게 무엇이겠습니까. 다 사랑 아닙니까.

그렇다면 좋은 것을 외부에서만 찾지 말고 우리 자신에게로 돌려 봅시다. 내 좋은 모습을 사랑하는 이에게 보여 주고 싶은 마음이 들 겁니다. 예를 들어 우리가 지금 헤어져서 다시 만날 때를 생각해 봅시다. 여러분이 한 10년 뒤쯤 나를 찾아왔습니다. 나는 쉰을 바라보고 있겠군요. 그런데 내가 아주 힘없는 늙은이가 되어 교직에 자신감도 없고, 돈이나 밝히고 교육이야 되든지 말든지 시간이나 때우는 교사가 되어 있다고 합시다. 그러면 내가 여러분을 떳떳이 맞이할 수 있겠습니까. 교사로 남아 있는 내 모습을 부끄러워하는 내가 어찌 여러분을 반기겠습니까. 슬슬 피하거나, 괜히 나를 과장해서 헛된 말이나 하지 않을까요. 끊임없이 발전하는 모습, 잘못한 것을 반성하고 좀 더 잘 가르치는 교사가 되어 있다면, 교사로서 원숙한 경지에 들어서서 부끄럼 없는 교사가 되어 있다면, 나는 여러분 앞에 나서는 것이 더 큰 즐거움일 것입니다.

"오! 영희냐. 난 요새 아이들하고 날마다 편지를 주고받고 있다. 너희들 땐 내 일에 바빠서 못 했는데 나이가 드니 오히려 시간이 나는구나. 너희들에게 못 해 준 게 많아 미안하더라……."

"선생님, 후배들에게 더 잘해 주시니 고맙습니다. 저희들은 선생님이 늙어서 힘이 없을 줄 알았는데…… 얼마나 좋아요."

우리의 사랑은 이렇게 익어 갈 것입니다.

거꾸로도 마찬가지지요. 여러분이 사회에 나가서 장영자처럼 손 큰 여자가 되어 발발거리고 돌아다니거나, 사치와 허영에 손가락마다 반지를 끼고 있다면 최소한 내 앞에는 나타나기 어려울 겁니다. 사회 어느 곳에서든지 착실히 자기 일 해내고 있을 때라야 우리의 사랑은 지속될 수 있을 겁니다. 남편한테만 매달려 부정이든 술수든 가리지 않고 돈만 많이 벌어 오라고 바가지 박박 긁는 아내가 되어 있으면 우리가 반갑게 손잡을 수 있을까요. 그보다 농부의 아내, 노동자의 아내로 있더라도 자기 삶에 부끄럼 없이 꿋꿋하게 살아간다면 그게 더 반가울 것이고 사랑은 더욱 진할 것입니다.

중요한 것은 헤어져서 다시 만났을 때 지난날 함께 있었을 때 추억 말고는 이야기할 게 없다면 그건 불행입니다. 추억도 좋지만 그것은 두세 시간 얘깃거리밖에 안 됩니다. 그 뒤의 발전한 자신을 이야기할 수 있어야 합니다. 이게 사랑의 열쇠가 되지요.

부부나 친구 사이의 사랑도 이와 꼭 같습니다. 평생을 살아가며 아무 발전도 없이 처음 만났던 그대로라면 샘솟는 사랑은 없습니다. 생각이 깊어지고, 생활이 더욱 부지런해지고, 어린이가 쑥쑥 자라듯이 마음이 쑥쑥 자랄 때라야 사랑은 깊어집니다.

"사랑은 자기 발전을 바탕으로 한다."

오늘은 이 말을 명심합시다.

사랑은 노작(勞作)이다

오늘도 사랑에 대한 이야기를 하겠습니다. 여러분은 사랑이라고 하면 아리삼삼하면서도 달착지근하고, 마음이 그냥 붕붕 뜨는 이야기를 좋아하지요. 사실은 나도 그래요. 콧소리로 흥얼거리는 프랑스식 사랑, 몸으로 때우려 드는 미국식 사랑, 노란 유채꽃이 좍 펼쳐진 들판을 은진이가 스카프를 휘날리며 "나 잡아 봐라!" 뛰어가고 영철이는 은진이를 쫓아 슬로비디오로 막 달려가는데 음악은 잔잔히 흐르고 그러다가 은진이는 넘어지고 영철이도 넘어지고……. 유채꽃이 노랗게 만발하는 한국 영화식 사랑. 많고 많은 사랑 이야기는 여러분이 나보다 더 잘 알지요. 그런데 그런 감각적인 사랑은 사탕과 같은 것이어서 먹을 때는 참 맛도 있고 좋은데 먹고 나면 충치가 아려 오고 속도 쓰려 안 먹은 것만 못 하다는 생각이 많이 듭니다. 오늘은 사탕 같은 사랑이 아니라 고구마에 김치 얹어 먹는 맛이 나는 사랑 이야기 한 자리 할게요.

먼저 내 동무 결혼식 이야기.
그림을 그리는 오래된 동무가 있는데 그 사람 결혼식이 너무나 멋졌습니다. 고향이 제주도라 결혼식도 제주도에서 했는데

요, 어른들이 계시니까 일단 예식장에서 결혼식을 했지요. 이삼십 분 만에 끝나는 결혼식은 어른들께 인사드리는 요식 행위였고 진짜 결혼식은 한라산에서 했습니다. 식이 끝나자 친한 동무들과 성산 일출봉으로 올라갔습니다. 미리 작은 소반, 쌀 한 사발, 향, 정화수 한 대접을 준비했습니다. 망망대해에는 하얀 파도가 가물가물하고 바람은 산들산들 부는데 신랑은 옥색 두루마기 입고, 신부는 고운 물색 치마저고리를 입었지요. 참 좋습디다. 소반에 찬물 한 그릇, 향 피우고 촛불 켜고, 촛불이 자꾸 꺼지고 해서 한 친구가 감싸 쥐고, 신랑 신부는 맞절을 하고, 먼저 신랑이 신부에게 바치는 글을 낭독했습니다. 어떤 어려움이 있더라도 지금의 사랑은 변하지 않겠다는 자기 다짐이었지요. 신부도 남편에게 글을 주었습니다. 그리고 우리도 덕담을 한마디씩 했지요.

아! 그런데 신랑 동생이 보자기에 싼 것을 끌렀습니다. 그게 무엇이냐. 연이었어요. 하늘에 날리는 연. 우리는 이게 웬 거야 했지요. 신랑 연은 용 모양이었고, 신부 연은 공작 모양이었습니다. 이미 얼레에도 실이 잔뜩 감겨 있었고, 신랑 신부는 그 연을 하늘 높이 띄웠습니다. 햐! 맑은 하늘 파란 바다에 두 연이 아름답게 우쭐우쭐 하늘로 날아오르는데 신랑 신부는 얼레의 실이 다할 때까지 하늘로 하늘로 띄워 올렸습니다. 그러고는 신랑 신부가 서로에게 주는 글을 연줄에 꿰니 한지에 쓴 그 글이 실을 따라 죽 올라가데요. 두 사람이 하늘에 그들의 결혼과 마음의 다짐을 알려 드리는 것이었습니다. 두 연줄을 수십 번이나 서로 얽어서는 가위로 끊었습니다. 연은 우리나라 제일 남쪽 끝까지 날아갔을 겁니다. 하늘이 두 사람의 결혼을 지켜보고 가장 확실한 증인이 되었을 겁니다. 어찌나 아름답던지…….

여러분도 좋은 신랑 만나 이런 결혼식 해 보세요. 싫으면 샐쭉 돌아서 버리는 짓거리가 나오겠습니까. 남편이 아내를 함부로 대하겠습니까. 턱도 없지요. 내가 왜 이 이야기를 하느냐. 사랑은 마음으로 하는 것이라지만 마음으로만, 마음으로만 해서도 완전하지 못하다는 걸 이야기하기 위해서입니다. 마음이 실제 행동으로 나타날 때, 사랑을 실천하기 위해 노력할 때 더욱 알차진다는 말입니다.

부끄러운 내 사랑 이야기 하나 더 할게요. 나도 사랑을 제법 알차게 한 축에 듭니다. 군에 입대하던 날이었지요. 내일이 입대할 날이라면 오늘 나는 논산 어느 여관에 있었습니다. 논산 거리는 개판이었습니다. 입대를 하루 앞둔 청년들은 술집에서 술집으로 떼 지어 다니며 마셔 댔지요. 나는 참 가상하게도 초저녁부터 조용한 여관에 들어(나중에는 거기도 시끄러워졌지만) 준비해 온 원고지에 내 사랑에게 편지를 쓰기 시작했습니다. 엎드렸다 앉았다 하며 밤새도록 편지를 썼습니다. 무슨 할 말이 그리도 많던지 이건 완전히 내 일대기도 되고 내 마음 구석구석을 들추어내는 것이기도 했지요. 여하튼 동이 틀 무렵까지 쓰고 쓰고 또 썼습니다. 봉투로는 부칠 수가 없어 똘똘 말아서 소포로 부쳤습니다. 그렇게 긴 편지는 아직도 써 보지 못했습니다. 그 편지 받은 사람이 누구냐고요? 좀 더 들어 보세요. 이렇게 편지를 부치고 나는 입대를 했는데 이제 그 사람이 날마다 한 통씩 편지를 해 주었습니다. 봉투에 번호를 붙여 가며 빠짐없이 날마다 했지요. 중간에 번호가 빠지면 중대 본부에 가서 찾아내라고, 이럴 리가 없다고 억지를 쓰다가 맞기도 했지만 내 군대 생활 중에 가장 귀한 선물이었습니다. 내가 부산으로 배치받을 때까지 우리는 그렇게 편지를 주고받았습니다. 예, 예, 그 사람? 그 사람은 누군지 밝힐 수 없지만 내가 보냈던 편지, 받은 편지가 우리 집 책장 가장 좋은 자리에 곱게 쌓여 있습니다. 어때요, 이만하면 나도 행복한 편이지요?

나도 그렇게 날마다 편지를 써 본 경험이 있습니다. 내가 가장 사랑하는 내 동생이 대학 시절에 반독재 투쟁을 하다가 옥에 갇혀 있을 때인데 그때 매일 아침 일어나면 바로 편지를 썼지요. 언제나 살뜰히 생각하고 있는 내 마음의 징표였습니다.

여러분, 사랑은 마음만으로 되는 게 아닙니다. 그 마음을 몸소 행동으로 실천해야 사랑이 됩니다.

내가 아는 선생님 중에 학급 문집을 꼬박꼬박 내는 분이 많습니다. 그분들은 이렇게 말합니다.

"나는 방학 시작하자마자 이 문집 만드느라고 집 안에만 들앉아서 밤낮으로 일에 파묻혀 지내고 있다. 이제 인쇄 원본 만드는 일이 거의 마무리되어 가는데 몇 시간이나 타자를 치고 나면 허리가 내 허리가 아닌 것처럼 뻐근하다. 그러나 나는 이렇게 고된 일을 하면서도 즐거운 마음으로 하고 있다. 그것은 이 일이 너희들에게 주는 내 조그만 사랑이라고 믿기 때문이다."

또 어떤 선생님은 날마다 학급 학생들 한 명에게 편지를 쓴다고 합디다. 나처럼 말로만 하는 사랑이 아니지요. 나는 편법을 씁니다. 학년 말에 한 명 한 명에게 1년 동안 지켜본 것을 좋은 그림에 곁들여(이 그림도 내 친구에게 부탁해 여러분과 내가 어우러져 있는 모습을 그려서) 쓸까 합니다. 문집을 만드는 일, 편지를 쓰는 일, 상담을 하는 일……. 이 모두가 교사가 여러분에게 주는 사랑의 노작입니다. 아까 내 친구가 연을 만들어 날렸다고 했는데 자기들의 사랑이 연을 만들어 날리는 일로 형상화된 것이지요. 그것도 일입니다.

오늘 이 시간 또 한마디 말을 기억해 둡시다.

"사랑은 노작, 몸소 수고하여 만들어 이루는 것이다."

개인의 사랑에서 사회적 사랑으로

지난 시간까지 한 사랑 이야기는 개인 차원의 사랑이었습니다. 오늘은 사회 차원에서 이야기를 풀어 보겠습니다. 우리가 하는 사랑이 개인에게만 머물러 있다면 사회적 가치를 얻지 못합니다. 개인과 개인의 사랑도 사회 정의가 바탕이 돼야 합니다.

우리는 충무공의 생애에 대해 배웠습니다. 충무공이 어머니

를 그리는 애틋한 사랑은 평범한 사람답게 얼마나 아름다웠습니까. 어머니가 돌아가신 소식을 듣고 쓴 일기는 백전노장의 면모보다 사랑이 가득한 평범한 한 인간의 모습이었습니다. 어쩌면 이 사랑의 힘으로 백성을 사랑하였고, 백성을 사랑하였기에 신묘불측한 작전을 구사하여 왜적을 무찔렀을 것입니다. 백성의 안위를 위한 지극한 정성, 곧 사회적 사랑이 없었다면 싸움을 위해 몸 바칠 턱이 없지요. 사랑은 위대한 힘을 줍니다. 그 힘을 한 개인을 위해 바치느냐 사회를 위해 바치느냐가 그 사랑의 가치를 결정합니다.

얼마 전에 또 대학생 한 명이 '조국의 통일'을 외치며 스스로 몸을 던져 통일에 대한 관심을 불러일으켰습니다. 무엇이 이 사람으로 하여금 생명과 맞바꾸면서까지 조국 통일을 부르짖게 했을까요. 지금의 시대 문제에 대한 절박한 심정도 있었겠지만 난 그것을 '사랑'의 힘이라 생각합니다. 이것은 그분의 일기에서도 잘 나타납니다.

"인간의 해방이란 개인적 차원으로는 득도에밖에 이르지 않는다. 진정 사람을 사랑하는 것은 사회성을 지녀야 하는 것이며 이 속에서 사랑이란 말이 승화되는 것이다."

이 말은 개인끼리 주고받는 애정과는 차원을 달리합니다. 조국과 겨레를 생각하는 지고한 사랑이 아니고는 도무지 불가능한 일임을 확인할 수 있습니다. 물론 이를 부정하는 사람도 있지요. 생명을 경시하는 풍조다, 영웅 심리다, 개죽음이다, 부모를 둔 자식으로서 용납할 수 없는 일이다, 이념의 희생물이다 따위. 그런데 이런 주장을 하는 사람들을 보면 거의 어김없이 이렇게 말합니다. 사회를 어둡게 보지 말고 부정하지 마라. 늘 밝고 긍정적인 생각을 하라. 딴것은 다 긍정하라고 하면서 이 대목에 와서는 왜 침 튀겨 가며 그야말로 부정적으로만 보려고 하는지…….

생명을 경시하는 풍조란 말은 자기 생명이 아니라 남의 생명을 경시한다는 뜻이지, 자기 생명을 누가 경시합니까. 자기 생명을 보호하는 것은 인간 본능 중의 본능입니다. 그런데 이 본능을 뛰어넘어 목숨을 바친다는 것은, 그것도 개인의 사욕(邪慾) 때문이 아니라 겨레의 앞날을 위해 목숨을 바친다는 것은 예수의 사랑과 같은 위대한 것입니다.

부모를 둔 자식으로서 불효한다는 말은 일리 있습니다. 그러나 그 사람의 일기에 이런 글도 있습니다.

"지금 이 순간에도 떠오르는 아버님 어머님 얼굴…… 차마 떠날 수 없는 길을 떠나고자 하는 순간에 척박한 팔레스티나에서 목수의 아들로 태어난 한 인간이 고행 전에 느낀 마음을 알 것도 같습니다."

한 사람이 자기를 둘러싸고 있는 개인적 인연을 생각하면 결국 대아(大我)를 찾아 나서지 못하지요. 작은 것을 버리는 사람이 위대하다는 것은 이런 것을 두고 하는 말일 것입니다. 우리가 중학교 때 심훈 선생의 편지글을 잠시 배웠지요. "어머니, 저는 어머니보다 더 크신 어머니를 위하여 목숨을 바칩니다."라고 한 말씀. 우리가 어머니보다 더 크신 어머니는 '조국'을 뜻한다고 외기만 할 것이 아니라 바로 이분의 정신을 본받아야 하는 것입니다. 여기서도 '소아'를 버리고 '대아'를 향해 나아가지요. 이것이 더 큰 사랑인 것입니다. 이렇게 더 큰 것은 모두 공통의 성질을 갖습니다. 그것은 자기의 안일에서 벗어나는, 자기만의 이익에서 벗어나는 '사회 정의'란 것입니다. 사회 정의에 바탕을 둔 사랑이야말로 최고 경지의 사랑입니다. 그래서 또 어떤 분은 "참사랑은 고통받는 이웃과 함께 꿈과 아픔을 나누는 것."이라고 했습니다.

자기의 이익을 위한 사랑이야 누군들 못 하겠습니까. 그러나 그것은 욕심일 수 있지요. 이것은 마치 새를 새장 안에 가두어 두고 "내가 너를 사랑하기에 이 새장 안에 가두어 둔다."고 억지 쓰는 것과 같습니다. 새는 하늘에서 자유로울 때 그 본성을 회복합니다. 새장에서 인간을 위해 짹짹거리는 것은 새로서도 본성을 잃은 것이요, 인간의 사랑도 자기 욕심에 지나지 않습니다. 새를 사랑한다면 새장 문을 열고 날려 보내야 합니다. 그럴 때 비로소 사랑이 생깁니다. 사랑이 욕심이 아니라면, 우리에게 있어서 가장 가치 있는 행위는 개인적 사랑을 사회적 사랑으로 승화시키는 노력인 것입니다.

자, 이제 우리의 사랑 이야기를 정리합시다.

사랑을 할 수 있는 기본자세는 무엇인가. 그것은 스스로를 발전시키는 삶이어야 한다.

그러면 사랑은 어떻게 해야 하는가. 그것은 스스로가 힘써 만들어 이루어 내야 한다. 관념만으로는 사랑이라 할 수 없다.

그리고 사랑이 가치를 가지자면 어찌해야 되는가. 그것은 개인 차원에서 머물러 사랑의 단맛에만 빠질 것이 아니라 더욱 넓고 큰 사회적 정의의 실천으로 나아가야 한다. 이것이야말로 애인에 대한 사랑이 겨레에 대한 사랑으로 발전, 승화하는 것이다.

자! 여러분과 나의 사랑을 위해!

아버지를 묻으며

　전교조를 결성했던 1989년, 그해는 하루하루가 늘 전쟁 같았다. 우리는 11월 12일 '민중 생존권 쟁취 및 전교조 합법성 쟁취 부산시민대회'를 열기 위해 이틀 전부터 대회장인 부산대학교에 모여 철야 농성을 벌이고 있었다.

　11월 12일 일요일 새벽. 철야 농성을 마치고 도서관을 나서니 늦가을 새벽 공기가 차갑게 몸을 휘감는다. 오늘도 한판 싸움이 벌어지리라. 경찰도 엊저녁부터 밤을 새워 대회장을 봉쇄하고 있다. 나도 그저께부터 집에 들어가지 못했다. 전교조에서 활동한 이후 집은 잠깐 눈 붙여 쉬는 곳일 뿐이었다. 식구들과 저녁 밥상에 함께 앉아 본 게 벌써 얼마나 되었던가. 아버지, 어머니, 아내, 아이들. 모두 대 놓고 말은 하지 않았지만 남들같이 오순도순 살아가지 못하는 나를 얼마나 섭섭하게 여길까. 된장국 냄새가 그립다.

"이 선생님, 상황실로 가 보세요. 집에서 급한 일이라고 연락이 왔다던데요."

또 아내가 안부 전화를 했겠지. 이런 곳까지 전화는 왜 한담. 그러면서도 순간 짜릿하게 불안이 스친다.

"여보, 아버님께서 이상하세요. 빨리 와 보세요."

아내는 떨리는 목소리로 소리친다.

"나 집에 좀 가 봐야겠어요. 나중 집회 때는 어떤 수로든 들어올 테니까…… 일은 차질 없이 진행해 주시고……."

뛰었다. 불길한 예감은 분명한 사실이 되었다. 아버지가 쓰러지신 것이다. 가뭇가뭇 사위어 가실 아버지. 나를 찾지나 않으실까. 빨리 가야 되는데, 빨리 가야 되는데. 턱에 숨이 차도록 뛰고 뛰어도 교문은 멀기만 하다. 아버지는 늘 불안의 대상이었다. 지병인 심장병으로 고생하시는 핏기 없는 얼굴. 평소에도 늦게 집으로 갈 때마다 골목에 들어서면 늘 집에 불이 켜져 있는가 꺼져 있는가 살피곤 했다. 불이 환하면 가슴이 철렁 내려앉는다. 아버지께서 편찮으시지는 않은가. 그래서 집에 못 갈 일이 있으면 꼭 나 있는 곳을 알려 두어야 했다. 그런 불안이 오늘 현실로 다가오는 것인가. 아니야, 요즈음은 많이 좋아지셨던데. 그저께 나올 때도 조심하라고 이르시며 평온히 계셨는데. 어제 저녁에 전화했을 때도 아버지께서 받으셨잖아.

"너거 엄마는 울산 작은며느리 집에 좀 갔다. 김치 담은 것 좀 싸 들고. 그래, 나는 괜찮다. 이번에는 너거 전교조가 앞장서는 거는 아니지. 그래, 몸조심해라."

늘 그랬듯이 집에 가면 통증이 가라 앉아 있겠지……. 그리고 쉬엄쉬엄 말씀하시겠지.

"……괜찮다, 이젠."

교문을 나서니 무슨 포대기처럼 웅크리고 있던 전경들이 앞을 막는다.

"철농조다. 잡아!"

"나 지금 급해. 놔! 이것 놔. 급해!"

질질 끌려가며 앞의 놈 코를 사정없이 후려쳤다.

"야, 이 새끼들아. 아버지가 위독하셧!"

"어? 때려! 수갑 채워, 씨팔. 아버지가 죽는지 사는지 우리가 알게 뭐야!"

목이 탔다. 빨리 가야 하는데. 마침 간부인 듯한 사람이 다가오더니 놓아주란다. 택시를 탔다.

아버지께서는 가물가물 멀어져 가는 호흡을 겨우겨우 붙들고 고통에 겨워 얼굴만 찡그리고 계신다.

일요일 아침의 병원은 의사도 없다. 수련의 몇 명이 붙어 서서 심전도를 찍고 주사를 놓고 하면서 그저 기다려 보란다. 그러나 숨소리는 자꾸만 잦아들었다. 마치 불씨가 꺼져 가듯이, 안타깝게 불씨를 불어 본다.

"아버지, 아버지예. 저 얘기 들립니꺼. 아버지예……."

가늘게 눈을 뜨셨다가 그예 감아 버리신다. 아버지, 아버지……. 기도를 틔워야겠다며 의사들은 우악스럽게 입을 벌리게 하고 대롱을 밀어 넣는다.

"의사 선생님, 좀 살살해 주십시오. 이분은 기력이 쇠해서……."
"보호자는 나가 계세요. 아니면 딴 병원으로 데리고 가든지."
"죄송합니다. 평소에도 힘을 못 쓰신 분이라서 그랬습니다. 살려만 주십시오. 살려만……."

아버지는 고통으로 발버둥 치신다. 단말마의 처절함이 이럴까. 발가락 끝까지 전율하며 나도 숨을 죽이고 있을 수밖에 없었다. 온몸에 찌릿찌릿하게 흐르는 초조함에 손가락만 잡아 뜯고 있을 수밖에 없었다. 지금 돌아가시면 안 되는데, 아직 돌아가시면 안 되는데. 아들하고 마음 놓고 약주 한번 못 드셨는데, 아직도 내가 드릴 말씀은 태산 같은데. 의논드릴 것도 많은데. 나 혼자는 안 되는데, 나 혼자는 안 되는데……. 간호사는 발버둥을 못 치게 수족을 묶어 버리고 무표정하게 돌아선다.

"아이구, 야야, 아부지 모시고 집에 가자. 너거 아부지 병은 내가 안다. 저럴 때 곡기라도 입에 넣어 드리고 안정을 시켜야지. 안 그래도 힘없는 너거 아부지 지레 직인다. 모시고 가자. 엊저녁부터 곡기 한 입 못 넘깄다. 주사가 당하나."

숨소리는 급격히 약해지고 있다. 의사는 아버지 가슴을 꼬집으며 충격을 준다. 그때마다 조금씩 움직이는 게 그렇게 반가울 수 없다. 그러나 가슴이 퍼렇게 꼬집혀도 아버지는 점점 움직임

아버지를 묻으며 | 431

이 없다.

다시 의사는 심장 부위를 찢고 실 같은 대롱을 꽂는다. 심장으로 직접 약을 넣는단다. 살점이 찢겨도 아프단 말씀 한마디 하지 못하신다. 불쌍한 아버지. 한 번도 흔쾌히 웃어 본 일 없이, 평생을 세상 돌아가는 꼬락서니에 원망만 퍼부으며 무기력하게 살아오신 불쌍한 아버지. 이승의 인생살이에 지치고 지쳐서 파리한 얼굴로 눈감고 계신 불쌍한 우리 아버지.

"안되겠습니다. 집으로 모시도록 하지요."

어릴 때 나는 아버지를 '누워서 책 보는 사람'으로 알았다. 이쪽저쪽 모로 돌아누워 가며 종일 책만 보고 계셨다. 알지도 못할 일본 책이었다. 필라멘트만 빨갛게 달구어진 전깃불 아래서 아버지는 우리 남매가 쪼르르 벽에 붙어 서서 외우는 시조를 듣고 계셨다. 별로 좋아하는 기색도 없이. 우리는 언제나 아버지는 말이 없는 사람으로 알았다.

내가 대학을 졸업할 때까지 아버지는 단 한 번도 학교에 찾아와 보지 않으셨다. 굳이 찾아오실 일도 없었지만 입학식이나 졸업식 때는 한번 와 보시면 좋으련만, 나도 아버지를 기다리지 않았고 아버지도 아예 생각이 없으셨을 것이다. 동생 미정이가 경남여고 입시에서 수석을 했다. 그 시절에는 고등학교도 등급이 있었고 경남여고는 부산에서 가장 명문 여고로 손꼽혔다. 신문사에서 찾아오고 학교에서 찾아오고 난리를 칠 때도 아버지는 별로 반기는 눈치가 아니었다. 앞니가 드러나도록 한 번 웃으신 일 말고는. 물론 입학식에 가지 않으셨다. 아버지 품에 포근히 안기거나 손을 잡아 보는 일은 상상도 할 수 없는 일이었다.

할아버지는 한 번 화를 내면 온 고을이 파르르 떨리도록 서슬 퍼런 대쪽 같은 분이셨다고 한다. 군수가 갈아들면 꼭 할아버지께 인사를 다녀가야만 했다. 할아버지가 돌아가시자 근동 유림들은 벽진 이씨 집안 삽짝이 무너졌다고 하셨단다. 그런 할아버지 성품을 그대로 이어받은 분이 아버지시란다. 우리에게는 자상한 구석이라곤 없어 뵈는 인정 없는 아버지였다. 자기만 편하게 책 보며 누웠고 엄마만 고생시키는 무정한 아버지였다. 사실 아버지는 일정한 직업을 가진 적이 별로 없었다. 면 서기를 하다가 무슨 일로 수틀려 그만두고 부산으로 오신 뒤부터는 늘 불안정했다. 엄마는 돈이 적어도 좋으니 달마다 얼마씩 벌어다 주는 남편이라면 살림살이 규모를 잡겠는데…… 평생을 쪼들리며 안타까워하셨다. 6·25때 아버지는 큰아버지 대신 군에 끌려가셨다. 큰아버지는 집안 농사일을 다하셔야 하기 때문에 이름을 속여 대신 가셨다.

그러나 아버지는 절대로 전장으로 갈 수는 없다고 생각했다. 동포 죽이는 일은 할 수 없었다. 미제 철제 책상에 앉아 사무를 보시다가 오른쪽 집게손가락을 끼운 채 서랍 문을 사정없이 닫아 버렸다. 손가락이 잘렸다. 그런 모진 분이시기도 했다. 생전 노랫가락 한 소절도 하시는 법이 없었다. 어느 자리에선가 억척

같이 노래를 시키니 "바닷물이 철썩철썩." 하고는 앉아 버리셨다. 그러나 아버지는 알게 모르게 우리 형제들에게 삶의 방향을 잡아 주셨다. 어머니가 늘 원망하듯 하시는 말씀, "아이들 고생스레 사는 것이 누구 탓인교. 다 당신 탓이지. 대강 생각하고 살아도 될 일을 평생 좋은 꼴 못 보면서도 깡창깡창 따져서는 혼자 고생만 하고."

사실 그럴지도 모른다.

내가 6학년 때이던가. 우리 남매들이 모두 자유 교양 경시대회 선수로 뽑혀서 학교에서 내준 책을 열심히 외우고 있었다. 아버지는 읽던 책을 보시더니 그만 박박 찢어 버리시는 거였다. "이런 책은 안 봐도 된다." 이 말씀뿐이셨다. 억울하고 분했다. 자랑스럽게 뽑혀 온 남매들을 보고 엄마는 기뻐하셨는데. 무슨 저런 아버지가 다 있어 하고 울면서 철둑에 올라 얼마나 원망하며 눈물을 흘렸던지. 아마 그 책들은 정부 시책 홍보 책자였을 것이다.

한번은 동생 경이가 반공 웅변대회에 나가서 키만 한 트로피를 타서 돌아왔다. 온 식구가 좋아했다. 웅변대회 하는 줄도 몰랐는데 이런 걸 타 왔다면서. 늦게 돌아오신 아버지께서 그걸 보더니 누가 시키지도 않은 이런 짓을 하고 돌아다니느냐며 마당에 패대기를 쳐 박살을 내 버렸다. 우리는 아버지가 없었으면 좋겠다 싶었다.

친구 녀석이 실밥이 너덜거리는 청바지를 입고(그때 청바지는 깡패들이나 입는 옷으로 여겼다) 우리 집에 놀러 왔는데 아버지께서 기어이 청바지를 벗기고야 말았다. 벗겨서 가위로 싹둑 가랑이를 잘라 버린 것이다.

"네 이놈, 친구 애비도 애비다. 내 말 새겨들어라. 네가 양키 종자는 아니제. 양키 놈들한테 나라 뺏기고 정신 뺏기는 게 그리 좋나. 당장 그 옷 벗어라."

친구들은 집에 아버지가 계신단 말만 들어도 쭈뼛거리며 겁을 먹어야 했다. 또 무슨 불호령이 떨어질지 몰랐기 때문이다.

내가 아버지한테 귀에 못이 박히도록 들은 이야기는 '민중에 뿌리를 박아라.'는 말씀이었다. 걸핏하면 "민중에 뿌리를 박아라. 민중에 뿌리를 박아라." 뜻도 알 길이 없고 꼭 물어서 알고 싶지도 않은 말씀이었다. 무언가 느껴지는 것은 가난한 사람의 편이 되라는 것 아니면 무슨 거대한 일을 해야 한다는 느낌.

내가 아버지 뜻을 조금씩 이해하고 서슴없이 이야기를 나누게 된 때는 대학에 입학하고 난 뒤였다.

"저거 아부지 아들 아니라 할까 봐. 부자지간 생각이 똑 같구마는……."

유신 시절 그 엄혹한 세월을 도무지 용납하지 못하던 아버지는 내가 시위에 가담해 유치장 신세를 지고 무기정학을 당했을 때도 말없이 내 행동에 동조해 주셨다. 자연히 아버지와 세상살이 이야기를 나눌 수 있게 되었다. '민중'이란 단어를 앞서 쓰시던 아버지가 존경스럽게 여겨지던 것도 그때부터였다. 그러나 아버지는 우리 사회의 부조리나 반민족적 역사 흐름에 대해 이론으로 근원을 밝히거나 대안을 제시할 힘은 없으셨던 모양이다. 온몸으로 불편해하시는 모습만 보일 뿐이었다. 심장은 서서히 골병이 들었을 것이다. 억장이 무너지는 일이 한두 번도 아니게 되풀이되는 역사 앞에 한 개인은 속수무책으로 혼자 가슴앓이를 할 수밖에.

동생 상경이가 덜컥 감옥에 가게 되었다. '부산대 페인팅 사건'이라 하여 학교 운동장 스탠드에 "박정희 물러가라"는 구호를 쓰고 시위를 일으키려고 한 혐의였다. 나는 그때 군대를 제대하고 막 복학했을 때인데 아버지보다 내가 더 안절부절못했다.

"왜? 경이가 못 할 짓 했나. 내가 젊었으면 나도 그랬겠다. 고생할 각오했을 테니 잘 참겠지……."

하지만 의연하신 척해도 속앓이는 오죽하셨을까. 그때부터 심장병 증세가 조금씩 나타났다. 물론 작은 사업을 벌이셨다가 겨우 마련한 오막살이마저도 팔아넘겨 빚잔치를 했던 일도 있었지만. 어렵사리 살다가 겨우 경제적 안정을 되찾아 갈 즈음 아버지의 병환은 거의 완쾌되다시피 좋아졌다. 위의 남매가 그래도 벌이를 하게 되고 며느리도 보고 손자도 보자 손자 어르는 재미에 웃음소리가 났다.

손자 이름에 백성 민 자를 넣고 항렬을 따라 민하(民夏)라고 지으셨다.

풍성한 여름날의 나무 잎사귀처럼 백성이 편안하고 풍요롭게 살아가는 세상에서 살라고 그렇게 지으셨다. 마침 세상도 독재가 무너지고 막 민주의 소리가 드높아지던 80년 봄이었다. 아버지는 손자를 어르며 웃으시기도 했다.

그러던 80년 5월 17일 새벽이었다. 난데없는 전화가 왔다. 전보를 전해야겠는데 집을 잘 못 찾겠으니 집에 불을 켜 주면 집을 찾겠다는 것이었다. 우리는 고향에 무슨 불길한 일이 났나 싶어 가슴 졸이며 현관이고 마루고 온 방에 불을 켰다. 1분도 채 안 되어 대문 소리가 났다. 바로 집 앞까지 와 있었던 모양이다. 대문을 밀치고 들어선 사내들은 우체부가 아니라 군인들이었다. 군홧발 그대로 마루에 올라서서 방문을 열어제끼는 서너 명의 군인들. 우리는 그 자리에 돌덩이처럼 얼어붙고 말았다.

"다, 당…… 당신들 누구요?"

아버지는 겨우 정신을 수습하고 쉰 목소리를 내셨지만 허리에 찬 권총을 움켜쥐고 "이상경이란 놈 어딨어?" 고함치는 군인들 앞에 폭삭 주저앉고 말았다. 방에까지 달려든 군홧발이 잠든 동생의 머리를 까며 "일어나, 이 새끼야." 하고 끌고 가 버렸을 때, 아버지는 가슴을 쥐어뜯으며 심장의 통증으로 밤을 새워야 했다. 다음 날 아침에야 군인들이 저지른 어마어마한 사건을 신문을 통해 알았고 아버지의 통증은 날이 갈수록 심해졌다. 그 뒤로도 경이는 두 번을 더 감방살이를 해야 했지만 아버지는 한 번도 경이를 원망하지 않으셨다. 안타깝고 안쓰러운 심정을 이야기해 버리시기라도 하면 좀 덜하련만 그저 혼자서 속으로 타는 불길을 잠재우고 계셨다. 먼 친척이 안부 삼아 찾아와서 아들의 불효를 원망하듯이 이야기하면 잘못된 것 잘못되었다고 하는 것을 잡아가는 놈이 나쁘지 어째 아이가 나쁘냐고 되려 반박하시면서 친척을 무안하게 만들어 버리셨다.

"자네가 살 만하다고 세상 돌아가는 일에 그렇게 무관심한가. 무관심도 유분수지. 그래, 텔레비에서 떠드는 소리가 다 옳다고 믿고 앉아 있다니. 무관심이 아니라 무식이다, 무식."

내가 교편을 잡고 정식으로 사회생활을 시작할 때 아버지는 첫발을 잘 디뎌야 한다며 몇 번이고 바른 삶을 강조하셨다.

"돼먹지 않은 세상에 저 혼자 편하자고 남의 집 귀한 자식들 함부로 가르쳐서는 안 된다. 옳찮은 일에 야합하거나, 자기 일에 게으른 놈은 선생 자격 없다. 사람 일 중에 자식 농사만큼 귀한 일이 없는데 선생 노릇도 마찬가지다. 사람 키우는 일 예삿일 아니니 단단히 마음잡고 시작해라."

내가 집안 걱정이나 갈등 없이 교육 운동에 뛰어든 것도 아버지의 영향이 컸다. 그런데 내가 교사협의회 회장을 맡아야 할 처지가 되자 아버지는 간곡히 말리셨다.

"애비가 벌이를 못 하니 자식들 제 하고 싶은 일 못 하게 해서 미안하다마는 너도 생각해 봐라. 회장을 맡으면 당장 직장에서 쫓겨나야 할 각오를 해야 하는데 우리 집안에서 네가 안 벌면 살아갈 수가 없는 걸 어찌하겠노. 쫓겨날 각오 없이 일하면 변절하기 쉽다. 그 짓은 절대 못 할 일이다. 이번만 참아라. 내가 이 나이에 며느리 벌어다 주는 밥을 먹고살 수는 없지 않느냐. 그러나 저러나 네가 또 온전히 직장을 못 지키게 되면 영 내 몸이 말을 듣지 않을 것 같구나."

나는 결국 아버지 뜻에 따르기로 했다. 그날 저녁 술상을 차려 오라고 해서는 한잔 마시라면서 잔을 건네주시기도 했다. 애비가 못나서 자식 가는 길에 방해가 되었다고 몇 번이나 푸념하시면서.

그러나 전교조 결성으로 여러 일들이 생기고 내가 책임 있는 자리를 맡아야 할 처지가 되자 아버지께서 먼저 말씀하셨다.

"사람이 짐을 져야 될 때는 짐을 져야 하는 법. 언제까지나 기회만 살피고 요령을 부리면 안 되지. 설마 산 입에 거미줄 치겠나. 힘껏 해 보아라."

그렇지만 막상 직장에서 쫓겨나고 밤낮없이 바쁘게 설쳐 대는 나를 보시며 아버지는 더욱 깊은 속앓이를 하셨다. 통증을 느끼는 횟수가 잦아지고 시내 나들이 하는 것도 어려워하셨다. 갖가지 약을 잡수시기는 했지만 차도가 없었다. 의사도 더 이상 치료할 수 없다며 다만 안정시키고 마음을 편하고 유쾌하게 해 드리란다. 마음을 편하게 해 드리라니. 내가 아무 일 없이 돈 잘 벌어다 드리면 편하실까. 독재가 무너지고 통일이라도 된다면 모를까. 아버지의 속병은 나을 기미가 없었다. 나라도 자주 아버지와 이야기를 나누며 속에 끓는 화를 바깥으로 뱉어 버리시도록 해 드려야 했는데……. 아버지에 대한 조심스러움과 살아오기를 말없이 살아오신 아버지를 그저 피해 다니기만 한 꼴이었다. 약 한 번 내 손으로 지어다 드린 일 없이 어머니께 모든 것을 맡기고 앉아 있었다. 아버지는 아버지이기 때문에 내가 보호할 대상이 아니었다.

친구 몇이 놀러 와서 술상을 앞에 두고 있는데 아버지께서 들어오셨다.

"오늘 너희들 노는 데 옆에 좀 있어 보자. 날 쫓지 말거라. 나도 너희들 얘기 듣고 싶어요. 마음은 아직 젊었다."

그런 아버지 모습이 반갑기도 했지만 어떻게나 생소하던지 오히려 서둘러 자리를 끝내 버렸다. 나이가 들면 아버지와 동지가 되고 친구가 되는 게 좋다고 애들한테 가르치면서 정작 나는 충분히 동지가 될 수 있는 우리 아버지에게 정붙이는 말 한마디 변변히 하지 못하고 말았다.

병원에서 집으로 모셔 오자 아버지는 눈 조용히 감으신 채 하얗게 되어 돌덩이 같은 침묵으로 이승을 하직하셨다. 병풍 뒤로 몸을 숨기고 이승과 저승길 넘나들며 가셨다. 1989년 11월 12일 (기사년 음력 시월 열나흗 날) 오후 5시쯤이었다. 명주 수의에 싸여 두 손 두 발 꽁꽁 묶인 채 어이없는 꽃신을 신으시고 어깨 빠듯한 관 속으로 아버지는 가셨다.

지부의 조합원 동지들은 하루 일을 멈추고 고향 선산에까지 따라와 주었다. 고향 마을이 내려다보이는 선산 자락 양지 녘에

아버지를 묻을 때, 동지들은 조용히 고개 숙여 남은 자들이 아버지를 자유롭게 하리라고 다짐해 주었다. 비록 돗자리 하나 넓이만큼 자취를 남기고 아버지는 영원히 몸을 숨기셨지만 가슴 절절히 배인 한은 우리의 가슴 가슴으로 그대로 이어져 왔다. 정말로 아버지께서 흔쾌히 웃으시며 즐거울 수 있는 그날을 만들기 위해 우리는 지금 슬퍼할 수만은 없다. 벼린 칼 한 자루 가슴에 품고 대쪽 같은 지조로 다 못 산 아버지의 삶을 살아야 한다.

  민중에 뿌리를 박고.

사랑과 믿음의 교실

이오덕(아동 문학가)

언제던가 우리 글쓰기회 모임에서 이상석 선생이 무슨 제목으로 교육 실천담을 발표한 적이 있다. 그때 앞에 나온 이 선생을 보고 나는 "씨름꾼 같은 몸집 그대로 아주 믿음직한 일꾼"이라고 소개를 했다. 그랬더니 이 선생은 내 말이 떨어지자마자 돌아보면서 "그런 말씀 마이소. 가뜩이나 몸이 뚱뚱해서 고민인데요." 했다. 그래 아차, 내가 실수를 했던가 하고 후회한 기억이 난다. 이 선생은 방학 같은 때 우리들 모임에 참석하려고 부산서 서울까지 왔을 때도 그 옷차림부터가 보통 사람이 아니다. 위에는 작업복 같은 양복저고리인데 밑에는 한복 바지로, 꼭 이웃집에 괭이라도 빌리러 온 농사꾼 영감 같은 옷차림이다(나이가 마흔은 훨씬 넘은 줄 알았더니 이제 겨우 서른을 넘겼단다). 그래 서울 신사고 충청도, 강원도, 경상도 신사고 모두 그의 앞에서는,

그 우렁찬 목소리며 투박한 부산 사투리를 듣기도 전에 벌써 한 풀 꺾이고 만다. 내가 씨름꾼 같다고 말한 것은 그 든든한 몸집 안에 보통 사람이 범접 못 할 어떤 힘이 있다고 느꼈기 때문이다.

또 그 언젠가 이상석 선생이 지도한 학급 문집 〈여울에서 바다로〉가 나와서(온누리출판사에서 출판하기 전 복사 인쇄로 냈을 때라 기억한다) 우리가 그걸 가지고 논의했다. 모두 그 문집에 실린 중학생들의 글을 읽고 놀랐다. 중학생들의 글이라면 웅변 원고 비슷한 것이거나 이상야릇한 문학관을 가진 어른들 따라 말재주 부리는 노릇이나 배우던 문예반 학생들의 글밖에는 없던 그때에 진짜로 아이들의 목소리 같은 것이 터져 나왔다 싶은 그 문집은 분명히 놀랄 만했다. 그런데 그때 우리 회원들은 그 문집에 나온 글을 두고 의견이 분분하다가 나중에는 대체로 두 편으로 갈렸다. 그 한편은 아이들의 억눌렸던 소리가 이렇게 정직하게 터져 나오고, 더구나 사회를 꿰뚫어 보는 그 생각이 놀랍다고 했고, 다른 한편은 개성이나 중학생다운 세계가 별로 없고 어른들의 관념 세계를 따른 것 같다는 말이었다. 특히 한영근 군의 시를 두고 이런 논란이 벌어졌던 것이다.

나는 그때, 이렇게 논란하는 분들의 말이 모두 일리가 있지만, 현재 말문이 꽉 닫혀 있는 중학생들이 그래도 이만한 글을 쓰고 이만한 문집이 한 교실에서 나왔다는 것은 너무나 반갑고 자랑할 만한 일이니, 지도한 분의 얘기를 듣고 좀 더 이 작품들을 이해하는 것이 좋겠다는 말을 한 것으로 생각된다. 그리고 마음속으로는, 이분이 틀림없이 학생들 앞에 서면 열변을 토하면서 나라 사랑의 충정을 얘기하고, 정의와 민주적 삶의 실천을 외치는 정열적 유형의 교사일 것이라고만 여겼다. 아마도 그 모습에서 그런 인상을 받았기 때문이리라. 열변으로 학생들을 이끌어 가는 것도 좋지만 그보다 더 중요한 것은 몸으로 행하는 것이고, 몸으로 행하게 하는 것이다. 아이들에게 세계를 인식시키는 일을 두고 어른들이 이미 만들어 놓은 틀을 보여 주어서 그것을 그대로 가지게 할 것이 아니라, 그에 앞서 바르고 순수한 아이들의 삶과 마음을 지키고 키워 나감으로써 스스로 깨닫게 하는 것이다. 이러한 삶을 가꾸는 나날에서 보고 듣고 행한 것, 괴로워하고 슬퍼하고 분노하고 감격한 것을 글로 쓰고, 그렇게 쓴 글을 가지고 다시 생각하고 토의해서 삶을 앞으로 나아가게 하는 것—이것이 우리가 하는 교육이다. 이런 삶을 가꾸는 교육에서 볼 때 어쩌면 이상석 선생의 교육 태도는 중요한 알맹이가 빠져 있는 것인지도 모른다는 추측을 했던 것이다.

그런데 나는 이번에 이 책의 원고를 읽고 비로소 이 저자의 참모습을 확실하게 잡을 수 있게 되었다. 그 태산같이 믿음직스런 몸가짐 속에 불같이 타오르는 정열만이 들어 있는 것이 아니라, 아이들 앞에서 감정을 억제하지 못해 곧잘 흘리는 눈물, 섬세한 감정, 흔히 어느 부모가 자식에게 이처럼 대할까 싶은, 아이들에 대한 지극한 사랑이 있음을 발견한 것이다. 아하, 이것이구나!

'여울에서 바다로' 흘러가는 물줄기는 이래서 이뤄질 수 있었구나, 그것이 결코 허황한 목소리의 흉내가 아니었구나, 그 물줄기가 지금은 아주 커다란 강물이 되어 흘러가겠구나 하는 생각을 하지 않을 수 없었다.

이 책을 쓴 분이 어떤 교육을 하였는가를 알아보기 위해, 읽은 내용에서 생각나는 대로 몇 군데를 들어 보자.

'누가 도둑인가?'란 글에는, 담임한 어느 학생이 도둑질을 해서 경찰에 붙잡혀 재판을 받게 되는데, 그 학생은 절도죄뿐 아니라 학생의 신분으로 어느 여학생과 동거 생활을 했다는 죄목도 첨가되어 기소된 것이다. 학교에서는 두말할 것도 없이 그 학생을 퇴학 처분하겠다고 하는 판인데, 담임 교사인 저자는 그 학생을 구하기 위해 온갖 힘을 다 쓴다. 갇혀 있는 학생을 찾아가서 먹을 것을 사 넣어 주고, 밤을 새워 탄원서를 써서 검사를 찾아가 면회를 한다. 그렇게 한 것은 그 학생이 부모가 있어도 도와줄 처지가 못 되고, 혼자 공장에서 일하며 야학을 하는데, 일하는 공장에서 몇 달째 노임을 주지 않아 그 공장의 물건을 훔쳤던 것이고, 여학생과 동거를 했다는 것도 사실과 전혀 다르다는 것을 알기 때문이다. 결국 이 일은 담당 검사의 특별 조치로 잘 풀리게 되고, 퇴학 문제도 겨우 해결이 되어 그 학생은 야간 공고를 무사히 졸업하게 되었다.

'학급 재판'에는 가출했던 두 학생의 얘기가 씌어 있다. 여러 번의 가출 경험이 있는 이 두 아이는 담배를 피우고, 같은 급우들을 골목에서 만나 돈을 빼앗고 하는, 이른바 불량 청소년이란 낙인이 찍혀 있는 아이들이다. 저자는 이런 아이들에 대해서도 이해를 한다. 이 아이들은 모두 부모 때문에 그렇게 되었다. 한 아이는 아버지한테 얻어맞고, 또 한 아이는 아버지가 자주 술을 먹고 집에 와서 살림을 부수고, 그래서 집에 가기가 싫은 것이었다. 그러나 이 두 아이도 선생님만은 믿고, 가출해서 돌아다니다가 배가 고프자 할 수 없이 선생님한테 전화를 건다.

"선생님, 배가 고파 죽겠습니더. 빵 좀 사 주이소예."

이쯤 되면 부모는 부모 노릇을 못 하는데 선생님이 부모 노릇을 하는 것이다.

그런데 학교에 돌아오기는 했지만, 이번에는 급우들이 두 아이를 적대시하여 용서하지 않는다. 저자는 생각한 끝에 학급 재판을 하게 한다. 이 학급 재판에서 아이들이 모두 퇴학시켜야 한다고 주장하면 어찌할까 걱정했는데, 참으로 기상천외한 선고를 내린다. 그 자리에서 두 아이는 눈물을 흘리면서 사과를 하고, 담임도 울고, 나도 읽으면서 눈물이 났다.

이 두 편의 글만 보아도 알 수 있듯이, 이상석 선생은 아이들을 믿는다. 세상 사람이 모두 몹쓸 아이다, 강도다 하는 아이들도 잘 살펴보면 모두 착하고 바르게 살아가고 싶어 하는 아이들이다. 그 아이들이 그렇게 된 것은 모두 어른들 탓이다. 아이들을 그렇게 만드는 원인을 없애야 한다. 그리고 아이들을 사랑으로 대해 주면 반드시 사람답게 살아가는 자리로 돌아온다는 믿음이 확고하다. 돈을 뺏기고 폭행을 당한 같은 급우들에게 재판을 하도록 맡긴 것도 그 아이들을 믿었기 때문이다. 재판의 결과는 교사도 놀랄 만한 것으로 나타났다. 이래서 교사는 또 아이들에게 배운 것이다.

'가정 방문과 촌지'란 글이 있다. 여기서는 학부모들한테서 돈 봉투를 받았던 지난날의 한때를 회상하고 있다. 그리고 자기가 바르고 떳떳한 교육자로서 살아가기 위해, 마음속에서만 다져도 잘 안 되던 일을 아주 아이들 앞에서 털어놓았다고 한다. "아이들에게 고백하자. 나 혼자의 다짐으로 잘 지켜지지 않는 일을 아이들에게 다짐하고 나면 억지로라도 지키게 되기 때문이다." 이래서 이상석 선생에게는 아이들이 "고백 성사를 받는 대상"이 된다. 아이들에게 어떤 말을 했던가.

"내가 오늘 여러분에게 할 말이 있습니다. 가정 방문과 촌지에 관한 이야기입니다. 가정 방문 때 나는 여러분 아버지, 어머니에게 차비 명목으로 돈을 받은 적이 있습니다. 차비라면 부산 시내에선 아무리 먼 곳이라도 3천 원이면 되는데, 이의 열 배가 든 봉투를 차비 조로 받은 것입니다. 이것이 모두 나쁜 것이라고 말하기는 곤란한 부분이 있긴 합니다만, 이제 여러분도 다 컸고 하니 털어놓고 얘기합니다. 나는 명색이 참교사가 되고 싶고, 그것에 내 인생을 걸었다고 생각도 합니다. 그러면서 뒤꽁무니로는 돈을 받은 것입니다. 사실은 이런 일을 여러분도 잘 알지 않습니까……."

이렇게 아이들 앞에서 말했을 때만큼 학생들의 태도가 진지한 적은 드물었다고 하면서, 아이들의 의견을 들은 다음,

"그래, 잘 알았어요. 나도 양심에 부끄럽다는 생각을 많이 했습니다. 내 여러분께 오늘 다짐하지요. 다시는 그런 봉투를 받지 않겠습니다. 여러분도 나를 도와주어야 합니다. 부모님께 분명히 말씀 전해 주십시오. 그리고 부모님 생각도 고쳐 드리도록 합시다."

이런 말을 아이들 앞에서 하고 나니 "홀가분해졌다. 자신도 생겼다."고 한다. 그래서 그 다음 가정 방문을 했을 때 어떤 애가 그래도 건네는 봉투를 보고,

"엄마, 우리 선생님을 모욕하는 거야, 이건."

하고 스스로 막아 주었다고 한다. "이때만큼 신 나고 기분 좋은 일은 없다. 돈 대신 학생과 신뢰를 나누었으니 얼마나 더 큰 것을 얻었는가." 이 얼마나 귀하고 값진 스승의 마음인가.

여기서도 아이들은 이 교육자의 벗이 되고 스승이 되어 있다. 아이들만이 모든 것을 믿고 털어놓을 수 있는 진정한 사랑의 대상이 된다.

이상석 선생의 교육을 한마디로 말하면 사랑과 믿음이다. 이분의 온몸이 아이들에 대한 사랑의 덩어리란 느낌이다. 사랑이 있는 곳에 믿음이 있다. 교육이 상업이 되고 참담한 훈련이 되어 있는 이 삭막한 벌판에 오직 사랑과 믿음만이 참된 교육을 할 수 있게 한다.

아이들에 대한, 인간에 대한 이러한 사랑과 믿음을 이분은 언제 어디서 얻어 가질 수 있었는가도 이 책에는 밝혀져 있다. '고 윤덕만 선생님'에는 고교생 시절에 만난 참으로 훌륭한 스승의 이야기가 나온다. 교육의 힘이 크다는 것을 새삼 생각하게 한다. '외할매 생각'에서는 어릴 때 외할머니한테서 받은 사랑이 얼마나 컸던가를 자세하게 쓰고 있는데, 그 외할머니의 이야기를 해마다 담당한 여고생들에게 들려준다고 한다. 그러면 그 얘기를 들은 학생들이 다시 집에 가서 부모에게 전하고, 그래서 그 어머니들까지 감동해서 눈물겨운 인사 편지를 보내오고……. 세상에 이보다 더 훌륭한 교육, 특히 여학생 교육이 어디 있겠는가 싶다. 사랑의 교육은 이렇게 해서 놀라운 힘으로 수많은 사람을 감동, 감화시키는 것이리라.

 나는 이 기록을 읽고 여러 번 눈물을 흘렸다. 우리의 분단 교육이 낳은 교육자 이상석 선생은 어떤 훌륭한 문학자·정치가·종교인에 못지않은 큰일을 하고 있다고 믿는다. 이제 앞으로 이런 분이 각처에 나타나, 그 어떤 포악한 힘으로도 깨뜨릴 수 없는 튼튼한 민주와 통일의 초석이 이 땅에 다져지게 될 것을 또한 믿는다.

석아!

박재동

그것도   그렇지만

그리고 너는 다시 힘을
차려 전교조 일에 매진
하제.

지부마다 다니면서
니가 하던 수업을 후배
현장 교사들한테 전하고

사안마다 집회 나가
농성하고

또 이렇게 책을 써서
못다 한 얘기들 전하고
(니는 와 그래 사람 마음을
울려 쌓노?)

그래
석아,
끝이 안 보이는 우리 일이다.
그래도 한 발 한 발 나가고
하나씩 하나씩
만들어 나가자.

우리 일이 옳다면
언젠가
끝이 안 있겠나.